T&P BOOKS

I0211907

ARMÊNIO

VOCABULÁRIO

PORTUGUÊS BRASILEIRO

PORTUGUÊS ARMÊNIO

Para alargar o seu léxico e apurar as suas competências linguísticas

9000 palavras

Vocabulário Português Brasileiro-Armênio - 9000 palavras

Por Andrey Taranov

Os vocabulários da T&P Books destinam-se a ajudar a aprender, a memorizar, e a rever palavras estrangeiras. O dicionário é dividido em temas, cobrindo todas as principais esferas de atividades quotidianas, negócios, ciência, cultura, etc.

O processo de aprendizagem, utilizando os dicionários baseados em temáticas da T&P Books dá-lhe as seguintes vantagens:

- Informação de origem corretamente agrupada predetermina o sucesso em fases subsequentes da memorização de palavras
- Disponibilização de palavras derivadas da mesma raiz, o que permite a memorização de unidades de texto (em vez de palavras separadas)
- Pequenas unidades de palavras facilitam o processo de estabelecimento de vínculos associativos necessários para a consolidação do vocabulário
- O nível de conhecimento da língua pode ser estimado pelo número de palavras aprendidas

Copyright © 2019 T&P Books Publishing

Todos os direitos reservados. Nenhuma parte desta publicação pode ser reproduzida, total ou parcialmente, por quaisquer métodos ou processos, sejam eles eletrônicos, mecânicos, de fotocópia ou outros, sem a autorização escrita do editor. Esta publicação não pode ser divulgada, copiada ou distribuída em nenhum formato.

T&P Books Publishing
www.tpbooks.com

ISBN: 978-1-78767-270-3

Este livro também está disponível em formato E-book.
Por favor visite www.tpbooks.com ou as principais livrarias on-line.

VOCABULÁRIO ARMÊNIO
palavras mais úteis

Os vocabulários da T&P Books destinam-se a ajudar a aprender, a memorizar, e a rever palavras estrangeiras. O vocabulário contém mais de 9000 palavras de uso comum organizadas tematicamente.

O vocabulário contém as palavras mais comummente usadas
Recomendado como adicional para qualquer curso de línguas
Satisfaz as necessidades dos iniciados e dos alunos avançados de línguas estrangeiras
Conveniente para o uso diário, sessões de revisão e atividades de auto-teste
Permite avaliar o seu vocabulário

Características especias do vocabulário

- As palavras estão organizadas de acordo com o seu significado, e não por ordem alfabética
- As palavras são apresentadas em três colunas para facilitar os processos de revisão e auto-teste
- As palavras compostas são divididas em pequenos blocos para facilitar o processo de aprendizagem
- O vocabulário oferece uma transcrição simples e adequada de cada palavra estrangeira

O vocabulário contém 256 tópicos incluindo:

Conceitos básicos, Números, Cores, Meses, Estações do ano, Unidades de medida, Roupas & Acessórios, Alimentos & Nutrição, Restaurante, Membros da Família, Parentes, Caráter, Sentimentos, Emoções, Doenças, Cidade, Passeios, Compras, Dinheiro, Casa, Lar, Escritório, Trabalho no Escritório, Importação & Exportação, Marketing, Pesquisa de Emprego, Esportes, Educação, Computador, Internet, Ferramentas, Natureza, Países, Nacionalidades e muito mais ...

TABELA DE CONTEÚDOS

GUIA DE PRONUNCIAÇÃO

Alfabeto fonético T&P	Exemplo Armênio	Exemplo Português
[a]	ճանաչել [čanačél]	chamar
[ə]	փսփսալ [p^{h}əsp^{h}əsál]	milagre
[e]	հեկտար [hektár]	metal
[ē]	էկրան [ēkrán]	mesquita
[i]	ֆիզիկոս [fizikós]	sinônimo
[o]	շոկոլադ [šokolád]	lobo
[u]	հույնուհի [hujnuhí]	bonita
[b]	բամբակ [bambák]	barril
[d]	դադար [dadár]	dentista
[f]	ֆաբրիկա [fábrika]	safári
[g]	գանգ [gang]	gosto
[j]	դյույմ [djujm]	Vietnã
[h]	հայուհի [hajuhí]	[h] aspirada
[χ]	խախտել [χaχtél]	fricativa uvular surda
[k]	կոճակ [kočák]	aquilo
[l]	փլվել [p^{h}lvel]	libra
[m]	մտածել [mtatsél]	magnólia
[t]	տաքսի [taksí]	tulipa
[n]	նրանք [nrank^h]	natureza
[r]	լար [lar]	riscar
[p]	պոմպ [pomp]	presente
[ġ]	տղամարդ [tġamárd]	[r] vibrante
[s]	սոուս [soús]	sanita
[ts]	ծանոթ [tsanót^h]	tsé-tsé
[v]	ոստիկան [vostikán]	fava
[z]	զանգ [zang]	sésamo
[k^h]	երեք [erék^h]	[k] aspirada
[p^h]	փրկել [p^{h}rkel]	[p] aspirada
[t^h]	թատրոն [t^{h}atrón]	[t] aspirada
[ts^h]	ակնոց [aknóts^h]	[ts] aspirado
[ʒ]	ժամանակ [ʒamanák]	talvez
[dz]	օձիք [odzík^h]	pizza
[dʒ]	հաջող [hadʒóġ]	adjetivo
[č]	վիճել [vičél]	Tchau!
[š]	շահույթ [šahújt^h]	mês
[']	բաժակ [baʒák]	acento principal

ABREVIATURAS
usadas no vocabulário

Abreviaturas do Português

adj	-	adjetivo
adv	-	advérbio
anim.	-	animado
conj.	-	conjunção
desp.	-	esporte
etc.	-	Etcetera
ex.	-	por exemplo
f	-	nome feminino
f pl	-	feminino plural
fem.	-	feminino
inanim.	-	inanimado
m	-	nome masculino
m pl	-	masculino plural
m, f	-	masculino, feminino
masc.	-	masculino
mat.	-	matemática
mil.	-	militar
pl	-	plural
prep.	-	preposição
pron.	-	pronome
sb.	-	sobre
sing.	-	singular
v aux	-	verbo auxiliar
vi	-	verbo intransitivo
vi, vt	-	verbo intransitivo, transitivo
vr	-	verbo reflexivo
vt	-	verbo transitivo

Pontuação do Armênio

՛	-	Ponto de exclamação
՞	-	Ponto de interrogação
,	-	Vírgula

CONCEITOS BÁSICOS

Conceitos básicos. Parte 1

1. Pronomes

eu	ես	[es]
você	դու	[du]
ele, ela	նա	[na]
nós	մենք	[menkʰ]
vocês	դուք	[dukʰ]
eles, elas	նրանք	[nrankʰ]

2. Cumprimentos. Saudações. Despedidas

Oi!	Բարև՛	[barév]
Olá!	Բարև՛ ձեզ	[barév ʣéz!]
Bom dia!	Բարի լո՛ւյս	[barí lújs!]
Boa tarde!	Բարի օ՛ր	[barí ór!]
Boa noite!	Բարի երեկո՛	[barí jerekó!]
cumprimentar (vt)	բարևել	[barevél]
Oi!	Ողջո՛ւյն	[voġʤújn!]
saudação (f)	ողջույն	[voġʤújn]
saudar (vt)	ողջունել	[voġʤunél]
Tudo bem?	Ո՞նց են գործերդ	[vonʦʰ en gorʦérd?]
E aí, novidades?	Ի՞նչ նորություն	[inč norutʰjún?]
Tchau! Até logo!	Ցտեսությո՛ւն	[ʦʰtesutʰjún!]
Até breve!	Մինչ նոր հանդիպո՛ւմ	[mínč nór handipúm!]
Adeus! (sing.)	Մնաս բարո՛վ	[mnas baróv!]
Adeus! (pl)	Մնաք բարո՛վ	[mnakʰ baróv!]
despedir-se (dizer adeus)	հրաժեշտ տալ	[hraʒéšt tál]
Até mais!	Առա՛յժմ	[arájʒm!]
Obrigado! -a!	Շնորհակալությո՛ւն	[šnorhakalutʰjún!]
Muito obrigado! -a!	Շատ շնորհակա՛լ եմ	[šat šnorhakál em!]
De nada	Խնդրեմ	[χndrem]
Não tem de quê	Հոգ չէ	[hog čē]
Não foi nada!	Չարժե	[čarʒé]
Desculpa!	Ներողությո՛ւն	[neroġutʰjún!]
Desculpe!	Ներեցե՛ք	[nereʦʰékʰ!]
desculpar (vt)	ներել	[nerél]
desculpar-se (vr)	ներողություն խնդրել	[neroġutʰjún χndrél]
Me desculpe	Ներեցեք	[nereʦʰékʰ]

Desculpe!	Ներեցե՛ք	[nerets^h ék^h!]
perdoar (vt)	ներել	[nerél]
por favor	խնդրում եմ	[χndrúm em]
Não se esqueça!	Չմոռանա՛ք	[čmoranák^h!]
Com certeza!	Իհա՛րկե	[ihárke!]
Claro que não!	Իհարկե ո՛չ	[ihárke voč!]
Está bem! De acordo!	Համաձա՛յն եմ	[hamadzájn em!]
Chega!	Բավակա՛ն է	[bavakán ē!]

3. Como se dirigir a alguém

senhor	Պարո՛ն	[parón]
senhora	Տիկի՛ն	[tikín]
senhorita	Օրիո՛րդ	[oriórd]
jovem	Երիտասա՛րդ	[eritasárd]
menino	Տղա՛	[tġa]
menina	Աղջի՛կ	[aġdʒík]

4. Números cardinais. Parte 1

zero	զրո	[zro]
um	մեկ	[mek]
dois	երկու	[erkú]
três	երեք	[erék^h]
quatro	չորս	[čors]
cinco	հինգ	[hing]
seis	վեց	[vets^h]
sete	յոթ	[jot^h]
oito	ութ	[ut^h]
nove	ինը	[ínə]
dez	տաս	[tas]
onze	տասնմեկ	[tasnmék]
doze	տասներկու	[tasnerkú]
treze	տասներեք	[tasnerék^h]
catorze	տասնչորս	[tasnčórs]
quinze	տասնհինգ	[tasnhíng]
dezesseis	տասնվեց	[tasnvéts^h]
dezessete	տասնյոթ	[tasnjót^h]
dezoito	տասնութ	[tasnút^h]
dezenove	տասնինը	[tasnínə]
vinte	քսան	[k^h san]
vinte e um	քսանմեկ	[k^h sanmék]
vinte e dois	քսաներկու	[k^h sanerkú]
vinte e três	քսաներեք	[ksanerék^h]
trinta	երեսուն	[eresún]
trinta e um	երեսունմեկ	[eresunmék]

trinta e dois	երեսուներկու	[eresunerkú]
trinta e três	երեսուներեք	[eresunerék^h]
quarenta	քառասուն	[k^{h}arasún]
quarenta e um	քառասունմեկ	[k^{h}arasunmék]
quarenta e dois	քառասուներկու	[k^{h}arasunerkú]
quarenta e três	քառասուներեք	[karasunerék^h]
cinquenta	հիսուն	[hisún]
cinquenta e um	հիսունմեկ	[hisunmék]
cinquenta e dois	հիսուներկու	[hisunerkú]
cinquenta e três	հիսուներեք	[hisunerék^h]
sessenta	վաթսուն	[vat^{h}sún]
sessenta e um	վաթսունմեկ	[vat^{h}sunmék]
sessenta e dois	վաթսուներկու	[vat^{h}sunerkú]
sessenta e três	վաթսուներեք	[vat^{h}sunerék^h]
setenta	յոթանասուն	[jot^{h}anasún]
setenta e um	յոթանասունմեկ	[jot^{h}anasunmék]
setenta e dois	յոթանասուներկու	[jot^{h}anasunerkú]
setenta e três	յոթանասոներեք	[jot^{h}anasunerék^h]
oitenta	ութսուն	[ut^{h}sún]
oitenta e um	ութսունմեկ	[ut^{h}sunmék]
oitenta e dois	ութսուներկու	[ut^{h}sunerkú]
oitenta e três	ութսուներեք	[ut^{h}sunerék^h]
noventa	իննսուն	[innsún]
noventa e um	իննսունմեկ	[innsunmék]
noventa e dois	իննսուներկու	[innsunerkú]
noventa e três	իննսուներեք	[innsunerék^h]

5. Números cardinais. Parte 2

cem	հարյուր	[harjúr]
duzentos	երկու հարյուր	[erkú harjúr]
trezentos	երեք հարյուր	[erék^h harjúr]
quatrocentos	չորս հարյուր	[čórs harjúr]
quinhentos	հինգ հարյուր	[hing harjúr]
seiscentos	վեց հարյուր	[vets^h harjúr]
setecentos	յոթ հարյուր	[jot^h harjúr]
oitocentos	ութ հարյուր	[ut^h harjúr]
novecentos	ինը հարյուր	[ínə harjúr]
mil	հազար	[hazár]
dois mil	երկու հազար	[erkú hazár]
três mil	երեք հազար	[erék^h hazár]
dez mil	տաս հազար	[tas hazár]
cem mil	հարյուր հազար	[harjúr hazár]
um milhão	միլիոն	[milión]
um bilhão	միլիարդ	[miliárd]

6. Números ordinais

primeiro (adj)	առաջին	[aradʒín]
segundo (adj)	երկրորդ	[erkrórd]
terceiro (adj)	երրորդ	[errórd]
quarto (adj)	չորրորդ	[čorrórd]
quinto (adj)	հինգերորդ	[híngerord]
sexto (adj)	վեցերորդ	[vétsʰerord]
sétimo (adj)	յոթերորդ	[jótʰerord]
oitavo (adj)	ութերորդ	[útʰerord]
nono (adj)	իններորդ	[ínnerord]
décimo (adj)	տասներորդ	[tásnerord]

7. Números. Frações

fração (f)	կոտորակ	[kotorák]
um meio	մեկ երկրորդ	[mek erkrórd]
um terço	մեկ երրորդ	[mek errórd]
um quarto	մեկ չորրորդ	[mek čorrórd]
um oitavo	մեկ ութերորդ	[mek útʰerord]
um décimo	մեկ տասներորդ	[mek tásnerord]
dois terços	երկու երրորդ	[erkú errórd]
três quartos	երեք չորրորդ	[erékʰ čorrórd]

8. Números. Operações básicas

subtração (f)	հանում	[hanúm]
subtrair (vi, vt)	հանել	[hanél]
divisão (f)	բաժանում	[baʒanúm]
dividir (vt)	բաժանել	[baʒanél]
adição (f)	գումարում	[gumarúm]
somar (vt)	գումարել	[gumarél]
adicionar (vt)	գումարել	[gumarél]
multiplicação (f)	բազմապատկում	[bazmapatkúm]
multiplicar (vt)	բազմապատկել	[bazmapatkél]

9. Números. Diversos

algarismo, dígito (m)	թիվ	[tʰiv]
número (m)	թիվ	[tʰiv]
numeral (m)	համարիչ	[hamaríč]
menos (m)	մինուս	[mínus]
mais (m)	պլյուս	[pljus]
fórmula (f)	բանաձև	[banadzév]
cálculo (m)	հաշվարկ	[hašvárk]
contar (vt)	հաշվել	[hašvél]

calcular (vt)	հաշվարկ անել	[hašvárk anél]
comparar (vt)	համեմատել	[hamematél]
Quanto, -os, -as?	քանի՞	[kʰaní?]
soma (f)	գումար	[gumár]
resultado (m)	արդյունք	[ardjúnkʰ]
resto (m)	մնացորդ	[mnatsʰórd]
alguns, algumas ...	մի քանի	[mi kʰaní]
poucos, poucas	մի փոքր ...	[mi pʰokʰr ...]
um pouco de ...	մի քիչ ...	[mi kʰič ...]
resto (m)	մնացած	[mnatsʰátsə]
um e meio	մեկ ու կես	[mek u kes]
dúzia (f)	դյուժին	[djuʒín]
ao meio	կես	[kes]
em partes iguais	հավասար	[havasár]
metade (f)	կես	[kes]
vez (f)	անգամ	[angám]

10. Os verbos mais importantes. Parte 1

abrir (vt)	բացել	[batsʰél]
acabar, terminar (vt)	ավարտել	[avartél]
aconselhar (vt)	խորհուրդ տալ	[χorhúrd tal]
adivinhar (vt)	գուշակել	[gušakél]
advertir (vt)	զգուշացնել	[zgušatsʰnél]
ajudar (vt)	օգնել	[ognél]
almoçar (vi)	ճաշել	[čašél]
alugar (~ um apartamento)	վարձել	[vardzél]
amar (pessoa)	սիրել	[sirél]
ameaçar (vt)	սպառնալ	[sparnál]
anotar (escrever)	գրառել	[grarél]
apressar-se (vr)	շտապել	[štapél]
arrepender-se (vr)	ափսոսալ	[apʰsosál]
assinar (vt)	ստորագրել	[storagrél]
brincar (vi)	կատակել	[katakél]
brincar, jogar (vi, vt)	խաղալ	[χaġál]
buscar (vt)	փնտրել	[pʰntrel]
caçar (vi)	որս անել	[vors anél]
cair (vi)	ընկնել	[ənknél]
cavar (vt)	փորել	[pʰorél]
chamar (~ por socorro)	կանչել	[kančél]
chegar (vi)	ժամանել	[ʒamanél]
chorar (vi)	լացել	[latsʰél]
começar (vt)	սկսել	[sksel]
comparar (vt)	համեմատել	[hamematél]
concordar (dizer "sim")	համաձայնվել	[hamadzajnvél]
confiar (vt)	վստահել	[vstahél]
confundir (equivocar-se)	շփոթել	[špʰotʰél]

conhecer (vt)	ճանաչել	[čanačél]
contar (fazer contas)	հաշվել	[hašvél]
contar com …	հույս դնել … վրա	[hujs dnel … vra]
continuar (vt)	շարունակել	[šarunakél]
controlar (vt)	վերահսկել	[verahskél]
convidar (vt)	հրավիրել	[hravirél]
correr (vi)	վազել	[vazél]
criar (vt)	ստեղծել	[steġtsél]
custar (vt)	արժենալ	[arʒenál]

11. Os verbos mais importantes. Parte 2

dar (vt)	տալ	[tal]
dar uma dica	ակնարկել	[aknarkél]
decorar (enfeitar)	զարդարել	[zardarél]
defender (vt)	պաշտպանել	[paštpanél]
deixar cair (vt)	վայր գցել	[vájr gtsʰel]
descer (para baixo)	իջնել	[idʒnél]
desculpar-se (vr)	ներողություն խնդրել	[neroġutʰjún χndrél]
dirigir (~ uma empresa)	ղեկավարել	[ġekavarél]
discutir (notícias, etc.)	քննարկել	[kʰnnarkél]
disparar, atirar (vi)	կրակել	[krakél]
dizer (vt)	ասել	[asél]
duvidar (vt)	կասկածել	[kaskatsél]
encontrar (achar)	գտնել	[gtnel]
enganar (vt)	խաբել	[χabél]
entender (vt)	հասկանալ	[haskanál]
entrar (na sala, etc.)	մտնել	[mtnel]
enviar (uma carta)	ուղարկել	[uġarkél]
errar (enganar-se)	սխալվել	[sχalvél]
escolher (vt)	ընտրել	[əntrél]
esconder (vt)	թաքցնել	[tʰakʰtsʰnél]
escrever (vt)	գրել	[grel]
esperar (aguardar)	սպասել	[spasél]
esperar (ter esperança)	հուսալ	[husál]
esquecer (vt)	մոռանալ	[moranál]
estudar (vt)	ուսումնասիրել	[usumnasirél]
exigir (vt)	պահանջել	[pahandʒél]
existir (vi)	գոյություն ունենալ	[gojutʰjún unenál]
explicar (vt)	բացատրել	[batsʰatrél]
falar (vi)	խոսել	[χosél]
faltar (a la escuela, etc.)	բաց թողնել	[batsʰ tʰoġnél]
fazer (vt)	անել	[anél]
ficar em silêncio	լռել	[lrel]
gabar-se (vr)	պարծենալ	[partsenál]
gostar (apreciar)	դուր գալ	[dur gal]
gritar (vi)	բղավել	[bġavél]

guardar (fotos, etc.)	պահպանել	[pahpanél]
informar (vt)	տեղեկացնել	[teġekatsʰnél]
insistir (vi)	պնդել	[pndel]
insultar (vt)	վիրավորել	[viravorél]
interessar-se (vr)	հետաքրքրվել	[hetakʰrkʰrvél]
ir (a pé)	գնալ	[gnal]
ir nadar	լողալ	[loġál]
jantar (vi)	ընթրել	[əntʰrél]

12. Os verbos mais importantes. Parte 3

ler (vt)	կարդալ	[kardál]
libertar, liberar (vt)	ազատագրել	[azatagrél]
matar (vt)	սպանել	[spanél]
mencionar (vt)	հիշատակել	[hišatakél]
mostrar (vt)	ցույց տալ	[tsʰújtsʰ tal]
mudar (modificar)	փոխել	[pʰoχél]
nadar (vi)	լողալ	[loġál]
negar-se a ... (vr)	հրաժարվել	[hraʒarvél]
objetar (vt)	հակաճառել	[hakačarél]
observar (vt)	հետևել	[hetevél]
ordenar (mil.)	հրամայել	[hramajél]
ouvir (vt)	լսել	[lsel]
pagar (vt)	վճարել	[včarél]
parar (vi)	կանգ առնել	[káng arnél]
parar, cessar (vt)	դադարեցնել	[dadaretsʰnél]
participar (vi)	մասնակցել	[masnaktsʰél]
pedir (comida, etc.)	պատվիրել	[patvirél]
pedir (um favor, etc.)	խնդրել	[χndrel]
pegar (tomar)	վերցնել	[vertsʰnél]
pegar (uma bola)	բռնել	[brnel]
pensar (vi, vt)	մտածել	[mtatsél]
perceber (ver)	նկատել	[nkatél]
perdoar (vt)	ներել	[nerél]
perguntar (vt)	հարցնել	[hartsʰnél]
permitir (vt)	թույլատրել	[tʰujlatrél]
pertencer a ... (vi)	պատկանել	[patkanél]
planejar (vt)	պլանավորել	[planavorél]
poder (~ fazer algo)	կարողանալ	[karoġanál]
possuir (uma casa, etc.)	ունենալ	[unenál]
preferir (vt)	նախընտրել	[naχəntrél]
preparar (vt)	պատրաստել	[patrastél]
prever (vt)	կանխատեսել	[kanχatesél]
prometer (vt)	խոստանալ	[χostanál]
pronunciar (vt)	արտասանել	[artasanél]
propor (vt)	առաջարկել	[aradʒarkél]
punir (castigar)	պատժել	[patʒél]

quebrar (vt)	կոտրել	[kotrél]
queixar-se de ...	գանգատվել	[gangatvél]
querer (desejar)	ուզենալ	[uzenál]

13. Os verbos mais importantes. Parte 4

ralhar, repreender (vt)	կշտամբել	[kštambél]
recomendar (vt)	երաշխավորել	[erašχavorél]
repetir (dizer outra vez)	կրկնել	[krknel]
reservar (~ um quarto)	ամրագրել	[amragrél]
responder (vt)	պատասխանել	[patasχanél]
rezar, orar (vi)	աղոթել	[aġotʰél]
rir (vi)	ծիծաղել	[tsitsaġél]
roubar (vt)	գողանալ	[goġanál]
saber (vt)	իմանալ	[imanál]
sair (~ de casa)	դուրս գալ	[durs gal]
salvar (resgatar)	փրկել	[pʰrkel]
seguir (~ alguém)	գնալ ... հետևից	[gnal ... hetevítsʰ]
sentar-se (vr)	նստել	[nstel]
ser necessário	պետք լինել	[pétkʰ linél]
ser, estar	լինել	[linél]
significar (vt)	նշանակել	[nšanakél]
sorrir (vi)	ժպտալ	[ʒptal]
subestimar (vt)	թերագնահատել	[tʰeragnahatél]
surpreender-se (vr)	զարմանալ	[zarmanál]
tentar (~ fazer)	փորձել	[pʰordzél]
ter (vt)	ունենալ	[unenál]
ter fome	ուզենալ ուտել	[uzenál utél]
ter medo	վախենալ	[vaχenál]
ter sede	ուզենալ խմել	[uzenál χmel]
tocar (com as mãos)	ձեռք տալ	[dzérkʰ tal]
tomar café da manhã	նախաճաշել	[naχačašél]
trabalhar (vi)	աշխատել	[ašχatél]
traduzir (vt)	թարգմանել	[tʰargmanél]
unir (vt)	միավորել	[miavorél]
vender (vt)	վաճառել	[vačarél]
ver (vt)	տեսնել	[tesnél]
virar (~ para a direita)	թեքվել	[tʰekʰvél]
voar (vi)	թռչել	[tʰrčel]

14. Cores

cor (f)	գույն	[gujn]
tom (m)	երանգ	[eráng]
tonalidade (m)	գուներանգ	[guneráng]
arco-íris (m)	ծիածան	[tsiatsán]

branco (adj)	սպիտակ	[spiták]
preto (adj)	սև	[sev]
cinza (adj)	մոխրագույն	[moχragújn]
verde (adj)	կանաչ	[kanáč]
amarelo (adj)	դեղին	[deġín]
vermelho (adj)	կարմիր	[karmír]
azul (adj)	կապույտ	[kapújt]
azul claro (adj)	երկնագույն	[erknagújn]
rosa (adj)	վարդագույն	[vardagújn]
laranja (adj)	նարնջագույն	[narndʒagújn]
violeta (adj)	մանուշակագույն	[manušakagújn]
marrom (adj)	շագանակագույն	[šaganakagújn]
dourado (adj)	ոսկե	[voské]
prateado (adj)	արծաթագույն	[artsatʰagújn]
bege (adj)	բեժ	[beʒ]
creme (adj)	կրեմագույն	[kremagújn]
turquesa (adj)	փիրուզագույն	[pʰiruzagújn]
vermelho cereja (adj)	բալագույն	[balagújn]
lilás (adj)	բաց մանուշակագույն	[batsʰ manušakagújn]
carmim (adj)	մորեգույն	[moregújn]
claro (adj)	բաց	[batsʰ]
escuro (adj)	մուգ	[mug]
vivo (adj)	վառ	[var]
de cor	գունավոր	[gunavór]
a cores	գունավոր	[gunavór]
preto e branco (adj)	սև ու սպիտակ	[sev u spiták]
unicolor (de uma só cor)	միագույն	[miagújn]
multicolor (adj)	գույնզգույն	[gujnzgújn]

15. Questões

Quem?	Ո՞վ	[ov?]
O que?	Ի՞նչ	[inč?]
Onde?	Որտե՞ղ	[vortéġ?]
Para onde?	Ո՞ւր	[ur?]
De onde?	Որտեղի՞ց	[vorteġítsʰ?]
Quando?	Ե՞րբ	[erb?]
Para quê?	Ինչո՞ւ	[inčú?]
Por quê?	Ինչո՞ւ	[inčú?]
Para quê?	Ինչի՞ համար	[inčí hamár?]
Como?	Ինչպե՞ս	[inčpés?]
Qual (~ é o problema?)	Ինչպիսի՞	[inčpisí?]
Qual (~ deles?)	Ո՞րը	[voré?]
A quem?	Ո՞ւմ	[um?]
De quem?	Ո՞ւմ մասին	[úm masín?]
Do quê?	Ինչի՞ մասին	[inčí masín?]

Com quem?	Ո՞ւմ հետ	[úm het?]
Quanto, -os, -as?	Քանի՞	[kʰaní?]
De quem? (masc.)	Ո՞ւմ	[um?]

16. Preposições

com (prep.)	... հետ	[... het]
sem (prep.)	առանց	[aránʦʰ]
a, para (exprime lugar)	մեջ	[meʤ]
sobre (ex. falar ~)	մասին	[masín]
antes de ...	առաջ	[aráʤ]
em frente de ...	առաջ	[aráʤ]
debaixo de ...	տակ	[tak]
sobre (em cima de)	վերևում	[verevúm]
em ..., sobre ...	վրա	[vra]
de, do (sou ~ Rio de Janeiro)	... ից	[... iʦʰ]
de (feito ~ pedra)	... ից	[... iʦʰ]
em (~ 3 dias)	... անց	[... anʦʰ]
por cima de ...	միջով	[miʤóv]

17. Palavras funcionais. Advérbios. Parte 1

Onde?	Որտե՞ղ	[vortéġ?]
aqui	այստեղ	[ajstéġ]
lá, ali	այնտեղ	[ajntéġ]
em algum lugar	որևէ տեղ	[vorevē teġ]
em lugar nenhum	ոչ մի տեղ	[voč mi teġ]
perto de ...	... մոտ	[... mot]
perto da janela	պատուհանի մոտ	[patuhaní mót]
Para onde?	Ո՞ւր	[ur?]
aqui	այստեղ	[ajstéġ]
para lá	այնտեղ	[ajntéġ]
daqui	այստեղից	[ajsteġíʦʰ]
de lá, dali	այնտեղից	[ajnteġíʦʰ]
perto	մոտ	[mot]
longe	հեռու	[herú]
perto de ...	մոտ	[mot]
à mão, perto	մոտակայքում	[motakajkʰúm]
não fica longe	մոտիկ	[motík]
esquerdo (adj)	ձախ	[dzaχ]
à esquerda	ձախ կողմից	[dzaχ koġmíʦʰ]
para a esquerda	դեպի ձախ	[depí dzaχ]
direito (adj)	աջ	[aʤ]
à direita	աջ կողմից	[aʤ koġmíʦʰ]

para a direita	դեպի աջ	[depí adʒ]
em frente	առջևից	[ardʒevítsʰ]
da frente	առջևի	[ardʒeví]
adiante (para a frente)	առաջ	[arádʒ]
atrás de …	հետևում	[hetevúm]
de trás	հետևից	[hetevítsʰ]
para trás	հետ	[het]
meio (m), metade (f)	մեջտեղ	[medʒtéġ]
no meio	մեջտեղում	[medʒteġúm]
do lado	կողքից	[koġkʰítsʰ]
em todo lugar	ամենուր	[amenúr]
por todos os lados	շուրջը	[šúrdʒə]
de dentro	միջից	[midʒítsʰ]
para algum lugar	որևէ տեղ	[vorevē teġ]
diretamente	ուղիղ	[uġíġ]
de volta	ետ	[et]
de algum lugar	որևէ տեղից	[vorevē teġítsʰ]
de algum lugar	ինչ-որ տեղից	[inč vor teġítsʰ]
em primeiro lugar	առաջինը	[aradʒínə]
em segundo lugar	երկրորդը	[erkrórdə]
em terceiro lugar	երրորդը	[errórdə]
de repente	հանկարծակի	[hankartsáki]
no início	սկզբում	[skzbum]
pela primeira vez	առաջին անգամ	[aradʒín angám]
muito antes de …	… շատ առաջ	[… šat arádʒ]
de novo	կրկին	[krkin]
para sempre	ընդմիշտ	[əndmíšt]
nunca	երբեք	[erbékʰ]
de novo	նորից	[norítsʰ]
agora	այժմ	[ajʒm]
frequentemente	հաճախ	[hačáχ]
então	այն ժամանակ	[ajn ʒamanák]
urgentemente	շտապ	[štap]
normalmente	սովորաբար	[sovorabár]
a propósito, …	ի դեպ, …	[i dep …]
é possível	հնարավոր է	[hnaravór ē]
provavelmente	հավանաբար	[havanabár]
talvez	միգուցե	[migutsʰé]
além disso, …	բացի այդ, …	[batsʰí ájd …]
por isso …	այդ պատճառով	[ajd patčaróv]
apesar de …	չնայած …	[čnajáts …]
graças a …	շնորհիվ …	[šnorhív …]
que (pron.)	ինչ	[inč]
que (conj.)	որ	[vor]
algo	ինչ-որ բան	[inč vor bán]
alguma coisa	որևէ բան	[vórevē ban]

nada	ոչ մի բան	[voč mi ban]
quem	ով	[ov]
alguém (~ que ...)	ինչ-որ մեկը	[inč vor mékə]
alguém (com ~)	որևէ մեկը	[vórevē mékə]
ninguém	ոչ մեկ	[voč mek]
para lugar nenhum	ոչ մի տեղ	[voč mi teġ]
de ninguém	ոչ մեկինը	[voč mekínə]
de alguém	որևէ մեկինը	[vórevē mekínə]
tão	այնպես	[ajnpés]
também (gostaria ~ de ...)	նմանապես	[nmanapés]
também (~ eu)	նույնպես	[nújnpes]

18. Palavras funcionais. Advérbios. Parte 2

Por quê?	Ինչո՞ւ	[inčú?]
por alguma razão	չգիտես ինչու	[čgitės inču]
porque ...	որովհետև, ...	[vorovhetév ...]
por qualquer razão	ինչ-որ նպատակով	[inč vor npatakóv]
e (tu ~ eu)	և	[ev]
ou (ser ~ não ser)	կամ	[kam]
mas (porém)	բայց	[bajtsʰ]
para (~ a minha mãe)	համար	[hamár]
muito, demais	չափազանց	[čapʰazántsʰ]
só, somente	միայն	[miájn]
exatamente	ճիշտ	[čišt]
cerca de (~ 10 kg)	մոտ	[mot]
aproximadamente	մոտավորապես	[motavorapés]
aproximado (adj)	մոտավոր	[motavór]
quase	գրեթե	[grétʰe]
resto (m)	մնացածը	[mnatsʰátsə]
cada (adj)	յուրաքանչյուր	[jurakʰančjúr]
qualquer (adj)	ցանկացած	[tsankatsʰáts]
muito, muitos, muitas	շատ	[šat]
muitas pessoas	շատերը	[šatérə]
todos	բոլորը	[bolórə]
em troca de ...	ի փոխարեն ...	[i pʰoχarén ...]
em troca	փոխարեն	[pʰoχarén]
à mão	ձեռքով	[dzerkʰóv]
pouco provável	հազիվ թե	[hazív tʰe]
provavelmente	երևի	[ereví]
de propósito	դիտմամբ	[ditmámb]
por acidente	պատահաբար	[patahabár]
muito	շատ	[šat]
por exemplo	օրինակ	[orinák]
entre	միջև	[midʒév]

entre (no meio de)	**միջավայրում**	[midʒavajrúm]
tanto	**այնքան**	[ajnkʰán]
especialmente	**հատկապես**	[hatkapés]

Conceitos básicos. Parte 2

19. Opostos

rico (adj)	հարուստ	[harúst]
pobre (adj)	աղքատ	[aġkʰát]
doente (adj)	հիվանդ	[hivánd]
bem (adj)	առողջ	[aróġdʒ]
grande (adj)	մեծ	[mets]
pequeno (adj)	փոքր	[pʰokʰr]
rapidamente	արագ	[arág]
lentamente	դանդաղ	[dandáġ]
rápido (adj)	արագ	[arág]
lento (adj)	դանդաղ	[dandáġ]
alegre (adj)	ուրախ	[uráχ]
triste (adj)	տխուր	[tχur]
juntos (ir ~)	միասին	[miasín]
separadamente	առանձին	[arandzín]
em voz alta (ler ~)	բարձրաձայն	[bardzradzájn]
para si (em silêncio)	մտքում	[mtkʰum]
alto (adj)	բարձր	[bardzr]
baixo (adj)	ցածրահասակ	[tsʰatsrahasák]
profundo (adj)	խորը	[χórə]
raso (adj)	ծանծաղ	[tsantsáġ]
sim	այո	[ajó]
não	ոչ	[voč]
distante (adj)	հեռու	[herú]
próximo (adj)	մոտիկ	[motík]
longe	հեռու	[herú]
à mão, perto	մոտ	[mot]
longo (adj)	երկար	[erkár]
curto (adj)	կարճ	[karč]
bom (bondoso)	բարի	[barí]
mal (adj)	չար	[čar]
casado (adj)	ամուսնացած	[amusnatsʰáts]

solteiro (adj)	ամուրի	[amurí]
proibir (vt)	արգելել	[argelél]
permitir (vt)	թույլատրել	[tʰujlatrél]
fim (m)	վերջ	[verʤ]
início (m)	սկիզբ	[skizb]
esquerdo (adj)	ձախ	[ʣaχ]
direito (adj)	աջ	[aʤ]
primeiro (adj)	առաջին	[araʤín]
último (adj)	վերջին	[verʤín]
crime (m)	հանցագործություն	[hanʦʰagorʦutʰjún]
castigo (m)	պատիժ	[patíʒ]
ordenar (vt)	հրամայել	[hramajél]
obedecer (vt)	ենթարկվել	[entʰarkvél]
reto (adj)	ուղիղ	[uġíġ]
curvo (adj)	ծուռ	[ʦur]
paraíso (m)	դրախտ	[draχt]
inferno (m)	դժոխք	[dʒoχkʰ]
nascer (vi)	ծնվել	[ʦnvel]
morrer (vi)	մահանալ	[mahanál]
forte (adj)	ուժեղ	[uʒéġ]
fraco, débil (adj)	թույլ	[tʰujl]
velho, idoso (adj)	ծեր	[ʦer]
jovem (adj)	երիտասարդ	[eritasárd]
velho (adj)	հին	[hin]
novo (adj)	նոր	[nor]
duro (adj)	կոշտ	[košt]
macio (adj)	փափուկ	[pʰapúk]
quente (adj)	տաք	[takʰ]
frio (adj)	սառը	[sárə]
gordo (adj)	գեր	[ger]
magro (adj)	նիհար	[nihár]
estreito (adj)	նեղ	[neġ]
largo (adj)	լայն	[lajn]
bom (adj)	լավ	[lav]
mau (adj)	վատ	[vat]
valente, corajoso (adj)	քաջ	[kʰaʤ]
covarde (adj)	վախկոտ	[vaχkót]

20. Dias da semana

segunda-feira (f)	երկուշաբթի	[erkušabtʰí]
terça-feira (f)	երեքշաբթի	[erekʰšabtʰí]
quarta-feira (f)	չորեքշաբթի	[čorekʰšabtʰí]
quinta-feira (f)	հինգշաբթի	[hingšabtʰí]
sexta-feira (f)	ուրբաթ	[urbátʰ]
sábado (m)	շաբաթ	[šabátʰ]
domingo (m)	կիրակի	[kirakí]
hoje	այսօր	[ajsór]
amanhã	վաղը	[váġə]
depois de amanhã	վաղը չէ մյուս օրը	[váġə čē mjus órə]
ontem	երեկ	[erék]
anteontem	նախանցյալ օրը	[naχantsʰjál órə]
dia (m)	օր	[or]
dia (m) de trabalho	աշխատանքային օր	[ašχatankʰajín or]
feriado (m)	տոնական օր	[tonakán or]
dia (m) de folga	հանգստյան օր	[hangstján ór]
fim (m) de semana	շաբաթ, կիրակի	[šabátʰ, kirakí]
o dia todo	ամբողջ օր	[ambóġʤ ór]
no dia seguinte	մյուս օրը	[mjus órə]
há dois dias	երկու օր առաջ	[erkú or aráʤ]
na véspera	նախորդ օրը	[naχórd órə]
diário (adj)	ամենօրյա	[amenorjá]
todos os dias	ամեն օր	[amén or]
semana (f)	շաբաթ	[šabátʰ]
na semana passada	անցյալ շաբաթ	[antsʰjál šabátʰ]
semana que vem	հաջորդ շաբաթ	[haʤórt shabát]
semanal (adj)	շաբաթական	[šabatʰakán]
toda semana	շաբաթական	[šabatʰakán]
duas vezes por semana	շաբաթը երկու անգամ	[šabátʰə erkú angám]
toda terça-feira	ամեն երեքշաբթի	[amén erekʰšabtʰí]

21. Horas. Dia e noite

manhã (f)	առավոտ	[aravót]
de manhã	առավոտյան	[aravotján]
meio-dia (m)	կեսօր	[kesór]
à tarde	ճաշից հետո	[čašítsʰ hetó]
tardinha (f)	երեկո	[erekó]
à tardinha	երեկոյան	[erekoján]
noite (f)	գիշեր	[gišér]
à noite	գիշերը	[gišérə]
meia-noite (f)	կեսգիշեր	[kesgišér]
segundo (m)	վայրկյան	[vajrkján]
minuto (m)	րոպե	[ropé]
hora (f)	ժամ	[ʒam]

meia hora (f)	կես ժամ	[kes ʒam]
quarto (m) de hora	քառորդ ժամ	[k^{h}arórd ʒam]
quinze minutos	տասնհինգ րոպե	[tasnhíng ropé]
vinte e quatro horas	օր	[or]
nascer (m) do sol	արևածագ	[arevaʦág]
amanhecer (m)	արևածագ	[arevaʦág]
madrugada (f)	վաղ առավոտ	[vaġ aravót]
pôr-do-sol (m)	մայրամուտ	[majramút]
de madrugada	վաղ առավոտյան	[váġ aravotján]
esta manhã	այսօր առավոտյան	[ajsór aravotján]
amanhã de manhã	վաղը առավոտյան	[váġə aravotján]
esta tarde	այսօր ցերեկը	[ajsór ʦ^{h}erékə]
à tarde	ճաշից հետո	[čašíʦ^{h} hetó]
amanhã à tarde	վաղը ճաշից հետո	[váġə čašíʦ^{h} hetó]
esta noite, hoje à noite	այսօր երեկոյան	[ajsór erekoján]
amanhã à noite	վաղը երեկոյան	[váġə erekoján]
às três horas em ponto	ուղիղ ժամը երեքին	[uġíġ ʒámə erek^{h}ín]
por volta das quatro	մոտ ժամը չորսին	[mot ʒámə čorsín]
às doze	մոտ ժամը տասներկուսին	[mot ʒámə tasnerkusín]
em vinte minutos	քսան րոպեից	[k^{h}sán ropeíʦ^{h}]
em uma hora	մեկ ժամից	[mek ʒamíʦ^{h}]
a tempo	ժամանակին	[ʒamanakín]
... um quarto para	տասնհինգ պակաս	[tasnhíng pakás]
dentro de uma hora	մեկ ժամվա ընթացքում	[mek ʒamvá ənt^{h}aʦ^{h}k^{h}úm]
a cada quinze minutos	տասնհինգ րոպեն մեկ	[tasnhíng ropén mek]
as vinte e quatro horas	ողջ օրը	[voġʤ órə]

22. Meses. Estações

janeiro (m)	հունվար	[hunvár]
fevereiro (m)	փետրվար	[p^{h}etrvár]
março (m)	մարտ	[mart]
abril (m)	ապրիլ	[apríl]
maio (m)	մայիս	[majís]
junho (m)	հունիս	[hunís]
julho (m)	հուլիս	[hulís]
agosto (m)	օգոստոս	[ogostós]
setembro (m)	սեպտեմբեր	[septembér]
outubro (m)	հոկտեմբեր	[hoktembér]
novembro (m)	նոյեմբեր	[noembér]
dezembro (m)	դեկտեմբեր	[dektembér]
primavera (f)	գարուն	[garún]
na primavera	գարնանը	[garnánə]
primaveril (adj)	գարնանային	[garnanajín]
verão (m)	ամառ	[amár]

no verão	ամռանը	[amránə]
de verão	ամառային	[amarajín]
outono (m)	աշուն	[ašún]
no outono	աշնանը	[ašnánə]
outonal (adj)	աշնանային	[ašnanajín]
inverno (m)	ձմեռ	[dzmer]
no inverno	ձմռանը	[dzmránə]
de inverno	ձմեռային	[dzmerajín]
mês (m)	ամիս	[amís]
este mês	այս ամիս	[ajs amís]
mês que vem	մյուս ամիս	[mjús amís]
no mês passado	անցյալ ամիս	[ants^{h}jál amís]
um mês atrás	մեկ ամիս առաջ	[mek amís arádʒ]
em um mês	մեկ ամիս հետո	[mek amís hetó]
em dois meses	երկու ամիս հետո	[erkú amís hetó]
todo o mês	ամբողջ ամիս	[ambóġdʒ amís]
um mês inteiro	ողջ ամիս	[voġdʒ amís]
mensal (adj)	ամսական	[amsakán]
mensalmente	ամեն ամիս	[amén amís]
todo mês	ամեն ամիս	[amén amís]
duas vezes por mês	ամսական երկու անգամ	[amsakán erkú angám]
ano (m)	տարի	[tarí]
este ano	այս տարի	[ajs tarí]
ano que vem	մյուս տարի	[mjus tarí]
no ano passado	անցյալ տարի	[ants^{h}jál tarí]
há um ano	մեկ տարի առաջ	[mek tarí arádʒ]
em um ano	մեկ տարի անց	[mek tarí ánts^{h}]
dentro de dois anos	երկու տարի անց	[erkú tarí ants^{h}]
todo o ano	ամբողջ տարի	[ambóġdʒ tarí]
um ano inteiro	ողջ տարի	[voġdʒ tarí]
cada ano	ամեն տարի	[amén tarí]
anual (adj)	տարեկան	[tarekán]
anualmente	ամեն տարի	[amén tarí]
quatro vezes por ano	տարեկան չորս անգամ	[tarekán čórs angám]
data (~ de hoje)	ամսաթիվ	[amsat^{h}ív]
data (ex. ~ de nascimento)	ամսաթիվ	[amsat^{h}ív]
calendário (m)	օրացույց	[orats^{h}újts^{h}]
meio ano	կես տարի	[kes tarí]
seis meses	կիսամյակ	[kisamják]
estação (f)	սեզոն	[sezón]
século (m)	դար	[dar]

23. Tempo. Diversos

tempo (m)	ժամանակ	[ʒamanák]
momento (m)	ակնթարթ	[aknt^{h}árt^{h}]

instante (m)	ակնթարթ	[aknt^hárt^h]
instantâneo (adj)	ակնթարթային	[aknt^hart^hajín]
lapso (m) de tempo	ժամանակահատված	[ʒamanakahatváʦ]
vida (f)	կյանք	[kjank^h]
eternidade (f)	հավերժություն	[haverʒut^hjún]
época (f)	դարաշրջան	[darašrʤán]
era (f)	դարաշրջան	[darašrʤán]
ciclo (m)	ցիկլ	[ʦ^hikl]
período (m)	ժամանակահատված	[ʒamanakahatváʦ]
prazo (m)	ժամկետ	[ʒamkét]
futuro (m)	ապագա	[apagá]
futuro (adj)	ապագա	[apagá]
da próxima vez	հաջորդ անգամ	[haʤórd angám]
passado (m)	անցյալ	[anʦ^hjál]
passado (adj)	անցյալ	[anʦ^hjál]
na última vez	անցյալ անգամ	[anʦ^hjál angám]
mais tarde	քիչ անց	[k^hič anʦ^h]
depois de ...	հետո	[hetó]
atualmente	այժմ	[ajʒm]
agora	հիմա	[himá]
imediatamente	անմիջապես	[anmiʤapés]
em breve	շուտով	[šutóv]
de antemão	նախօրոք	[naχorók^h]
há muito tempo	վաղուց	[vaġúʦ^h]
recentemente	վերջերս	[verʤérs]
destino (m)	ճակատագիր	[čakatagír]
recordações (f pl)	հիշողություններ	[hišohut^hjúnnér]
arquivo (m)	արխիվ	[arχív]
durante ...	... ժամանակ	[... ʒamanák]
durante muito tempo	երկար ժամանակ	[erkár ʒamanák]
pouco tempo	կարճ ժամանակ	[karč ʒamanák]
cedo (levantar-se ~)	շուտ	[šut]
tarde (deitar-se ~)	ուշ	[uš]
para sempre	ընդմիշտ	[əndmíšt]
começar (vt)	սկսել	[sksel]
adiar (vt)	տեղափոխել	[teġap^hoχél]
ao mesmo tempo	միաժամանակ	[miaʒamanák]
permanentemente	անընդհատ	[anəndhát]
constante (~ ruído, etc.)	անընդմեջ	[anəndméʤ]
temporário (adj)	ժամանակավոր	[ʒamanakavór]
às vezes	երբեմն	[erbémn]
raras vezes, raramente	հազվադեպ	[hazvadép]
frequentemente	հաճախ	[hačáχ]

24. Linhas e formas

quadrado (m)	քառակուսի	[k^harakusí]
quadrado (adj)	քառակուսի	[k^harakusí]

círculo (m)	շրջան	[šrdʒan]
redondo (adj)	կլոր	[klor]
triângulo (m)	եռանկյունի	[erankjuní]
triangular (adj)	եռանկյունաձև	[erankjunadzév]
oval (f)	օվալ	[ovál]
oval (adj)	օվալաձև	[ovaladzév]
retângulo (m)	ուղղանկյուն	[uġġankjún]
retangular (adj)	ուղղանկյունաձև	[uġġankjúnadzév]
pirâmide (f)	բուրգ	[burg]
losango (m)	շեղանկյուն	[šeġankjún]
trapézio (m)	սեղանակերպ	[seġanakérp]
cubo (m)	խորանարդ	[χoranárd]
prisma (m)	հատվածակողմ	[hatvatsakóġm]
circunferência (f)	շրջագիծ	[šrdʒagíts]
esfera (f)	գունդ	[gund]
globo (m)	գունդ	[gund]
diâmetro (m)	տրամագիծ	[tramagíts]
raio (m)	շառավիղ	[šaravíġ]
perímetro (m)	պարագիծ	[paragíts]
centro (m)	կենտրոն	[kentrón]
horizontal (adj)	հորիզոնական	[horizonakán]
vertical (adj)	ուղղաձիգ	[uġġagíts]
paralela (f)	զուգահեռ	[zugahér]
paralelo (adj)	զուգահեռ	[zugahér]
linha (f)	գիծ	[gits]
traço (m)	գիծ	[gits]
reta (f)	ուղիղ	[uġíġ]
curva (f)	կոր	[kor]
fino (linha ~a)	բարակ	[barák]
contorno (m)	ուրվագիծ	[urvagíts]
interseção (f)	հատում	[hatúm]
ângulo (m) reto	ուղիղ անկյուն	[uġíġ ankjún]
segmento (m)	հատված	[hatváts]
setor (m)	հատված	[hatváts]
lado (de um triângulo, etc.)	կողմ	[koġm]
ângulo (m)	անկյուն	[ankjún]

25. Unidades de medida

peso (m)	քաշ	[kʰaš]
comprimento (m)	երկարություն	[erkarutʰjún]
largura (f)	լայնություն	[lajnutʰjún]
altura (f)	բարձրություն	[bardzrutʰjún]
profundidade (f)	խորություն	[χorutʰjún]
volume (m)	ծավալ	[tsavál]
área (f)	մակերես	[makerés]
grama (m)	գրամ	[gram]
miligrama (m)	միլիգրամ	[miligrám]

quilograma (m)	կիլոգրամ	[kilográm]
tonelada (f)	տոննա	[tónna]
libra (453,6 gramas)	ֆունտ	[funt]
onça (f)	ունցիա	[únʦʰia]
metro (m)	մետր	[metr]
milímetro (m)	միլիմետր	[milimétr]
centímetro (m)	սանտիմետր	[santimétr]
quilômetro (m)	կիլոմետր	[kilométr]
milha (f)	մղոն	[mġon]
polegada (f)	դյույմ	[djujm]
pé (304,74 mm)	ֆութ	[futʰ]
jarda (914,383 mm)	յարդ	[jard]
metro (m) quadrado	քառակուսի մետր	[kʰarakusí métr]
hectare (m)	հեկտար	[hektár]
litro (m)	լիտր	[litr]
grau (m)	աստիճան	[astičán]
volt (m)	վոլտ	[volt]
ampère (m)	ամպեր	[ampér]
cavalo (m) de potência	ձիաուժ	[ʣiaúʒ]
quantidade (f)	քանակ	[kʰanák]
um pouco de ...	մի փոքր ...	[mi pʰokʰr ...]
metade (f)	կես	[kes]
dúzia (f)	դյուժին	[djuʒín]
peça (f)	հատ	[hat]
tamanho (m), dimensão (f)	չափս	[čapʰs]
escala (f)	մասշտաբ	[masštáb]
mínimo (adj)	նվազագույն	[nvazagújn]
menor, mais pequeno	փոքրագույն	[pʰokʰragújn]
médio (adj)	միջին	[miʤín]
máximo (adj)	առավելագույն	[aravelagújn]
maior, mais grande	մեծագույն	[meʦagújn]

26. Recipientes

pote (m) de vidro	բանկա	[banká]
lata (~ de cerveja)	տարա	[tará]
balde (m)	դույլ	[dujl]
barril (m)	տակառ	[takár]
bacia (~ de plástico)	թաս	[tʰas]
tanque (m)	բաք	[bakʰ]
cantil (m) de bolso	տափակաշիշ	[tapʰakašíš]
galão (m) de gasolina	թիթեղ	[tʰitʰéġ]
cisterna (f)	ցիստեռն	[ʦʰistérn]
caneca (f)	գավաթ	[gavátʰ]
xícara (f)	բաժակ	[baʒák]

pires (m)	պնակ	[pnak]
copo (m)	բաժակ	[baʒák]
taça (f) de vinho	գավաթ	[gavátʰ]
panela (f)	կաթսա	[katʰsá]
garrafa (f)	շիշ	[šiš]
gargalo (m)	բերան	[berán]
jarra (f)	գրաֆին	[grafín]
jarro (m)	սափոր	[sapʰór]
recipiente (m)	անոթ	[anótʰ]
pote (m)	կճուճ	[kčuč]
vaso (m)	վազա	[váza]
frasco (~ de perfume)	սրվակ	[srvak]
frasquinho (m)	սրվակիկ	[srvakík]
tubo (m)	պարկուճ	[parkúč]
saco (ex. ~ de açúcar)	պարկ	[park]
sacola (~ plastica)	տոպրակ	[toprák]
maço (de cigarros, etc.)	տուփ	[tupʰ]
caixa (~ de sapatos, etc.)	տուփ	[tupʰ]
caixote (~ de madeira)	դարակ	[darák]
cesto (m)	զամբյուղ	[zambjúġ]

27. Materiais

material (m)	նյութ	[njutʰ]
madeira (f)	փայտ	[pʰajt]
de madeira	փայտյա	[pʰajtjá]
vidro (m)	ապակի	[apakí]
de vidro	ապակյա	[apakjá]
pedra (f)	քար	[kʰar]
de pedra	քարե	[kʰaré]
plástico (m)	պլաստիկ	[plastík]
plástico (adj)	պլաստմասե	[plastmasé]
borracha (f)	ռետին	[retín]
de borracha	ռետինե	[retiné]
tecido, pano (m)	գործվածք	[gortsvátskʰ]
de tecido	գործվածքից	[gortsvatskʰítsʰ]
papel (m)	թուղթ	[tʰuġtʰ]
de papel	թղթե	[tʰġtʰe]
papelão (m)	ստվարաթուղթ	[stvaratʰúġtʰ]
de papelão	ստվարաթղթե	[stvaratʰġtʰé]
polietileno (m)	պոլիէթիլեն	[poliētʰilén]
celofane (m)	ցելոֆան	[tsʰelofán]

madeira (f) compensada	ֆաներա	[fanéra]
porcelana (f)	ճենապակի	[čenapakí]
de porcelana	ճենապակե	[čenapaké]
argila (f), barro (m)	կավ	[kav]
de barro	կավե	[kavé]
cerâmica (f)	կերամիկա	[kerámika]
de cerâmica	կերամիկական	[keramikakán]

28. Metais

metal (m)	մետաղ	[metáġ]
metálico (adj)	մետաղյա	[metaġjá]
liga (f)	ձուլվածք	[ʣulváʦkʰ]
ouro (m)	ոսկի	[voskí]
de ouro	ոսկյա	[voskjá]
prata (f)	արծաթ	[arʦátʰ]
de prata	արծաթյա	[arʦatʰjá]
ferro (m)	երկաթ	[erkátʰ]
de ferro	երկաթյա	[erkatʰjá]
aço (m)	պողպատ	[poġpát]
de aço (adj)	պողպատյա	[poġpatjá]
cobre (m)	պղինձ	[pġinʣ]
de cobre	պղնձե	[pġnʣe]
alumínio (m)	ալյումին	[aljumín]
de alumínio	ալյումինե	[aljuminé]
bronze (m)	բրոնզ	[bronz]
de bronze	բրոնզե	[bronzé]
latão (m)	արույր	[arújr]
níquel (m)	նիկել	[nikél]
platina (f)	պլատին	[platín]
mercúrio (m)	սնդիկ	[sndik]
estanho (m)	անագ	[anág]
chumbo (m)	կապար	[kapár]
zinco (m)	ցինկ	[ʦʰink]

O SER HUMANO

O ser humano. O corpo

29. Humanos. Conceitos básicos

ser (m) humano	մարդ	[mard]
homem (m)	տղամարդ	[tġamárd]
mulher (f)	կին	[kin]
criança (f)	երեխա	[ereχá]
menina (f)	աղջիկ	[aġdʒík]
menino (m)	տղա	[tġa]
adolescente (m)	դեռահաս	[derahás]
velho (m)	ծերունի	[ʦeruní]
velha (f)	պառավ	[paráv]

30. Anatomia humana

organismo (m)	օրգանիզմ	[organízm]
coração (m)	սիրտ	[sirt]
sangue (m)	արյուն	[arjún]
artéria (f)	զարկերակ	[zarkerák]
veia (f)	երակ	[erák]
cérebro (m)	ուղեղ	[uġéġ]
nervo (m)	նյարդ	[nerv]
nervos (m pl)	նյարդեր	[nervér]
vértebra (f)	ող	[voġ]
coluna (f) vertebral	ողնաշար	[voġnašár]
estômago (m)	ստամոքս	[stamókʰs]
intestinos (m pl)	աղիքներ	[aġikʰnér]
intestino (m)	աղիք	[aġíkʰ]
fígado (m)	լյարդ	[ljard]
rim (m)	երիկամ	[erikám]
osso (m)	ոսկոր	[voskór]
esqueleto (m)	կմախք	[kmaχkʰ]
costela (f)	կողոսկր	[koġóskr]
crânio (m)	գանգ	[gang]
músculo (m)	մկան	[mkan]
bíceps (m)	բիցեպս	[bíʦʰeps]
tríceps (m)	տրիցեպս	[tríʦʰeps]
tendão (m)	ջիլ	[dʒil]
articulação (f)	հոդ	[hod]

pulmões (m pl)	թոքեր	[tʰokʰér]
órgãos (m pl) genitais	սեռական օրգաններ	[serakán organnér]
pele (f)	մաշկ	[mašk]

31. Cabeça

cabeça (f)	գլուխ	[glux]
rosto, cara (f)	երես	[erés]
nariz (m)	քիթ	[kʰitʰ]
boca (f)	բերան	[berán]
olho (m)	աչք	[ačkʰ]
olhos (m pl)	աչքեր	[ačkʰér]
pupila (f)	բիբ	[bib]
sobrancelha (f)	ունք	[unkʰ]
cílio (f)	թարթիչ	[tʰartʰíč]
pálpebra (f)	կոպ	[kap]
língua (f)	լեզու	[lezú]
dente (m)	ատամ	[atám]
lábios (m pl)	շրթունքներ	[šrtʰunkʰnér]
maçãs (f pl) do rosto	այտոսկրեր	[ajtoskrér]
gengiva (f)	լինդ	[lind]
palato (m)	քիմք	[kimkʰ]
narinas (f pl)	քթածակեր	[kʰtʰatsakér]
queixo (m)	կզակ	[kzak]
mandíbula (f)	ծնոտ	[tsnot]
bochecha (f)	այտ	[ajt]
testa (f)	ճակատ	[čakát]
têmpora (f)	քներակ	[kʰnerák]
orelha (f)	ականջ	[akándʒ]
costas (f pl) da cabeça	ծոծրակ	[tsotsrák]
pescoço (m)	պարանոց	[paranótsʰ]
garganta (f)	կոկորդ	[kokórd]
cabelo (m)	մազեր	[mazér]
penteado (m)	սանրվածք	[sanrvátskʰ]
corte (m) de cabelo	սանրվածք	[sanrvátskʰ]
peruca (f)	կեղծամ	[keġtsám]
bigode (m)	բեղեր	[beġér]
barba (f)	մորուք	[morúkʰ]
ter (~ barba, etc.)	կրել	[krel]
trança (f)	հյուս	[hjus]
suíças (f pl)	այտամորուք	[ajtamorúkʰ]
ruivo (adj)	շիկահեր	[šikahér]
grisalho (adj)	ալեհեր	[alehér]
careca (adj)	ճաղատ	[čaġát]
calva (f)	ճաղատ	[čaġát]
rabo-de-cavalo (m)	պոչ	[poč]
franja (f)	մազափունջ	[mazapʰúndʒ]

32. Corpo humano

mão (f)	դաստակ	[dasták]
braço (m)	թև	[tʰev]
dedo (m)	մատ	[mat]
polegar (m)	բութ մատ	[butʰ mát]
dedo (m) mindinho	ճկույթ	[čkujtʰ]
unha (f)	եղունգ	[eġúng]
punho (m)	բռունցք	[bruntsʰkʰ]
palma (f)	ափ	[apʰ]
pulso (m)	դաստակ	[dasták]
antebraço (m)	նախաբազուկ	[naχabazúk]
cotovelo (m)	արմունկ	[armúnk]
ombro (m)	ուս	[us]
perna (f)	ոտք	[votkʰ]
pé (m)	ոտնաթաթ	[votnatʰátʰ]
joelho (m)	ծունկ	[tsunk]
panturrilha (f)	սրունք	[srunkʰ]
quadril (m)	ազդր	[azdr]
calcanhar (m)	կրունկ	[krunk]
corpo (m)	մարմին	[marmín]
barriga (f), ventre (m)	փոր	[pʰor]
peito (m)	կրծքավանդակ	[krtskʰavandák]
seio (m)	կուրծք	[kurtskʰ]
lado (m)	կող	[koġ]
costas (dorso)	մեջք	[medʒkʰ]
região (f) lombar	գոտկատեղ	[gotkatéġ]
cintura (f)	գոտկատեղ	[gotkatéġ]
umbigo (m)	պորտ	[port]
nádegas (f pl)	նստատեղ	[nstatéġ]
traseiro (m)	հետույք	[hetújkʰ]
sinal (m), pinta (f)	խալ	[χal]
tatuagem (f)	դաջվածք	[dadʒvátskʰ]
cicatriz (f)	սպի	[spi]

Vestuário & Acessórios

33. Roupa exterior. Casacos

roupa (f)	հագուստ	[hagúst]
roupa (f) exterior	վերնազգեստ	[vernazgést]
roupa (f) de inverno	ձմեռային հագուստ	[ʣmerajín hagúst]
sobretudo (m)	վերարկու	[verarkú]
casaco (m) de pele	մուշտակ	[mušták]
jaqueta (f) de pele	կիսամուշտակ	[kisamušták]
casaco (m) acolchoado	բմբուլե բաճկոն	[bmbulé bačkón]
casaco (m), jaqueta (f)	բաճկոն	[bačkón]
impermeável (m)	թիկնոց	[tʰiknóʦʰ]
a prova d'água	անջրանցիկ	[anʤranʦʰík]

34. Vestuário de homem & mulher

camisa (f)	վերնաշապիկ	[vernašapík]
calça (f)	տաբատ	[tabát]
jeans (m)	ջինսեր	[ʤinsér]
paletó, terno (m)	պիջակ	[piʤák]
terno (m)	կոստյում	[kostjúm]
vestido (ex. ~ de noiva)	զգեստ	[zgest]
saia (f)	շրջազգեստ	[šrʤazgést]
blusa (f)	բլուզ	[bluz]
casaco (m) de malha	կոֆտա	[koftá]
casaco, blazer (m)	ժակետ	[ʒakét]
camiseta (f)	մարզաշապիկ	[marzašapík]
short (m)	կարճ տաբատ	[karč tabát]
training (m)	մարզազգեստ	[marzazgést]
roupão (m) de banho	խալաթ	[χalátʰ]
pijama (m)	ննջազգեստ	[nnʤazgést]
suéter (m)	սվիտեր	[svitér]
pulôver (m)	պուլովեր	[pulóver]
colete (m)	բաճկոնակ	[bačkonák]
fraque (m)	ֆրակ	[frak]
smoking (m)	սմոկինգ	[smóking]
uniforme (m)	համազգեստ	[hamazgést]
roupa (f) de trabalho	աշխատանքային համազգեստ	[ašχatankʰajín hamazgést]
macacão (m)	կոմբինեզոն	[kombinezón]
jaleco (m), bata (f)	խալաթ	[χalátʰ]

35. Vestuário. Roupa interior

roupa (f) íntima	ներքնազգեստ	[nerkʰnazgést]
camiseta (f)	ներքնաշապիկ	[nerkʰnašapík]
meias (f pl)	կիսագուլպա	[kisagulpá]
camisola (f)	գիշերանոց	[gišeranótsʰ]
sutiã (m)	կրծքակալ	[krtskʰákal]
meias longas (f pl)	կարճ գուլպաներ	[karč gulpanér]
meias-calças (f pl)	զուգագուլպա	[zugagulpá]
meias (~ de nylon)	գուլպաներ	[gulpanér]
maiô (m)	լողազգեստ	[loġazgést]

36. Adereços de cabeça

chapéu (m), touca (f)	գլխարկ	[glχark]
chapéu (m) de feltro	եզրավոր գլխարկ	[ezravór glχárk]
boné (m) de beisebol	մարզագլխարկ	[marzaglχárk]
boina (~ italiana)	կեպի	[képi]
boina (ex. ~ basca)	բերետ	[berét]
capuz (m)	գլխանոց	[glχanótsʰ]
chapéu panamá (m)	պանամա	[panáma]
touca (f)	գործած գլխարկ	[gortsáts glχárk]
lenço (m)	գլխաշոր	[glχašór]
chapéu (m) feminino	գլխարկիկ	[glχarkík]
capacete (m) de proteção	սաղավարտ	[saġavárt]
bibico (m)	պիլոտկա	[pilótka]
capacete (m)	սաղավարտ	[saġavárt]
chapéu-coco (m)	կոտելոկ	[kotelók]
cartola (f)	գլանագլխարկ	[glanaglχárk]

37. Calçado

calçado (m)	կոշիկ	[košík]
botinas (f pl), sapatos (m pl)	ճտքավոր կոշիկներ	[čtkʰavór košiknér]
sapatos (de salto alto, etc.)	կոշիկներ	[košiknér]
botas (f pl)	երկարաճիտ կոշիկներ	[erkaračít košiknér]
pantufas (f pl)	հողաթափեր	[hoġatʰapʰér]
tênis (~ Nike, etc.)	բոթասներ	[botʰasnér]
tênis (~ Converse)	մարզական կոշիկներ	[marzakán košiknér]
sandálias (f pl)	սանդալներ	[sandalnér]
sapateiro (m)	կոշկակար	[koškakár]
salto (m)	կրունկ	[krunk]
par (m)	զույգ	[zujg]
cadarço (m)	կոշկակապ	[koškakáp]

amarrar os cadarços	կոշկակապել	[koškakapél]
calçadeira (f)	թիակ	[tʰiak]
graxa (f) para calçado	կոշիկի քսուք	[košikí ksúkʰ]

38. Têxtil. Tecidos

algodão (m)	բամբակ	[bambák]
de algodão	բամբակից	[bambakíʦʰ]
linho (m)	կտավատ	[ktavát]
de linho	կտավատից	[ktavatíʦʰ]
seda (f)	մետաքս	[metákʰs]
de seda	մետաքսյա	[metakʰsjá]
lã (f)	բուրդ	[burd]
de lã	բրդյա	[brdja]
veludo (m)	թավիշ	[tʰavíš]
camurça (f)	թավշակաշի	[tʰavšakaší]
veludo (m) cotelê	վելվետ	[velvét]
nylon (m)	նեյլոն	[nejlón]
de nylon	նեյլոնից	[nejloníʦʰ]
poliéster (m)	պոլիէստեր	[poliēstér]
de poliéster	պոլիէստերից	[poliēsteríʦʰ]
couro (m)	կաշի	[kaší]
de couro	կաշվից	[kašvíʦʰ]
pele (f)	մորթի	[mortʰí]
de pele	մորթյա	[mortʰjá]

39. Acessórios pessoais

luva (f)	ձեռնոցներ	[ʣernoʦʰnér]
mitenes (f pl)	ձեռնոց	[ʣernóʦʰ]
cachecol (m)	շարֆ	[šarf]
óculos (m pl)	ակնոց	[aknóʦʰ]
armação (f)	շրջանակ	[šrʤanák]
guarda-chuva (m)	հովանոց	[hovanóʦʰ]
bengala (f)	ձեռնափայտ	[ʣernapʰájt]
escova (f) para o cabelo	մազերի խոզանակ	[mazerí χozanák]
leque (m)	հովհար	[hovhár]
gravata (f)	փողկապ	[pʰoġkáp]
gravata-borboleta (f)	փողկապ-թիթեռնիկ	[pʰoġkáp tʰitʰerník]
suspensórios (m pl)	տաբատակալ	[tabatakál]
lenço (m)	թաշկինակ	[tʰaškinák]
pente (m)	սանր	[sanr]
fivela (f) para cabelo	մազակալ	[mazakál]
grampo (m)	ծամկալ	[ʦamkál]
fivela (f)	ճարմանդ	[čarmánd]

cinto (m)	գոտի	[gotí]
alça (f) de ombro	փոկ	[pʰok]
bolsa (f)	պայուսակ	[pajusák]
bolsa (feminina)	կանացի պայուսակ	[kanatsʰí pajusák]
mochila (f)	ուղեպարկ	[uġepárk]

40. Vestuário. Diversos

moda (f)	նորաձևություն	[noradzevutʰjún]
na moda (adj)	նորաձև	[noradzév]
estilista (m)	մոդելյեր	[modelér]
colarinho (m)	օձիք	[odzíkʰ]
bolso (m)	գրպան	[grpan]
de bolso	գրպանի	[grpaní]
manga (f)	թևք	[tʰevkʰ]
ganchinho (m)	կախիչ	[kaχíč]
bragueta (f)	լայնույթ	[lajnújtʰ]
zíper (m)	կայծակաճարմանդ	[kajtsaka čarmánd]
colchete (m)	ճարմանդ	[čarmánd]
botão (m)	կոճակ	[kočák]
botoeira (casa de botão)	հանգույց	[hangújtsʰ]
soltar-se (vr)	պոկվել	[pokvél]
costurar (vi)	կարել	[karél]
bordar (vt)	ասեղնագործել	[aseġnagortsél]
bordado (m)	ասեղնագործություն	[aseġnagortsutʰjún]
agulha (f)	ասեղ	[aséġ]
fio, linha (f)	թել	[tʰel]
costura (f)	կար	[kar]
sujar-se (vr)	կեղտոտվել	[keġtotvél]
mancha (f)	բիծ	[bits]
amarrotar-se (vr)	ճմրթվել	[čmrtʰel]
rasgar (vt)	ճղվել	[čġvel]
traça (f)	ցեց	[tsʰetsʰ]

41. Cuidados pessoais. Cosméticos

pasta (f) de dente	ատամի մածուկ	[atamí matsúk]
escova (f) de dente	ատամի խոզանակ	[atamí χozanák]
escovar os dentes	ատամները մաքրել	[atamnérə makʰrél]
gilete (f)	ածելի	[atselí]
creme (m) de barbear	սափրվելու կրեմ	[sapʰrvelú krem]
barbear-se (vr)	սափրվել	[sapʰrvél]
sabonete (m)	օճառ	[očár]
xampu (m)	շամպուն	[šampún]
tesoura (f)	մկրատ	[mkrat]

lixa (f) de unhas	խարտոց	[χartótsʰ]
corta-unhas (m)	ունելիք	[unelíkʰ]
pinça (f)	ունելի	[unelí]
cosméticos (m pl)	կոսմետիկա	[kosmétika]
máscara (f)	դիմակ	[dimák]
manicure (f)	մանիկյուր	[manikjúr]
fazer as unhas	մատնահարդարում	[matnahardarúm]
pedicure (f)	պեդիկյուր	[pedikjúr]
bolsa (f) de maquiagem	կոսմետիկայի պայուսակ	[kosmetikají pajusák]
pó (de arroz)	դիմափոշի	[dimapʰoší]
pó (m) compacto	դիմափոշու աման	[dimapʰošú amán]
blush (m)	կարմրաներկ	[karmranérk]
perfume (m)	օծանելիք	[otsanelíkʰ]
água-de-colônia (f)	անուշահոտ ջուր	[anušahót ʤur]
loção (f)	լոսյոն	[losjón]
colônia (f)	օդեկոլոն	[odekolón]
sombra (f) de olhos	կոպերի ներկ	[koperí nérk]
delineador (m)	աչքի մատիտ	[ačkʰí matít]
máscara (f), rímel (m)	տուշ	[tuš]
batom (m)	շրթներկ	[šrtʰnerk]
esmalte (m)	եղունգների լաք	[eġungnerí lákʰ]
laquê (m), spray fixador (m)	մազերի լաք	[mazerí lakʰ]
desodorante (m)	դեզոդորանտ	[dezodoránt]
creme (m)	կրեմ	[krem]
creme (m) de rosto	դեմքի կրեմ	[demkʰí krem]
creme (m) de mãos	ձեռքի կրեմ	[ʣerkʰí krem]
creme (m) antirrugas	կնճիռների դեմ կրեմ	[knčirnerí dém krém]
de dia	ցերեկային	[tsʰerekajín]
da noite	գիշերային	[gišerajín]
absorvente (m) interno	տամպոն	[tampón]
papel (m) higiênico	զուգարանի թուղթ	[zugaraní tʰúġtʰ]
secador (m) de cabelo	ֆեն	[fen]

42. Joalheria

joias (f pl)	ոսկերչական զարդեր	[voskerčakán zardér]
precioso (adj)	թանկարժեք	[tʰankarʒékʰ]
marca (f) de contraste	հարգ	[harg]
anel (m)	մատանի	[mataní]
aliança (f)	նշանի մատանի	[nšaní mataní]
pulseira (f)	ապարանջան	[aparanʤán]
brincos (m pl)	ականջօղեր	[akanʤoġér]
colar (m)	մանյակ	[manják]
coroa (f)	թագ	[tʰag]
colar (m) de contas	ուլունքներ	[ulunkʰnér]

diamante (m)	ադամանդ	[adamánd]
esmeralda (f)	զմրուխտ	[zmruχt]
rubi (m)	սուտակ	[suták]
safira (f)	շափյուղա	[šapʰjuġá]
pérola (f)	մարգարիտ	[margarít]
âmbar (m)	սաթ	[satʰ]

43. Relógios de pulso. Relógios

relógio (m) de pulso	ձեռքի ժամացույց	[dzerkʰí ʒamatsʰújtsʰ]
mostrador (m)	թվահարթակ	[tʰvahartʰák]
ponteiro (m)	սլաք	[slakʰ]
bracelete (em aço)	շղթա	[šġtʰa]
bracelete (em couro)	փոկ	[pʰok]
pilha (f)	մարտկոց	[martkótsʰ]
acabar (vi)	նստել	[nstel]
trocar a pilha	մարտկոցը փոխել	[martkótsʰə pʰoχél]
estar adiantado	առաջ ընկնել	[arádʒ ənknél]
estar atrasado	ետ ընկնել	[et ənknél]
relógio (m) de parede	պատի ժամացույց	[patí ʒamatsʰújtsʰ]
ampulheta (f)	ավազի ժամացույց	[avazí ʒamatsʰújtsʰ]
relógio (m) de sol	արևի ժամացույց	[areví ʒamatsʰújtsʰ]
despertador (m)	զարթուցիչ	[zartʰutsʰíč]
relojoeiro (m)	ժամագործ	[ʒamagórts]
reparar (vt)	նորոգել	[norogél]

Alimentação. Nutrição

44. Comida

carne (f)	միս	[mis]
galinha (f)	հավ	[hav]
frango (m)	ճուտ	[čut]
pato (m)	բադ	[bad]
ganso (m)	սագ	[sag]
caça (f)	որսամիս	[vorsamís]
peru (m)	հնդկահավ	[hndkaháv]
carne (f) de porco	խոզի միս	[χozí mis]
carne (f) de vitela	հորթի միս	[hortʰí mís]
carne (f) de carneiro	ոչխարի միս	[vočχarí mis]
carne (f) de vaca	տավարի միս	[tavarí mis]
carne (f) de coelho	ճագար	[čagár]
linguiça (f), salsichão (m)	երշիկ	[eršík]
salsicha (f)	նրբերշիկ	[nrberšík]
bacon (m)	բեկոն	[bekón]
presunto (m)	խոզապուխտ	[χozapúχt]
pernil (m) de porco	ազդր	[azdr]
patê (m)	պաշտետ	[paštét]
fígado (m)	լյարդ	[ljard]
guisado (m)	աղացած միս	[aġatsʰáts mis]
língua (f)	լեզու	[lezú]
ovo (m)	ձու	[dzu]
ovos (m pl)	ձվեր	[dzver]
clara (f) de ovo	սպիտակուց	[spitakútsʰ]
gema (f) de ovo	դեղնուց	[deġnútsʰ]
peixe (m)	ձուկ	[dzuk]
mariscos (m pl)	ծովամթերքներ	[tsovamtʰerkʰnér]
caviar (m)	ձկնկիթ	[dzknkitʰ]
caranguejo (m)	ծովախեցգետին	[tsovaχetsʰgetín]
camarão (m)	մանր ծովախեցգետին	[mánr tsovaχetsʰgetín]
ostra (f)	ոստրե	[vostré]
lagosta (f)	լանգուստ	[langúst]
polvo (m)	ութոտնուկ	[utʰotnúk]
lula (f)	կաղամար	[kaġamár]
esturjão (m)	թառափ	[tʰarápʰ]
salmão (m)	սաղման	[saġmán]
halibute (m)	վահանաձուկ	[vahanadzúk]
bacalhau (m)	ձողաձուկ	[dzoġadzúk]
cavala, sarda (f)	թյունիկ	[tʰjuník]

atum (m)	թյուննոս	[tʰjunnós]
enguia (f)	օձաձուկ	[odzadzúk]
truta (f)	իշխան	[išχán]
sardinha (f)	սարդինա	[sardína]
lúcio (m)	գայլաձուկ	[gajladzúk]
arenque (m)	ծովատառեխ	[tsovataréχ]
pão (m)	հաց	[hatsʰ]
queijo (m)	պանիր	[panír]
açúcar (m)	շաքար	[šakʰár]
sal (m)	աղ	[aġ]
arroz (m)	բրինձ	[brindz]
massas (f pl)	մակարոն	[makarón]
talharim, miojo (m)	լափշա	[lapʰšá]
manteiga (f)	սերուցքային կարագ	[serutsʰkʰajín karág]
óleo (m) vegetal	բուսական յուղ	[busakán júġ]
óleo (m) de girassol	արևածաղկի ձեթ	[arevatsaġkí dzetʰ]
margarina (f)	մարգարին	[margarín]
azeitonas (f pl)	զեյթուն	[zeytún]
azeite (m)	ձիթապտղի ձեթ	[dzitʰaptġí dzetʰ]
leite (m)	կաթ	[katʰ]
leite (m) condensado	խտացրած կաթ	[χtatsʰráts kátʰ]
iogurte (m)	յոգուրտ	[jogúrt]
creme (m) azedo	թթվասեր	[tʰtʰvasér]
creme (m) de leite	սերուցք	[serútsʰkʰ]
maionese (f)	մայոնեզ	[majonéz]
creme (m)	կրեմ	[krem]
grãos (m pl) de cereais	ձավար	[dzavár]
farinha (f)	ալյուր	[aljúr]
enlatados (m pl)	պահածոներ	[pahatsonér]
flocos (m pl) de milho	եգիպտացորենի փաթիլներ	[egiptatsʰorení pʰatʰilnér]
mel (m)	մեղր	[meġr]
geleia (m)	ջեմ	[dʒem]
chiclete (m)	մաստակ	[masták]

45. Bebidas

água (f)	ջուր	[dʒur]
água (f) potável	խմելու ջուր	[χmelú dʒur]
água (f) mineral	հանքային ջուր	[hankʰajín dʒúr]
sem gás (adj)	առանց գազի	[arántsʰ gazí]
gaseificada (adj)	գազավորված	[gazavorváts]
com gás	գազով	[gazóv]
gelo (m)	սառույց	[sarújtsʰ]
com gelo	սառուցով	[sarutsʰóv]

não alcoólico (adj)	ոչ ալկոհոլային	[voč alkoholajín]
refrigerante (m)	ոչ ալկոհոլային ըմպելիք	[voč alkoholajín əmpelíkʰ]
refresco (m)	զովացուցիչ ըմպելիք	[zovatsʰutsʰíč əmpelíkʰ]
limonada (f)	լիմոնադ	[limonád]
bebidas (f pl) alcoólicas	ալկոհոլային խմիչքներ	[alkoholajín χmičkʰnér]
vinho (m)	գինի	[giní]
vinho (m) branco	սպիտակ գինի	[spiták giní]
vinho (m) tinto	կարմիր գինի	[karmír giní]
licor (m)	լիկյոր	[likjor]
champanhe (m)	շամպայն	[šampájn]
vermute (m)	վերմուտ	[vérmut]
uísque (m)	վիսկի	[víski]
vodca (f)	օղի	[oġí]
gim (m)	ջին	[ʤin]
conhaque (m)	կոնյակ	[konják]
rum (m)	ռոմ	[rom]
café (m)	սուրճ	[surč]
café (m) preto	սև սուրճ	[sev surč]
café (m) com leite	կաթով սուրճ	[katʰóv súrč]
cappuccino (m)	սերուցքով սուրճ	[serutsʰkʰóv surč]
café (m) solúvel	լուծվող սուրճ	[lutsvóġ súrč]
leite (m)	կաթ	[katʰ]
coquetel (m)	կոկտեյլ	[koktéjl]
batida (f), milkshake (m)	կաթնային կոկտեյլ	[katʰnajín koktéjl]
suco (m)	հյութ	[hjutʰ]
suco (m) de tomate	տոմատի հյութ	[tomatí hjútʰ]
suco (m) de laranja	նարնջի հյութ	[narnʤí hjutʰ]
suco (m) fresco	թարմ քամված հյութ	[tʰarm kʰamváts hjutʰ]
cerveja (f)	գարեջուր	[gareʤúr]
cerveja (f) clara	բաց գարեջուր	[batsʰ gareʤúr]
cerveja (f) preta	մուգ գարեջուր	[múg gareʤúr]
chá (m)	թեյ	[tʰej]
chá (m) preto	սև թեյ	[sev tʰej]
chá (m) verde	կանաչ թեյ	[kanáč tʰej]

46. Vegetais

vegetais (m pl)	բանջարեղեն	[banʤareġén]
verdura (f)	կանաչի	[kanačí]
tomate (m)	լոլիկ	[lolík]
pepino (m)	վարունգ	[varúng]
cenoura (f)	գազար	[gazár]
batata (f)	կարտոֆիլ	[kartofíl]
cebola (f)	սոխ	[soχ]
alho (m)	սխտոր	[sχtor]

couve (f)	կաղամբ	[kaġámb]
couve-flor (f)	ծաղկակաղամբ	[ʦaġkakaġámb]
couve-de-bruxelas (f)	բրյուսելյան կաղամբ	[brjuselján kaġámb]
brócolis (m pl)	կաղամբ բրոկոլի	[kaġámb brokóli]
beterraba (f)	բազուկ	[bazúk]
berinjela (f)	սմբուկ	[smbuk]
abobrinha (f)	դդմիկ	[ddmik]
abóbora (f)	դդում	[ddum]
nabo (m)	շաղգամ	[šaġgám]
salsa (f)	մաղադանոս	[maġadanós]
endro, aneto (m)	սամիթ	[samítʰ]
alface (f)	սալաթ	[salátʰ]
aipo (m)	նեխուր	[neχúr]
aspargo (m)	ծնեբեկ	[ʦnebék]
espinafre (m)	սպինատ	[spinát]
ervilha (f)	սիսեռ	[sisér]
feijão (~ soja, etc.)	լոբի	[lobí]
milho (m)	եգիպտացորեն	[egiptaʦʰorén]
feijão (m) roxo	լոբի	[lobí]
pimentão (m)	պղպեղ	[pġpeġ]
rabanete (m)	բողկ	[boġk]
alcachofra (f)	արտիճուկ	[artičúk]

47. Frutos. Nozes

fruta (f)	միրգ	[mirg]
maçã (f)	խնձոր	[χndzor]
pera (f)	տանձ	[tandz]
limão (m)	կիտրոն	[kitrón]
laranja (f)	նարինջ	[naríndʒ]
morango (m)	ելակ	[elák]
tangerina (f)	մանդարին	[mandarín]
ameixa (f)	սալոր	[salór]
pêssego (m)	դեղձ	[deġdz]
damasco (m)	ծիրան	[ʦirán]
framboesa (f)	մորի	[morí]
abacaxi (m)	արքայախնձոր	[arkʰajaχndzór]
banana (f)	բանան	[banán]
melancia (f)	ձմերուկ	[dzmerúk]
uva (f)	խաղող	[χaġóġ]
ginja (f)	բալ	[bal]
cereja (f)	կեռաս	[kerás]
melão (m)	սեխ	[seχ]
toranja (f)	գրեյպֆրուտ	[grejpfrút]
abacate (m)	ավոկադո	[avokádo]
mamão (m)	պապայա	[papája]
manga (f)	մանգո	[mángo]

romã (f)	նուռ	[nur]
groselha (f) vermelha	կարմիր հաղարջ	[karmír haġárʤ]
groselha (f) negra	սև հաղարջ	[sév haġárʤ]
groselha (f) espinhosa	հաղարջ	[haġárʤ]
mirtilo (m)	հապալաս	[hapalás]
amora (f) silvestre	մոշ	[moš]
passa (f)	չամիչ	[čamíč]
figo (m)	թուզ	[tʰuz]
tâmara (f)	արմավ	[armáv]
amendoim (m)	գետնընկույզ	[getnənkújz]
amêndoa (f)	նուշ	[nuš]
noz (f)	ընկույզ	[ənkújz]
avelã (f)	պնդուկ	[pnduk]
coco (m)	կոկոսի ընկույզ	[kokósi ənkújz]
pistaches (m pl)	պիստակ	[pisták]

48. Pão. Bolaria

pastelaria (f)	հրուշակեղեն	[hrušakeġén]
pão (m)	հաց	[hatsʰ]
biscoito (m), bolacha (f)	թխվածքաբլիթ	[tʰχvatskʰablítʰ]
chocolate (m)	շոկոլադ	[šokolád]
de chocolate	շոկոլադե	[šokoladé]
bala (f)	կոնֆետ	[konfét]
doce (bolo pequeno)	հրուշակ	[hrušák]
bolo (m) de aniversário	տորթ	[tortʰ]
torta (f)	կարկանդակ	[karkandák]
recheio (m)	լցոն	[ltsʰon]
geleia (m)	մուրաբա	[murabá]
marmelada (f)	մարմելադ	[marmelád]
wafers (m pl)	վաֆլի	[vaflí]
sorvete (m)	պաղպաղակ	[paġpaġák]

49. Pratos cozinhados

prato (m)	ճաշատեսակ	[čašatesák]
cozinha (~ portuguesa)	խոհանոց	[χohanótsʰ]
receita (f)	բաղադրատոմս	[baġadratóms]
porção (f)	բաժին	[baʒín]
salada (f)	աղցան	[aġtsʰán]
sopa (f)	ապուր	[apúr]
caldo (m)	մսաջուր	[msaʤúr]
sanduíche (m)	բրդուճ	[brduč]
ovos (m pl) fritos	ձվածեղ	[dzvatséġ]
hambúrguer (m)	համբուրգեր	[hamburgér]

bife (m)	բիֆշտեքս	[bifšték^{h}s]
acompanhamento (m)	գառնիր	[garnír]
espaguete (m)	սպագետի	[spagétti]
purê (m) de batata	կարտոֆիլի պյուրե	[kartofilí pjuré]
pizza (f)	պիցցա	[píts^{h}a]
mingau (m)	շիլա	[šilá]
omelete (f)	ձվածեղ	[dzvatséġ]
fervido (adj)	եփած	[ep^{h}áts]
defumado (adj)	ապխտած	[apχtáts]
frito (adj)	տապակած	[tapakáts]
seco (adj)	չորացրած	[čorats^{h}ráts]
congelado (adj)	սառեցված	[sarets^{h}váts]
em conserva (adj)	մարինացված	[marinats^{h}váts]
doce (adj)	քաղցր	[k^{h}aġts^{h}r]
salgado (adj)	աղի	[aġí]
frio (adj)	սառը	[sárə]
quente (adj)	տաք	[tak^h]
amargo (adj)	դառը	[dárə]
gostoso (adj)	համեղ	[haméġ]
cozinhar em água fervente	եփել	[ep^{h}él]
preparar (vt)	պատրաստել	[patrastél]
fritar (vt)	տապակել	[tapakél]
aquecer (vt)	տաքացնել	[tak^{h}ats^{h}nél]
salgar (vt)	աղ անել	[aġ anél]
apimentar (vt)	պղպեղ անել	[pġpéġ anél]
ralar (vt)	քերել	[k^{h}erél]
casca (f)	կլեպ	[klep]
descascar (vt)	կլպել	[klpel]

50. Especiarias

sal (m)	աղ	[aġ]
salgado (adj)	աղի	[aġí]
salgar (vt)	աղ անել	[aġ anél]
pimenta-do-reino (f)	սև պղպեղ	[sev pġpéġ]
pimenta (f) vermelha	կարմիր պղպեղ	[karmír pġpéġ]
mostarda (f)	մանանեխ	[mananéχ]
raiz-forte (f)	ծովաբողկ	[tsovabóġk]
condimento (m)	համեմունք	[hamemúnk^h]
especiaria (f)	համեմունք	[hamemúnk^h]
molho (~ inglês)	սոուս	[soús]
vinagre (m)	քացախ	[k^{h}ats^{h}áχ]
anis estrelado (m)	անիսոն	[anisón]
manjericão (m)	ռեհան	[rehán]
cravo (m)	մեխակ	[meχák]
gengibre (m)	իմբիր	[imbír]
coentro (m)	գինձ	[gindz]

canela (f)	դարչին	[darčín]
gergelim (m)	քնջութ	[kʰndʒutʰ]
folha (f) de louro	դափնու տերև	[dapʰnú terév]
páprica (f)	պապրիկա	[páprika]
cominho (m)	չաման	[čamán]
açafrão (m)	շաֆրան	[šafrán]

51. Refeições

comida (f)	կերակուր	[kerakúr]
comer (vt)	ուտել	[utél]
café (m) da manhã	նախաճաշ	[naχačáš]
tomar café da manhã	նախաճաշել	[naχačašél]
almoço (m)	ճաշ	[čaš]
almoçar (vi)	ճաշել	[čašél]
jantar (m)	ընթրիք	[əntʰríkʰ]
jantar (vi)	ընթրել	[əntʰrél]
apetite (m)	ախորժակ	[aχorʒák]
Bom apetite!	Բարի ախորժա'կ	[barí aχorʒák]
abrir (~ uma lata, etc.)	բացել	[batsʰél]
derramar (~ líquido)	թափել	[tʰapʰél]
derramar-se (vr)	թափվել	[tʰapʰvél]
ferver (vi)	եռալ	[erál]
ferver (vt)	եռացնել	[eratsʰnél]
fervido (adj)	եռացրած	[eratsʰráts]
esfriar (vt)	սառեցնել	[saretsʰnél]
esfriar-se (vr)	սառեցվել	[saretsʰvél]
sabor, gosto (m)	համ	[ham]
fim (m) de boca	կողմնակի համ	[koġmnakí ham]
emagrecer (vi)	նիհարել	[niharél]
dieta (f)	սննդակարգ	[snndakárg]
vitamina (f)	վիտամին	[vitamín]
caloria (f)	կալորիա	[kalória]
vegetariano (m)	բուսակեր	[busakér]
vegetariano (adj)	բուսակերական	[busakerakán]
gorduras (f pl)	ճարպեր	[čarpér]
proteínas (f pl)	սպիտակուցներ	[spitakutsʰnér]
carboidratos (m pl)	ածխաջրեր	[atsχadʒrér]
fatia (~ de limão, etc.)	պատառ	[patár]
pedaço (~ de bolo)	կտոր	[ktor]
migalha (f), farelo (m)	փշուր	[pʰšur]

52. Por a mesa

colher (f)	գդալ	[gdal]
faca (f)	դանակ	[danák]

garfo (m)	պատառաքաղ	[patarakʰáġ]
xícara (f)	բաժակ	[baʒák]
prato (m)	ափսե	[apʰsé]
pires (m)	պնակ	[pnak]
guardanapo (m)	անձեռոցիկ	[anʣerotsʰík]
palito (m)	ատամնափորիչ	[atamnapʰoríč]

53. Restaurante

restaurante (m)	ռեստորան	[restorán]
cafeteria (f)	սրճարան	[srčarán]
bar (m), cervejaria (f)	բար	[bar]
salão (m) de chá	թեյարան	[tʰejarán]
garçom (m)	մատուցող	[matuʦʰóġ]
garçonete (f)	մատուցողուհի	[matuʦʰoġuhí]
barman (m)	բարմեն	[barmén]
cardápio (m)	մենյու	[menjú]
lista (f) de vinhos	գինիների գրացանկ	[gininerí graʦʰánk]
reservar uma mesa	սեղան պատվիրել	[seġán patvirél]
prato (m)	ուտեստ	[utést]
pedir (vt)	պատվիրել	[patvirél]
fazer o pedido	պատվեր կատարել	[patvér katarél]
aperitivo (m)	ապերիտիվ	[aperitív]
entrada (f)	խորտիկ	[χortík]
sobremesa (f)	աղանդեր	[aġandér]
conta (f)	հաշիվ	[hašív]
pagar a conta	հաշիվը փակել	[hašívə pʰakél]
dar o troco	մանրը վերադարձնել	[mánrə veradarʦnél]
gorjeta (f)	թեյափող	[tʰejapʰóġ]

Família, parentes e amigos

54. Informação pessoal. Formulários

nome (m)	անուն	[anún]
sobrenome (m)	ազգանուն	[azganún]
data (f) de nascimento	ծննդյան ամսաթիվ	[ʦnndján amsatʰív]
local (m) de nascimento	ծննդավայր	[ʦnndavájr]
nacionalidade (f)	ազգություն	[azgutʰjún]
lugar (m) de residência	բնակության վայրը	[bnakutʰján vájrə]
país (m)	երկիր	[erkír]
profissão (f)	մասնագիտություն	[masnagitʰjún]
sexo (m)	սեռ	[ser]
estatura (f)	հասակ	[hasák]
peso (m)	քաշ	[kʰaš]

55. Membros da família. Parentes

mãe (f)	մայր	[majr]
pai (m)	հայր	[hajr]
filho (m)	որդի	[vordí]
filha (f)	դուստր	[dustr]
caçula (f)	կրտսեր դուստր	[krtsér dústr]
caçula (m)	կրտսեր որդի	[krtsér vordí]
filha (f) mais velha	ավագ դուստր	[avág dústr]
filho (m) mais velho	ավագ որդի	[avág vordí]
irmão (m)	եղբայր	[eġbájr]
irmã (f)	քույր	[kʰujr]
mamãe (f)	մայրիկ	[majrík]
papai (m)	հայրիկ	[hajrík]
pais (pl)	ծնողներ	[ʦnoġnér]
criança (f)	երեխա	[ereχá]
crianças (f pl)	երեխաներ	[ereχanér]
avó (f)	տատիկ	[tatík]
avô (m)	պապիկ	[papík]
neto (m)	թոռ	[tʰor]
neta (f)	թոռնուհի	[tʰornuhí]
netos (pl)	թոռներ	[tʰornér]
sobrinho (m)	քրոջորդի, քրոջ աղջիկ	[kʰroʤordí], [kʰroʤ aġʤík]
sobrinha (f)	եղբորորդի, եղբոր աղջիկ	[eġbarordí, eġbór aġʤík]
sogra (f)	զոքանչ	[zokʰánč]

sogro (m)	սկեսրայր	[skesrájr]
genro (m)	փեսա	[pʰesá]
madrasta (f)	խորթ մայր	[χortʰ majr]
padrasto (m)	խորթ հայր	[χortʰ hajr]
criança (f) de colo	ծծկեր երեխա	[ʦʦkér ereχá]
bebê (m)	մանուկ	[manúk]
menino (m)	պստիկ	[pstik]
mulher (f)	կին	[kin]
marido (m)	ամուսին	[amusín]
esposo (m)	ամուսին	[amusín]
esposa (f)	կին	[kin]
casado (adj)	ամուսնացած	[amusnaʦʰáʦ]
casada (adj)	ամուսնացած	[amusnaʦʰáʦ]
solteiro (adj)	ամուրի	[amurí]
solteirão (m)	ամուրի	[amurí]
divorciado (adj)	ամուսնալուծված	[amusnaluʦváʦ]
viúva (f)	այրի կին	[ajrí kin]
viúvo (m)	այրի տղամարդ	[ajrí tġamárd]
parente (m)	ազգական	[azgakán]
parente (m) próximo	մերձավոր ազգական	[merʣavór azgakán]
parente (m) distante	հեռավոր ազգական	[heravór azgakán]
parentes (m pl)	հարազատներ	[harazatnér]
órfão (m), órfã (f)	որբ	[vorb]
tutor (m)	խնամակալ	[χnamakál]
adotar (um filho)	որդեգրել	[vordegrél]
adotar (uma filha)	որդեգրել	[vordegrél]

56. Amigos. Colegas de trabalho

amigo (m)	ընկեր	[ənkér]
amiga (f)	ընկերուհի	[ənkeruhí]
amizade (f)	ընկերություն	[ənkerutʰjún]
ser amigos	ընկերություն անել	[ənkerutʰjún anél]
amigo (m)	բարեկամ	[barekám]
amiga (f)	բարեկամուհի	[barekamuhí]
parceiro (m)	գործընկեր	[gorʦənkér]
chefe (m)	շեֆ	[šef]
superior (m)	պետ	[pet]
subordinado (m)	ենթակա	[entʰaká]
colega (m, f)	գործընկեր	[gorʦənkér]
conhecido (m)	ծանոթ	[ʦanótʰ]
companheiro (m) de viagem	ուղեկից	[uġekíʦʰ]
colega (m) de classe	համադասարանցի	[hamadasaranʦʰí]
vizinho (m)	հարեւան	[hareván]
vizinha (f)	հարեւանուհի	[harevanuhí]
vizinhos (pl)	հարեւաններ	[harevannér]

57. Homem. Mulher

mulher (f)	կին	[kin]
menina (f)	օրիորդ	[oriórd]
noiva (f)	հարսնացու	[harsnatsʰú]
bonita, bela (adj)	գեղեցիկ	[geġetsʰík]
alta (adj)	բարձրահասակ	[bardzrahasák]
esbelta (adj)	նրբակազմ	[nrbakázm]
baixa (adj)	ցածրահասակ	[tsʰatsrahasák]
loira (f)	շիկահեր կին	[šikahér kin]
morena (f)	թխահեր կին	[tʰχahér kín]
de senhora	կանացի	[kanatsʰí]
virgem (f)	կույս	[kujs]
grávida (adj)	հղի	[hġi]
homem (m)	տղամարդ	[tġamárd]
loiro (m)	շիկահեր տղամարդ	[šikahér tġamárd]
moreno (m)	թխահեր տղամարդ	[tʰχahér tġamárd]
alto (adj)	բարձրահասակ	[bardzrahasák]
baixo (adj)	ցածրահասակ	[tsʰatsrahasák]
rude (adj)	կոպիտ	[kopít]
atarracado (adj)	ամրակազմ	[amrakázm]
robusto (adj)	ամրակազմ	[amrakázm]
forte (adj)	ուժեղ	[uʒéġ]
força (f)	ուժ	[uʒ]
gordo (adj)	գեր	[ger]
moreno (adj)	թուխ	[tʰuχ]
esbelto (adj)	բարեկազմ	[barekázm]
elegante (adj)	նրբագեղ	[nrbagéġ]

58. Idade

idade (f)	տարիք	[taríkʰ]
juventude (f)	պատանեկություն	[patanekutʰjún]
jovem (adj)	երիտասարդ	[eritasárd]
mais novo (adj)	փոքր	[pʰokʰr]
mais velho (adj)	մեծ	[mets]
jovem (m)	պատանի	[patanĺ]
adolescente (m)	դեռահաս	[derahás]
rapaz (m)	երիտասարդ	[eritasárd]
velho (m)	ծերունի	[tserunĺ]
velha (f)	պառավ	[paráv]
adulto	մեծահասակ	[metsahasák]
de meia-idade	միջին տարիքի	[midʒín tarikʰĺ]

idoso, de idade (adj)	տարեց	[taréts^{h}]
velho (adj)	ծեր	[tser]
aposentadoria (f)	թոշակ	[t^{h}ošák]
aposentar-se (vr)	թոշակի գնալ	[t^{h}ošakí gnál]
aposentado (m)	թոշակառու	[t^{h}ošakarú]

59. Crianças

criança (f)	երեխա	[ereχá]
crianças (f pl)	երեխաներ	[ereχanér]
gêmeos (m pl), gêmeas (f pl)	երկվորյակներ	[erkvorjaknér]
berço (m)	օրորոց	[ororóts^{h}]
chocalho (m)	չխչխկան խաղալիք	[čχčχkán χaġalík^{h}]
fralda (f)	տակդիր	[takdír]
chupeta (f), bico (m)	ծծակ	[tstsak]
carrinho (m) de bebê	մանկասայլակ	[mankasajlák]
jardim (m) de infância	մանկապարտեզ	[mankapartéz]
babysitter, babá (f)	դայակ	[daják]
infância (f)	մանկություն	[mankut^{h}jún]
boneca (f)	տիկնիկ	[tikník]
brinquedo (m)	խաղալիք	[χaġalík^{h}]
jogo (m) de montar	կոնստրուկտոր	[konstruktór]
bem-educado (adj)	դաստիարակված	[dastiarakváts]
malcriado (adj)	անդաստիարակ	[andastiarák]
mimado (adj)	երես առած	[erés aráts]
ser travesso	չարաճճիություն անել	[čaračəčiut^{h}jún anél]
travesso, traquinas (adj)	չարաճճի	[čaračəčí]
travessura (f)	չարաճճիություն	[čaračəčiut^{h}jún]
criança (f) travessa	չարաճճի	[čaračəčí]
obediente (adj)	լսող	[lsoġ]
desobediente (adj)	չլսող	[člsoġ]
dócil (adj)	խելամիտ	[χelamít]
inteligente (adj)	խելացի	[χelats^{h}í]
prodígio (m)	հրաշամանուկ	[hrašamanúk]

60. Casais. Vida de família

beijar (vt)	համբուրել	[hamburél]
beijar-se (vr)	համբուրվել	[hamburvél]
família (f)	ընտանիք	[əntaník^{h}]
familiar (vida ~)	ընտանեկան	[əntanekán]
casal (m)	զույգ	[zujg]
matrimônio (m)	ամուսնություն	[amusnut^{h}jún]
lar (m)	ընտանեկան օջախ	[əntanekán odʒáχ]

dinastia (f)	ցեղ	[ʦʰeġ]
encontro (m)	ժամադրություն	[ʒamadrutʰjún]
beijo (m)	համբույր	[hambújr]
amor (m)	սեր	[ser]
amar (pessoa)	սիրել	[sirél]
amado, querido (adj)	սիրած	[siráʦ]
ternura (f)	քնքշանք	[knkšankʰ]
afetuoso (adj)	քնքուշ	[kʰnkʰuš]
fidelidade (f)	հավատարմություն	[havatarmutʰjún]
fiel (adj)	հավատարիմ	[havatarím]
cuidado (m)	հոգատարություն	[hogatarutʰjún]
carinhoso (adj)	հոգատար	[hogatár]
recém-casados (pl)	նորապսակներ	[norapsaknér]
lua (f) de mel	մեղրամիս	[meġramís]
casar-se (com um homem)	ամուսնանալ	[amusnanál]
casar-se (com uma mulher)	ամուսնանալ	[amusnanál]
casamento (m)	հարսանիք	[harsaníkʰ]
bodas (f pl) de ouro	ոսկե հարսանիք	[voské harsaníkʰ]
aniversário (m)	տարեդարձ	[taredárʣ]
amante (m)	սիրեկան	[sirekán]
amante (f)	սիրուհի	[siruhí]
adultério (m), traição (f)	դավաճանություն	[davačanutʰjún]
cometer adultério	դավաճանել	[davačanél]
ciumento (adj)	խանդոտ	[χandót]
ser ciumento, -a	խանդել	[χandél]
divórcio (m)	ամուսնալուծություն	[amusnaluʦutʰjún]
divorciar-se (vr)	ամուսնալուծվել	[amusnaluʦvél]
brigar (discutir)	վիճել	[vičél]
fazer as pazes	հաշտվել	[haštvél]
juntos (ir ~)	միասին	[miasín]
sexo (m)	սեքս	[sekʰs]
felicidade (f)	երջանկություն	[erʤankutʰjún]
feliz (adj)	երջանիկ	[erʤaník]
infelicidade (f)	դժբախտություն	[dʒbaχtutʰjún]
infeliz (adj)	դժբախտ	[dʒbaχt]

Caráter. Sentimentos. Emoções

61. Sentimentos. Emoções

sentimento (m)	զգացմունք	[zgaʦʰmúnkʰ]
sentimentos (m pl)	զգացմունքներ	[zgaʦʰmunkʰnér]
sentir (vt)	զգալ	[zgal]
fome (f)	սով	[sov]
ter fome	ուզենալ ուտել	[uzenál utél]
sede (f)	պապակ	[papák]
ter sede	ուզենալ խմել	[uzenál χmel]
sonolência (f)	քնկոտություն	[kʰnkotutʰjún]
estar sonolento	ուզենալ քնել	[uzenál kʰnel]
cansaço (m)	հոգնածություն	[hognaʦutʰjún]
cansado (adj)	հոգնած	[hognáʦ]
ficar cansado	հոգնել	[hognél]
humor (m)	տրամադրություն	[tramadrutʰjún]
tédio (m)	ձանձրույթ	[ʣanʣrújtʰ]
reclusão (isolamento)	մեկուսացում	[mekusaʦʰúm]
isolar-se (vr)	մեկուսանալ	[mekusanál]
preocupar (vt)	անհանգստացնել	[anhangstaʦʰnél]
estar preocupado	անհանգստանալ	[anhangstanál]
preocupação (f)	անհանգստություն	[anhangstutʰjún]
ansiedade (f)	անհանգստություն	[anhangstutʰjún]
preocupado (adj)	մտահոգված	[mtahogváʦ]
estar nervoso	նյարդայնանալ	[njardajnanál]
entrar em pânico	խուճապի մեջ ընկնել	[χučapí meʤ ənknél]
esperança (f)	հույս	[hujs]
esperar (vt)	հուսալ	[husál]
certeza (f)	վստահություն	[vstahutʰjún]
certo, seguro de …	վստահ	[vstah]
indecisão (f)	անվստահություն	[anvstahutʰjún]
indeciso (adj)	անվստահ	[anvstáh]
bêbado (adj)	հարբած	[harbáʦ]
sóbrio (adj)	զգոն	[zgon]
fraco (adj)	թույլ	[tʰujl]
feliz (adj)	հաջողակ	[haʤoġák]
assustar (vt)	վախեցնել	[vaχeʦʰnél]
fúria (f)	կատաղություն	[kataġutʰjún]
ira, raiva (f)	կատաղություն	[kataġutʰjún]
depressão (f)	դեպրեսիա	[deprésia]
desconforto (m)	դիսկոմֆորտ	[diskomfórt]

conforto (m)	կոմֆորտ	[komfórt]
arrepender-se (vr)	ափսոսալ	[apʰsosál]
arrependimento (m)	ափսոսանք	[apʰsosánkʰ]
azar (m), má sorte (f)	անհաջողակություն	[anhadʒoġakutʰjún]
tristeza (f)	վիշտ	[višt]
vergonha (f)	ամոթ	[amótʰ]
alegria (f)	ուրախություն	[uraχutʰjún]
entusiasmo (m)	խանդավառություն	[χandavarutʰjún]
entusiasta (m)	խանդավառ անձ	[χandavár andz]
mostrar entusiasmo	խանդավառություն ցուցաբերել	[χandavarutʰjún tsʰutsʰaberél]

62. Caráter. Personalidade

caráter (m)	բնավորություն	[bnavorutʰjún]
falha (f) de caráter	թերություն	[tʰerutʰjún]
mente, razão (f)	խելք	[χelkʰ]
consciência (f)	խիղճ	[χiġč]
hábito, costume (m)	սովորություն	[sovorutʰjún]
habilidade (f)	ընդունակություն	[əndunakutʰjún]
saber (~ nadar, etc.)	կարողանալ	[karoġanál]
paciente (adj)	համբերատար	[hamberatár]
impaciente (adj)	անհամբեր	[anhambér]
curioso (adj)	հետաքրքրասեր	[hetakʰrkʰrasér]
curiosidade (f)	հետաքրքրասիրություն	[hetakʰrkʰrasirutʰjún]
modéstia (f)	համեստություն	[hamestutʰjún]
modesto (adj)	համեստ	[hamést]
imodesto (adj)	անհամեստ	[anhamést]
preguiça (f)	ծուլություն	[tsulutʰjún]
preguiçoso (adj)	ծույլ	[tsujl]
preguiçoso (m)	ծույլիկ	[tsujlík]
astúcia (f)	խորամանկություն	[χoramankutʰjún]
astuto (adj)	խորամանկ	[χoramánk]
desconfiança (f)	անվստահություն	[anvstahutʰjún]
desconfiado (adj)	անվստահ	[anvstáh]
generosidade (f)	ձեռնառատություն	[dzernaratutʰjún]
generoso (adj)	ձեռնառատ	[dzernarát]
talentoso (adj)	տաղանդավոր	[taġandavór]
talento (m)	տաղանդ	[taġánd]
corajoso (adj)	համարձակ	[hamardzák]
coragem (f)	համարձակություն	[hamardzakutʰjún]
honesto (adj)	ազնիվ	[aznív]
honestidade (f)	ազնվություն	[aznvutʰjún]
prudente, cuidadoso (adj)	զգույշ	[zgujš]
valoroso (adj)	խիզախ	[χizáχ]

sério (adj)	լուրջ	[lurʤ]
severo (adj)	խիստ	[χist]
decidido (adj)	վճռական	[včrakán]
indeciso (adj)	անորոշ	[anoróš]
tímido (adj)	երկչոտ	[erkčót]
timidez (f)	երկչոտություն	[erkčotutʰjún]
confiança (f)	վստահություն	[vstahutʰjún]
confiar (vt)	վստահել	[vstahél]
crédulo (adj)	դյուրահավատ	[djurahavát]
sinceramente	անկեղծ	[ankéġʦ]
sincero (adj)	անկեղծ	[ankéġʦ]
sinceridade (f)	անկեղծություն	[ankeġʦutʰjún]
aberto (adj)	սրտաբաց	[srtabáʦʰ]
calmo (adj)	հանգիստ	[hangíst]
franco (adj)	անկեղծ	[ankéġʦ]
ingênuo (adj)	միամիտ	[miamít]
distraído (adj)	ցրված	[ʦʰrvaʦ]
engraçado (adj)	զվարճալի	[zvarčalí]
ganância (f)	ագահություն	[agahutʰjún]
ganancioso (adj)	ագահ	[agáh]
avarento, sovina (adj)	ժլատ	[ʒlat]
mal (adj)	չար	[čar]
teimoso (adj)	կամակոր	[kamakór]
desagradável (adj)	տհաճ	[thač]
egoísta (m)	եսասեր	[esasér]
egoísta (adj)	եսասեր	[esasér]
covarde (m)	վախկոտ	[vaχkót]
covarde (adj)	վախկոտ	[vaχkót]

63. O sono. Sonhos

dormir (vi)	քնել	[kʰnel]
sono (m)	քուն	[kʰun]
sonho (m)	երազ	[eráz]
sonhar (ver sonhos)	երազներ տեսնել	[eraznér tesnél]
sonolento (adj)	քնաթաթախ	[kʰnatʰatʰáχ]
cama (f)	մահճակալ	[mahčakál]
colchão (m)	ներքնակ	[nerkʰnák]
cobertor (m)	վերմակ	[vermák]
travesseiro (m)	բարձ	[bardz]
lençol (m)	սավան	[saván]
insônia (f)	անքնություն	[ankʰnutʰjún]
sem sono (adj)	անքուն	[ankʰún]
sonífero (m)	քնաբեր դեղ	[kʰnabér déġ]
tomar um sonífero	քնաբեր ընդունել	[kʰnabér əndunél]
estar sonolento	ուզենալ քնել	[uzenál kʰnel]

bocejar (vi)	հորանջել	[horandʒél]
ir para a cama	գնալ քնելու	[gnal kʰnelú]
fazer a cama	անկողին գցել	[ankoġín gtsʰél]
adormecer (vi)	քնել	[kʰnel]
pesadelo (m)	մղձավանջ	[mġdzavándʒ]
ronco (m)	խռմփոց	[χrmpʰotsʰ]
roncar (vi)	խռմփացնել	[χrmpʰatsʰnél]
despertador (m)	զարթուցիչ	[zartʰutsʰíč]
acordar, despertar (vt)	արթնացնել	[artʰnatsʰnél]
acordar (vi)	զարթնել	[zartʰnél]
levantar-se (vr)	վեր կենալ	[ver kenál]
lavar-se (vr)	լվացվել	[lvatsʰvél]

64. Humor. Riso. Alegria

humor (m)	հումոր	[humór]
senso (m) de humor	զգացմունք	[zgatsʰmúnkʰ]
divertir-se (vr)	զվարճանալ	[zvarčanál]
alegre (adj)	զվարճալի	[zvarčalí]
diversão (f)	զվարճություն	[zvarčutʰjún]
sorriso (m)	ժպիտ	[ʒpit]
sorrir (vi)	ժպտալ	[ʒptal]
começar a rir	ծիծաղել	[tsitsaġél]
rir (vi)	ծիծաղել	[tsitsaġél]
riso (m)	ծիծաղ	[tsitsáġ]
anedota (f)	անեկդոտ	[anekdót]
engraçado (adj)	ծիծաղելի	[tsitsaġelí]
ridículo, cômico (adj)	ծիծաղելի	[tsitsaġelí]
brincar (vi)	կատակել	[katakél]
piada (f)	կատակ	[katák]
alegria (f)	ուրախություն	[uraχutʰjún]
regozijar-se (vr)	ուրախանալ	[uraχanál]
alegre (adj)	ուրախալի	[uraχalí]

65. Discussão, conversação. Parte 1

comunicação (f)	շփում	[špʰum]
comunicar-se (vr)	շփվել	[špʰvel]
conversa (f)	խոսակցություն	[χosaktʰutʰjún]
diálogo (m)	երկխոսություն	[erkχosutʰjún]
discussão (f)	վիճաբանություն	[vičabanutʰjún]
debate (m)	վիճաբանություն	[vičabanutʰjún]
debater (vt)	վիճել	[vičél]
interlocutor (m)	զրուցակից	[zrutsʰakítsʰ]
tema (m)	թեմա	[tʰemá]

ponto (m) de vista	տեսակետ	[tesakét]
opinião (f)	կարծիք	[karʦík^{h}]
discurso (m)	ելույթ	[elújt^{h}]
discussão (f)	քննարկում	[k^{h}nnarkúm]
discutir (vt)	քննարկել	[k^{h}nnarkél]
conversa (f)	զրույց	[zrujʦ^{h}]
conversar (vi)	զրուցել	[zruʦ^{h}él]
reunião (f)	հանդիպում	[handipúm]
encontrar-se (vr)	հանդիպել	[handipél]
provérbio (m)	առած	[aráʦ]
ditado, provérbio (m)	ասացվածք	[asaʦ^{h}váʦk]
adivinha (f)	հանելուկ	[hanelúk]
dizer uma adivinha	հանելուկ ասել	[hanelúk asél]
senha (f)	նշանաբառ	[nšanabár]
segredo (m)	գաղտնիք	[gaġtník^{h}]
juramento (m)	երդում	[erdúm]
jurar (vi)	երդվել	[erdvél]
promessa (f)	խոստում	[χostúm]
prometer (vt)	խոստանալ	[χostanál]
conselho (m)	խորհուրդ	[χorhúrd]
aconselhar (vt)	խորհուրդ տալ	[χorhúrd tal]
escutar (~ os conselhos)	հետևել	[hetevél]
novidade, notícia (f)	նորություն	[norut^{h}jún]
sensação (f)	սենսացիա	[sensáʦ^{h}ia]
informação (f)	տեղեկություններ	[teġekut^{h}junnér]
conclusão (f)	եզրակացություն	[ezrakaʦ^{h}ut^{h}jún]
voz (f)	ձայն	[ʣajn]
elogio (m)	հաճոյախոսություն	[hačojaχosut^{h}jún]
amável, querido (adj)	սիրալիր	[siralír]
palavra (f)	բառ	[bar]
frase (f)	նախադասություն	[naχadasut^{h}jún]
resposta (f)	պատասխան	[patasχán]
verdade (f)	ճշմարտություն	[čšmartut^{h}jún]
mentira (f)	սուտ	[sut]
pensamento (m)	միտք	[mitk^{h}]
ideia (f)	գաղափար	[gaġap^{h}ár]
fantasia (f)	մտացածին	[mtaʦ^{h}aʦín]

66. Discussão, conversação. Parte 2

estimado, respeitado (adj)	հարգելի	[hargelí]
respeitar (vt)	հարգել	[hargél]
respeito (m)	հարգանք	[hargánk^{h}]
Estimado ..., Caro ...	Հարգարժան ...	[hargarʒán ...]
apresentar (alguém a alguém)	ծանոթացնել	[ʦanot^{h}aʦ^{h}nél]

intenção (f)	մտադրություն	[mtadrutʰjún]
tencionar (~ fazer algo)	մտադրություն ունենալ	[mtadrutʰjún unenál]
desejo (de boa sorte)	ցանկություն	[tsʰankutʰjún]
desejar (ex. ~ boa sorte)	ցանկանալ	[tsʰankanál]
surpresa (f)	զարմանք	[zarmánkʰ]
surpreender (vt)	զարմացնել	[zarmatsʰnél]
surpreender-se (vr)	զարմանալ	[zarmanál]
dar (vt)	տալ	[tal]
pegar (tomar)	վերցնել	[vertsʰnél]
devolver (vt)	վերադարձնել	[veradardznél]
retornar (vt)	ետ տալ	[et tal]
desculpar-se (vr)	ներողություն խնդրել	[neroġutʰjún χndrél]
desculpa (f)	ներողություն	[neroġutʰjún]
perdoar (vt)	ներել	[nerél]
falar (vi)	խոսել	[χosél]
escutar (vt)	լսել	[lsel]
ouvir até o fim	լսել	[lsel]
entender (compreender)	հասկանալ	[haskanál]
mostrar (vt)	ցույց տալ	[tsʰújtsʰ tal]
olhar para …	նայել	[naél]
chamar (alguém para …)	կանչել	[kančél]
perturbar (vt)	խանգարել	[χangarél]
entregar (~ em mãos)	փոխանցել	[pʰoχantsʰél]
pedido (m)	խնդրանք	[χndrankʰ]
pedir (ex. ~ ajuda)	խնդրել	[χndrel]
exigência (f)	պահանջ	[pahándʒ]
exigir (vt)	պահանջել	[pahandʒél]
insultar (chamar nomes)	ձեռք առնել	[dzérkʰ arnél]
zombar (vt)	ծաղրել	[tsaġrél]
zombaria (f)	ծաղր	[tsaġr]
alcunha (f), apelido (m)	մականուն	[makanún]
insinuação (f)	ակնարկ	[aknárk]
insinuar (vt)	ակնարկել	[aknarkél]
querer dizer	նկատի ունենալ	[nkatí unenál]
descrição (f)	նկարագրություն	[nkaragrutʰjún]
descrever (vt)	նկարագրել	[nkaragrél]
elogio (m)	գովեստ	[govést]
elogiar (vt)	գովալ	[govál]
desapontamento (m)	հուսախաբություն	[husaχabutʰjún]
desapontar (vt)	հուսախաբ անել	[husaχáb anél]
desapontar-se (vr)	հուսախաբ լինել	[husaχáb linél]
suposição (f)	ենթադրություն	[entʰadrutʰjún]
supor (vt)	ենթադրել	[entʰadrél]
advertência (f)	նախազգուշացում	[naχazgušatsʰúm]
advertir (vt)	նախազգուշացնել	[naχazgušatsʰnél]

67. Discussão, conversação. Parte 3

convencer (vt)	համոզել	[hamozél]
acalmar (vt)	հանգստացնել	[hangstatsʰnél]
silêncio (o ~ é de ouro)	լռություն	[lrutʰjún]
ficar em silêncio	լռել	[lrel]
sussurrar (vt)	փսփսալ	[pʰəspʰəsál]
sussurro (m)	փսփսոց	[pʰspsʰótsʰ]
francamente	անկեղծ	[ankéġts]
na minha opinião ...	իմ կարծիքով ...	[ím kartsikʰóv ...]
detalhe (~ da história)	մանրամասնություն	[manramasnutʰjún]
detalhado (adj)	մանրամասն	[manramásn]
detalhadamente	մանրամասն	[manramásn]
dica (f)	հուշում	[hušúm]
dar uma dica	հուշել	[hušél]
olhar (m)	հայացք	[hajátsʰkʰ]
dar uma olhada	հայացք գցել	[hajátsʰkʰ gtsʰél]
fixo (olhada ~a)	սառած	[saráts]
piscar (vi)	թարթել	[tʰartʰél]
piscar (vt)	աչքով անել	[ačkʰóv anél]
acenar com a cabeça	գլխով անել	[glχóv anél]
suspiro (m)	հոգոց	[hogótsʰ]
suspirar (vi)	հոգոց հանել	[hogótsʰ hanél]
estremecer (vi)	ցնցվել	[tsʰntsʰvél]
gesto (m)	ժեստ	[ʒest]
tocar (com as mãos)	դիպչել	[dipčél]
agarrar (~ pelo braço)	բռնել	[brnel]
bater de leve	խփել	[χpʰel]
Cuidado!	Զգուշացի՛ր	[zgušatsʰír!]
Sério?	Մի՞թե	[mítʰe?]
Tem certeza?	Համոզվա՞ծ ես	[hamozváts es?]
Boa sorte!	Հաջողությո՛ւն	[hadʒoġutʰjún!]
Entendi!	Պա՛րզ է	[parz ē!]
Que pena!	Ափսո՛ս	[apʰsós!]

68. Acordo. Recusa

consentimento (~ mútuo)	համաձայնություն	[hamadzajnutʰjún]
consentir (vi)	համաձայնվել	[hamadzajnvél]
aprovação (f)	հավանություն	[havanutʰjún]
aprovar (vt)	հավանություն տալ	[havanutʰjún tál]
recusa (f)	հրաժարում	[hraʒarúm]
negar-se a ...	հրաժարվել	[hraʒarvél]
Ótimo!	Հոյակա՛պ է	[hojakáp ē!]
Tudo bem!	Լա՛վ	[lav!]

Está bem! De acordo!	Լա՛վ	[lav!]
proibido (adj)	արգելված	[argelváts]
é proibido	չի կարելի	[či karelí]
é impossível	անհնարին է	[anhēnarín ē]
incorreto (adj)	սխալ	[sχal]
rejeitar (~ um pedido)	մերժել	[merʒél]
apoiar (vt)	պաշտպանել	[paštpanél]
aceitar (desculpas, etc.)	ընդունել	[əndunvél]
confirmar (vt)	հաստատել	[hastatél]
confirmação (f)	հաստատում	[hastatúm]
permissão (f)	թույլտվություն	[tʰujltvutʰjún]
permitir (vt)	թույլատրել	[tʰujlatrél]
decisão (f)	որոշում	[vorošúm]
não dizer nada	լռել	[lrel]
condição (com uma ~)	պայման	[pajmán]
pretexto (m)	պատրվակ	[patrvák]
elogio (m)	գովեստ	[govést]
elogiar (vt)	գովել	[govél]

69. Sucesso. Boa sorte. Insucesso

êxito, sucesso (m)	հաջողություն	[hadʒoġutʰjún]
com êxito	հաջող	[hadʒóġ]
bem sucedido (adj)	հաջողակ	[hadʒoġák]
sorte (fortuna)	հաջողություն	[hadʒoġutʰjún]
Boa sorte!	Հաջողությո՛ւն	[hadʒoġutʰjún!]
de sorte	հաջող	[hadʒóġ]
sortudo, felizardo (adj)	հաջողակ	[hadʒoġák]
fracasso (m)	անհաջողություն	[anhadʒoġutʰjún]
pouca sorte (f)	ձախողություն	[dzaχoġutʰjún]
azar (m), má sorte (f)	անհաջողակություն	[anhadʒoġakutʰjún]
mal sucedido (adj)	անհաջող	[anhadʒóġ]
catástrofe (f)	աղետ	[aġét]
orgulho (m)	հպարտություն	[hpartutʰjún]
orgulhoso (adj)	հպարտ	[hpart]
estar orgulhoso, -a	հպարտանալ	[hpartanál]
vencedor (m)	հաղթող	[haġtʰóġ]
vencer (vi, vt)	հաղթել	[haġtʰél]
perder (vt)	պարտվել	[partvél]
tentativa (f)	փորձ	[pʰordz]
tentar (vt)	փորձել	[pʰordzél]
chance (m)	շանս	[šans]

70. Conflitos. Emoções negativas

grito (m)	ճիչ	[čič]
gritar (vi)	բղավել	[bġavél]

começar a gritar	ճչալ	[čəčál]
discussão (f)	վեճ	[več]
brigar (discutir)	վիճել	[vičél]
escândalo (m)	աղմկահարություն	[aġmkaharut^{h}jún]
criar escândalo	աղմկահարել	[aġmkaharél]
conflito (m)	ընդհարում	[əndharúm]
mal-entendido (m)	թյուրիմացություն	[t^{h}jurimats^{h}ut^{h}jún]
insulto (m)	վիրավորանք	[viravoránk^{h}]
insultar (vt)	վիրավորել	[viravorél]
insultado (adj)	վիրավորված	[viravorváts]
ofensa (f)	վիրավորանք	[viravoránk^{h}]
ofender (vt)	վիրավորել	[viravorél]
ofender-se (vr)	վիրավորվել	[viravorvél]
indignação (f)	վրդովմունք	[vrdovmúnk^{h}]
indignar-se (vr)	վրդովվել	[vrdovvél]
queixa (f)	բողոք	[boġók^{h}]
queixar-se (vr)	բողոքել	[boġok^{h}él]
desculpa (f)	ներողություն	[neroġut^{h}jún]
desculpar-se (vr)	ներողություն խնդրել	[neroġut^{h}jún χndrél]
pedir perdão	ներողություն խնդրել	[neroġut^{h}jún χndrél]
crítica (f)	քննադատություն	[k^{h}nnadatut^{h}jún]
criticar (vt)	քննադատել	[k^{h}nnadatél]
acusação (f)	մեղադրանք	[meġadránk^{h}]
acusar (vt)	մեղադրել	[meġadrél]
vingança (f)	վրեժ	[vreʒ]
vingar (vt)	վրեժ լուծել	[vreʒ lutsél]
vingar-se de	վրեժ լուծել	[vreʒ lutsél]
desprezo (m)	արհամարանք	[arhamaránk^{h}]
desprezar (vt)	արհամարհել	[arhamarhél]
ódio (m)	ատելություն	[atelut^{h}jún]
odiar (vt)	ատել	[atél]
nervoso (adj)	նյարդային	[njardajín]
estar nervoso	նյարդայնանալ	[njardajnanál]
zangado (adj)	բարկացած	[barkats^{h}áts]
zangar (vt)	բարկացնել	[barkats^{h}nél]
humilhação (f)	ստորացում	[storats^{h}úm]
humilhar (vt)	ստորացնել	[storats^{h}nél]
humilhar-se (vr)	ստորանալ	[storanál]
choque (m)	ցնցահարում	[ts^{h}nts^{h}aharúm]
chocar (vt)	ցնցահարել	[ts^{h}nts^{h}aharél]
aborrecimento (m)	անախորժություն	[anaχorʒut^{h}jún]
desagradável (adj)	տհաճ	[thač]
medo (m)	վախ	[vaχ]
terrível (tempestade, etc.)	սարսափելի	[sarsap^{h}elí]
assustador (ex. história ~a)	վախենալի	[vaχenalí]

horror (m)	սարսափ	[sarsáp^h]
horrível (crime, etc.)	սոսկալի	[soskalí]
chorar (vi)	լացել	[laʦ^{h}él]
começar a chorar	լաց լինել	[laʦ^h linél]
lágrima (f)	արցունք	[arʦ^{h}únk^h]
falta (f)	մեղք	[meġk^h]
culpa (f)	մեղք	[meġk^h]
desonra (f)	խայտառակություն	[χajtarakut^{h}jún]
protesto (m)	բողոք	[boġók^h]
estresse (m)	սթրես	[st^{h}res]
perturbar (vt)	անհանգստացնել	[anhangstaʦ^{h}nél]
zangar-se com ...	զայրանալ	[zajranál]
zangado (irritado)	զայրացած	[zajraʦ^{h}áʦ]
terminar (vt)	դադարեցնել	[dadareʦ^{h}nél]
praguejar	հայհոյել	[hajhojél]
assustar-se	վախենալ	[vaχenál]
golpear (vt)	հարվածել	[harvaʦél]
brigar (na rua, etc.)	կռվել	[krvel]
resolver (o conflito)	կարգավորել	[kargavorél]
descontente (adj)	դժգոհ	[dʒgoh]
furioso (adj)	կատաղի	[kataġí]
Não está bem!	Լա՛վ չէ	[lav čē!]
É ruim!	Վա՛տ է	[vat ē!]

Medicina

71. Doenças

doença (f)	հիվանդություն	[hivandutʰjún]
estar doente	հիվանդ լինել	[hivánd linél]
saúde (f)	առողջություն	[aroġdʒutʰjún]
nariz (m) escorrendo	հարբուխ	[harbúχ]
amigdalite (f)	անգինա	[angína]
resfriado (m)	մրսածություն	[mrsatsutʰjún]
ficar resfriado	մրսել	[mrsel]
bronquite (f)	բրոնխիտ	[bronχít]
pneumonia (f)	թոքերի բորբոքում	[tʰokʰerí borbokʰúm]
gripe (f)	գրիպ	[grip]
míope (adj)	կարճատես	[karčatés]
presbita (adj)	հեռատես	[herahós]
estrabismo (m)	շլություն	[šlutʰjún]
estrábico, vesgo (adj)	շլաչք	[šlačkʰ]
catarata (f)	կատարակտա	[katarákta]
glaucoma (m)	գլաուկոմա	[glaukóma]
AVC (m), apoplexia (f)	ուղեղի կաթված	[uġeġí katʰváts]
ataque (m) cardíaco	ինֆարկտ	[infárkt]
enfarte (m) do miocárdio	սրտամկանի կաթված	[srtamkaní katʰváts]
paralisia (f)	կաթված	[katʰváts]
paralisar (vt)	կաթվածել	[katʰvatsél]
alergia (f)	ալերգիա	[alergía]
asma (f)	ասթմա	[astʰmá]
diabetes (f)	շաքարախտ	[šakʰaráχt]
dor (f) de dente	ատամնացավ	[atamnatsʰáv]
cárie (f)	կարիես	[karíes]
diarreia (f)	լույծ	[lujts]
prisão (f) de ventre	փորկապություն	[pʰorkaputʰjún]
desarranjo (m) intestinal	ստամոքսի խանգարում	[stamokʰsí χangarúm]
intoxicação (f) alimentar	թունավորում	[tʰunavorúm]
intoxicar-se	թունավորվել	[tʰunavorvél]
artrite (f)	հոդի բորբոքում	[hodí borbokʰúm]
raquitismo (m)	ռախիտ	[raχít]
reumatismo (m)	հոդացավ	[hodatsʰáv]
arteriosclerose (f)	աթերոսկլերոզ	[atʰeroskleróz]
gastrite (f)	գաստրիտ	[gastrít]
apendicite (f)	ապենդիցիտ	[apenditsʰít]

colecistite (f)	խոլեցիստիտ	[χoletsʰistít]
úlcera (f)	խոց	[χotsʰ]
sarampo (m)	կարմրուկ	[karmrúk]
rubéola (f)	կարմրախտ	[karmráχt]
icterícia (f)	դեղնախ	[deġnáχ]
hepatite (f)	հեպատիտ	[hepatít]
esquizofrenia (f)	շիզոֆրենիա	[šizofrenía]
raiva (f)	կատաղություն	[kataġutʰjún]
neurose (f)	նևրոզ	[nevróz]
contusão (f) cerebral	ուղեղի ցնցում	[uġeġí tsʰntsʰúm]
câncer (m)	քաղծկեղ	[kʰaġtskéġ]
esclerose (f)	կարծրախտ	[kartsráχt]
esclerose (f) múltipla	ցրված կարծրախտ	[tsʰrváts kartsráχt]
alcoolismo (m)	հարբեցողություն	[harbetsʰoġutʰjún]
alcoólico (m)	հարբեցող	[harbetsʰóġ]
sífilis (f)	սիֆիլիս	[sifilís]
AIDS (f)	ՁԻԱՀ	[dziáh]
tumor (m)	ուռուցք	[urútsʰkʰ]
maligno (adj)	չարորակ	[čarorák]
benigno (adj)	բարորակ	[barorák]
febre (f)	տենդ	[tend]
malária (f)	մալարիա	[malaría]
gangrena (f)	փտախտ	[pʰtaχt]
enjoo (m)	ծովային հիվանդություն	[tsovajín hivandutʰjún]
epilepsia (f)	ընկնավորություն	[ənknavorutʰjún]
epidemia (f)	համաճարակ	[hamačarák]
tifo (m)	տիֆ	[tif]
tuberculose (f)	պալարախտ	[palaráχt]
cólera (f)	խոլերա	[χoléra]
peste (f) bubônica	ժանտախտ	[ʒantáχt]

72. Sintomas. Tratamentos. Parte 1

sintoma (m)	նախանշան	[naχanšán]
temperatura (f)	ջերմաստիճան	[dʒermastičán]
febre (f)	բարձր ջերմաստիճան	[bárdzr dʒermastičán]
pulso (m)	զարկերակ	[zarkerák]
vertigem (f)	գլխապտույտ	[glχaptújt]
quente (testa, etc.)	տաք	[takʰ]
calafrio (m)	դողէրոցք	[doġērótsʰkʰ]
pálido (adj)	գունատ	[gunát]
tosse (f)	հազ	[haz]
tossir (vi)	հազալ	[hazál]
espirrar (vi)	փռշտալ	[pʰrštal]
desmaio (m)	ուշագնացություն	[ušagnatsʰutʰjún]

desmaiar (vi)	ուշագնաց լինել	[ušagnáts^h linél]
mancha (f) preta	կապտուկ	[kaptúk]
galo (m)	ուռուցք	[urútsʰkʰ]
machucar-se (vr)	խփվել	[χpʰvel]
contusão (f)	վնասվածք	[vnasvátskʰ]
machucar-se (vr)	վնասվածք ստանալ	[vnasvátskʰ stanál]
mancar (vi)	կաղալ	[kaġál]
deslocamento (f)	հոդախախտում	[hodaχaχtúm]
deslocar (vt)	հոդախախտել	[hodaχaχtél]
fratura (f)	կոտրվածք	[kotrvátskʰ]
fraturar (vt)	կոտրվածք ստանալ	[kotrvátskʰ stanál]
corte (m)	կտրված վերք	[ktrvats verkʰ]
cortar-se (vr)	կտրել	[ktrel]
hemorragia (f)	արյունահոսություն	[arjunahosutʰjún]
queimadura (f)	այրվածք	[ajrvátskʰ]
queimar-se (vr)	այրվել	[ajrvél]
picar (vt)	ծակել	[tsakél]
picar-se (vr)	ծակել	[tsakél]
lesionar (vt)	վնասել	[vnasél]
lesão (m)	վնասվածք	[vnasvátskʰ]
ferida (f), ferimento (m)	վերք	[verkʰ]
trauma (m)	վնասվածք	[vnasvátskʰ]
delirar (vi)	զառանցել	[zarantsʰél]
gaguejar (vi)	կակազել	[kakazél]
insolação (f)	արևահարություն	[arevaharutʰjún]

73. Sintomas. Tratamentos. Parte 2

dor (f)	ցավ	[tsʰav]
farpa (no dedo, etc.)	փուշ	[pʰuš]
suor (m)	քրտինք	[krtinkʰ]
suar (vi)	քրտնել	[kʰrtnel]
vômito (m)	փսխում	[pʰsχum]
convulsões (f pl)	ջղաձգություն	[dʒġadzgutʰjún]
grávida (adj)	հղի	[hġi]
nascer (vi)	ծնվել	[tsnvel]
parto (m)	ծննդաբերություն	[tsnndaberutʰjún]
dar à luz	ծննդաբերել	[tsnndaberél]
aborto (m)	աբորտ	[abórt]
respiração (f)	շնչառություն	[šnčarutʰjún]
inspiração (f)	ներշնչում	[neršnčúm]
expiração (f)	արտաշնչում	[artašnčúm]
expirar (vi)	արտաշնչել	[artašnčél]
inspirar (vi)	շնչել	[šnčel]
inválido (m)	հաշմանդամ	[hašmandám]
aleijado (m)	խեղանդամ	[χeġandám]

drogado (m)	թմրամոլ	[tʰmramól]
surdo (adj)	խուլ	[χul]
mudo (adj)	համր	[hamr]
surdo-mudo (adj)	խուլ ու համր	[χúl u hámr]
louco, insano (adj)	խենթ	[χentʰ]
ficar louco	խենթանալ	[χentʰanál]
gene (m)	գեն	[gen]
imunidade (f)	իմունիտետ	[imunitét]
hereditário (adj)	ժառանգական	[ʒarangakán]
congênito (adj)	բնածին	[bnatsín]
vírus (m)	վարակ	[varák]
micróbio (m)	մանրէ	[manré]
bactéria (f)	բակտերիա	[baktéria]
infecção (f)	վարակ	[varák]

74. Sintomas. Tratamentos. Parte 3

hospital (m)	հիվանդանոց	[hivandanótsʰ]
paciente (m)	հիվանդ	[hivánd]
diagnóstico (m)	ախտորոշում	[aġtorošúm]
cura (f)	կազդուրում	[kazdurúm]
tratamento (m) médico	բուժում	[buʒúm]
curar-se (vr)	բուժվել	[buʒvél]
tratar (vt)	բուժել	[buʒél]
cuidar (pessoa)	խնամել	[χnamél]
cuidado (m)	խնամք	[χnamkʰ]
operação (f)	վիրահատություն	[virahatutʰjún]
enfaixar (vt)	վիրակապել	[virakapél]
enfaixamento (m)	վիրակապում	[virakapúm]
vacinação (f)	պատվաստում	[patvastúm]
vacinar (vt)	պատվաստում անել	[patvastúm anél]
injeção (f)	ներարկում	[nerarkúm]
dar uma injeção	ներարկել	[nerarkél]
ataque (~ de asma, etc.)	նոպա	[nópa]
amputação (f)	անդամահատություն	[andamahatutʰjún]
amputar (vt)	անդամահատել	[andamahatél]
coma (f)	կոմա	[kóma]
estar em coma	կոմայի մեջ գտնվել	[komají médʒ ənknél]
reanimação (f)	վերակենդանացում	[verakendanatsʰúm]
recuperar-se (vr)	ապաքինվել	[apakʰinvél]
estado (~ de saúde)	վիճակ	[vičák]
consciência (perder a ~)	գիտակցություն	[gitaktsʰutʰjún]
memória (f)	հիշողություն	[hišoġutʰjún]
tirar (vt)	հեռացնել	[heratsʰnél]
obturação (f)	պլոմբ	[plomb]

obturar (vt)	ատամը լցնել	[atámə lʦʰnél]
hipnose (f)	հիպնոս	[hipnós]
hipnotizar (vt)	հիպնոսացնել	[hipnosaʦʰnél]

75. Médicos

médico (m)	բժիշկ	[bʒišk]
enfermeira (f)	բուժքույր	[buʒkʰújr]
médico (m) pessoal	անձնական բժիշկ	[anʣnakán bʒíšk]
dentista (m)	ատամնաբույժ	[atamnabújʒ]
oculista (m)	ակնաբույժ	[aknabújʒ]
terapeuta (m)	թերապևտ	[tʰerapévt]
cirurgião (m)	վիրաբույժ	[virabújʒ]
psiquiatra (m)	հոգեբույժ	[hogebújʒ]
pediatra (m)	մանկաբույժ	[mankabújʒ]
psicólogo (m)	հոգեբան	[hokʰebán]
ginecologista (m)	գինեկոլոգ	[ginekólog]
cardiologista (m)	սրտաբան	[srtabán]

76. Medicina. Drogas. Acessórios

medicamento (m)	դեղ	[deġ]
remédio (m)	դեղամիջոց	[deġamiʤóʦʰ]
receitar (vt)	դուրս գրել	[durs grél]
receita (f)	դեղատոմս	[deġatóms]
comprimido (m)	հաբ	[hab]
unguento (m)	քսուք	[ksukʰ]
ampola (f)	ամպուլ	[ampúl]
solução, preparado (m)	հեղուկ դեղախառնուրդ	[heġúk deχaġarnúrd]
xarope (m)	օշարակ	[ošarák]
cápsula (f)	հաբ	[hab]
pó (m)	փոշի	[pʰoší]
atadura (f)	վիրակապ ժապավեն	[virakáp ʒapavén]
algodão (m)	բամբակ	[bambák]
iodo (m)	յոդ	[jod]
curativo (m) adesivo	սպեղանի	[speġaní]
conta-gotas (m)	պիպետկա	[pipétka]
termômetro (m)	ջերմաչափ	[ʤermačápʰ]
seringa (f)	ներարկիչ	[nerarkíč]
cadeira (f) de rodas	սայլակ	[sajlák]
muletas (f pl)	հենակներ	[henaknér]
analgésico (m)	ցավազրկող	[ʦʰavazrkóġ]
laxante (m)	լուծողական	[luʦoġakán]
álcool (m)	սպիրտ	[spirt]
ervas (f pl) medicinais	խոտաբույս	[χotabújs]
de ervas (chá ~)	խոտաբուսային	[χotabusajín]

77. Fumar. Produtos tabágicos

tabaco (m)	թութուն	[tʰutʰún]
cigarro (m)	ծխախոտ	[tsχaχót]
charuto (m)	սիգար	[sigár]
cachimbo (m)	ծխամորճ	[tsχamórč]
maço (~ de cigarros)	տուփ	[tupʰ]
fósforos (m pl)	լուցկի	[lutsʰkí]
caixa (f) de fósforos	լուցկու տուփ	[lutsʰkú túpʰ]
isqueiro (m)	կրակայրիչ	[krakajríč]
cinzeiro (m)	մոխրաման	[moχramán]
cigarreira (f)	ծխախոտատուփ	[tsχaχotatúpʰ]
piteira (f)	ծխափող	[tsχapʰóġ]
filtro (m)	ֆիլտր	[filtr]
fumar (vi, vt)	ծխել	[tsχel]
acender um cigarro	ծխել	[tsχel]
tabagismo (m)	ծխելը	[tsχelé]
fumante (m)	ծխամոլ	[tsχamól]
bituca (f)	ծխախոտի մնացորդ	[tsχaχotí mnatsʰórd]
fumaça (f)	ծուխ	[tsuχ]
cinza (f)	մոխիր	[moχír]

HABITAT HUMANO

Cidade

78. Cidade. Vida na cidade

cidade (f)	քաղաք	[kaġákʰ]
capital (f)	մայրաքաղաք	[majrakaġákʰ]
aldeia (f)	գյուղ	[gjuġ]
mapa (m) da cidade	քաղաքի հատակագիծ	[kʰaġakʰí hatakagíts]
centro (m) da cidade	քաղաքի կենտրոն	[kʰaġakʰí kentrón]
subúrbio (m)	արվարձան	[arvardzán]
suburbano (adj)	մերձքաղաքային	[merdzkʰaġakʰajín]
periferia (f)	ծայրամաս	[tsajramás]
arredores (m pl)	շրջակայք	[šrdʒakájkʰ]
quarteirão (m)	թաղամաս	[tʰaġamás]
quarteirão (m) residencial	բնակելի թաղամաս	[bnakelí tʰaġamás]
tráfego (m)	երթևեկություն	[ertʰevekutʰjún]
semáforo (m)	լուսակիր	[lusakír]
transporte (m) público	քաղաքային տրանսպորտ	[kʰaġakʰajín transpórt]
cruzamento (m)	խաչմերուկ	[χačmerúk]
faixa (f)	անցում	[antsʰúm]
túnel (m) subterrâneo	գետնանցում	[getnantsʰúm]
cruzar, atravessar (vt)	անցնել	[antsʰnél]
pedestre (m)	հետիոտն	[hetiótn]
calçada (f)	մայթ	[majtʰ]
ponte (f)	կամուրջ	[kamúrdʒ]
margem (f) do rio	առափնյա փողոց	[arapʰnjá pʰoġótsʰ]
fonte (f)	շատրվան	[šatrván]
alameda (f)	ծառուղի	[tsaruġí]
parque (m)	զբոսայգի	[zbosajgí]
bulevar (m)	բուլվար	[bulvár]
praça (f)	հրապարակ	[hraparák]
avenida (f)	պողոտա	[poġóta]
rua (f)	փողոց	[pʰoġótsʰ]
travessa (f)	նրբանցք	[nrbantsʰkʰ]
beco (m) sem saída	փակուղի	[pʰakuġí]
casa (f)	տուն	[tun]
edifício, prédio (m)	շենք	[šenkʰ]
arranha-céu (m)	երկնաքեր	[erknakʰér]
fachada (f)	ճակատամաս	[čakatamás]
telhado (m)	տանիք	[taníkʰ]

janela (f)	պատուհան	[patuhán]
arco (m)	կամար	[kamár]
coluna (f)	սյուն	[sjun]
esquina (f)	անկյուն	[ankjún]
vitrine (f)	ցուցափեղկ	[ʦʰuʦʰapʰéġk]
letreiro (m)	ցուցանակ	[ʦʰuʦʰanák]
cartaz (do filme, etc.)	ազդագիր	[azdagír]
cartaz (m) publicitário	գովազդային ձգապաստառ	[govazdajín ʣgapastár]
painel (m) publicitário	գովազդային վահանակ	[govazdajín vahanák]
lixo (m)	աղբ	[aġb]
lata (f) de lixo	աղբաման	[aġbamán]
jogar lixo na rua	աղբոտել	[aġbotél]
aterro (m) sanitário	աղբավայր	[aġbavájr]
orelhão (m)	հեռախոսախցիկ	[heraχosaχʦʰík]
poste (m) de luz	լապտերասյուն	[lapterasjún]
banco (m)	նստարան	[nstarán]
polícia (m)	ոստիկան	[vostikán]
polícia (instituição)	ոստիկանություն	[vostikanutʰjún]
mendigo, pedinte (m)	մուրացկան	[muraʦʰkán]
desabrigado (m)	անօթևան մարդ	[anotʰeván márd]

79. Instituições urbanas

loja (f)	խանութ	[χanútʰ]
drogaria (f)	դեղատուն	[deġatún]
ótica (f)	օպտիկա	[óptika]
centro (m) comercial	առևտրի կենտրոն	[arevtrí kentrón]
supermercado (m)	սուպերմարքեթ	[supermarkʰétʰ]
padaria (f)	հացաբուլկեղենի խանութ	[haʦʰabulkeġení χanútʰ]
padeiro (m)	հացթուխ	[haʦʰtʰúχ]
pastelaria (f)	հրուշակեղենի խանութ	[hrušakeġení χanútʰ]
mercearia (f)	նպարեղենի խանութ	[npareġení χanútʰ]
açougue (m)	մսի խանութ	[msi χanútʰ]
fruteira (f)	բանջարեղենի կրպակ	[banʤareġení krpák]
mercado (m)	շուկա	[šuká]
cafeteria (f)	սրճարան	[srčarán]
restaurante (m)	ռեստորան	[restorán]
bar (m)	գարեջրատուն	[gareʤratún]
pizzaria (f)	պիցցերիա	[piʦʰería]
salão (m) de cabeleireiro	վարսավիրանոց	[varsaviranóʦʰ]
agência (f) dos correios	փոստ	[pʰost]
lavanderia (f)	քիմմաքրման կետ	[kʰimmakʰrmán két]
estúdio (m) fotográfico	ֆոտոսրահ	[fotosráh]
sapataria (f)	կոշիկի սրահ	[košikí sráh]
livraria (f)	գրախանութ	[graχanútʰ]

loja (f) de artigos esportivos	սպորտային խանութ	[sportajín χanútʰ]
costureira (m)	հագուստի վերանորոգում	[hagustí veranorogúm]
aluguel (m) de roupa	հագուստի վարձույթ	[hagustí vardzújtʰ]
videolocadora (f)	տեսաֆիլմերի վարձույթ	[tesafilmerí vardzújtʰ]
circo (m)	կրկես	[krkes]
jardim (m) zoológico	կենդանաբանական այգի	[kendanabanakán ajgí]
cinema (m)	կինոթատրոն	[kinotʰatrón]
museu (m)	թանգարան	[tʰangarán]
biblioteca (f)	գրադարան	[gradarán]
teatro (m)	թատրոն	[tʰatrón]
ópera (f)	օպերա	[operá]
boate (casa noturna)	գիշերային ակումբ	[gišerajín akúmb]
cassino (m)	խաղատուն	[χaġatún]
mesquita (f)	մզկիթ	[mzkitʰ]
sinagoga (f)	սինագոգ	[sinagóg]
catedral (f)	տաճար	[tačár]
templo (m)	տաճար	[tačár]
igreja (f)	եկեղեցի	[ekeġetsʰí]
faculdade (f)	ինստիտուտ	[institút]
universidade (f)	համալսարան	[hamalsarán]
escola (f)	դպրոց	[dprotsʰ]
prefeitura (f)	ոստիկանապետություն	[vostikanapetutʰjún]
câmara (f) municipal	քաղաքապետարան	[kʰaġakapetarán]
hotel (m)	հյուրանոց	[hjuranótsʰ]
banco (m)	բանկ	[bank]
embaixada (f)	դեսպանատուն	[despanatún]
agência (f) de viagens	տուրիստական գործակալություն	[turistakán gortsakalutʰjún]
agência (f) de informações	տեղեկատվական բյուրո	[teġekatvakán bjuró]
casa (f) de câmbio	փոխանակման կետ	[pʰoχanakmán két]
metrô (m)	մետրո	[metró]
hospital (m)	հիվանդանոց	[hivandanótsʰ]
posto (m) de gasolina	բենզալցակայան	[benzaltsʰakaján]
parque (m) de estacionamento	ավտոկայան	[avtokaján]

80. Sinais

letreiro (m)	ցուցանակ	[tsʰutsʰanák]
aviso (m)	ցուցագիր	[tsʰutsʰagír]
cartaz, pôster (m)	ձգապաստառ	[dzgapastár]
placa (f) de direção	ուղեցույց	[uġetsʰújtsʰ]
seta (f)	սլաք	[slakʰ]
aviso (advertência)	նախազգուշացում	[naχazgušatsʰúm]
sinal (m) de aviso	զգուշացում	[zgušatsʰúm]
avisar, advertir (vt)	զգուշացնել	[zgušatsʰnél]

dia (m) de folga	հանգստյան օր	[hangstján ór]
horário (~ dos trens, etc.)	ժամանակացույց	[ʒamanakaʦ^{h}újʦ^{h}]
horário (m)	աշխատանքային ժամեր	[ašχatank^{h}ajín ʒamér]
BEM-VINDOS!	ԲԱՐԻ ԳԱԼՈ՜ՒՍՏ	[barí galúst!]
ENTRADA	ՄՈՒՏՔ	[mutk^{h}]
SAÍDA	ԵԼՔ	[elk^{h}]
EMPURRE	ԴԵՊԻ ԴՈՒՐՍ	[depí durs]
PUXE	ԴԵՊԻ ՆԵՐՍ	[dépi ners]
ABERTO	ԲԱՑ Է	[baʦ^{h} ē]
FECHADO	ՓԱԿ Է	[p^{h}ak ē]
MULHER	ԿԱՆԱՆՑ ՀԱՄԱՐ	[kanánʦ^{h} hamár]
HOMEM	ՏՂԱՄԱՐԴԿԱՆՑ ՀԱՄԱՐ	[tġamardkánʦ^{h} hamár]
DESCONTOS	ԶԵՂՉԵՐ	[zeġčér]
SALDOS, PROMOÇÃO	Ի ՍՊԱՌ ՎԱՃԱՌՔ	[i spar vačárk^{h}]
NOVIDADE!	ՆՈՐՈ՜ՒՅԹ	[norújt^{h}!]
GRÁTIS	ԱՆՎՃԱՐ	[anvčár]
ATENÇÃO!	ՈՒՇԱԴՐՈՒԹՅՈ՜ՒՆ	[ušadrut^{h}jún!]
NÃO HÁ VAGAS	ՏԵՂԵՐ ՉԿԱՆ	[teġér čkan]
RESERVADO	ՊԱՏՎԻՐՎԱԾ Է	[patvirváʦ ē]
ADMINISTRAÇÃO	ԱԴՄԻՆԻՍՏՐԱՑԻԱ	[administráʦ^{h}ia]
SOMENTE PESSOAL AUTORIZADO	ՄԻԱՅՆ ԱՇԽԱՏԱԿԻՑՆԵՐԻ ՀԱՄԱՐ	[miájn ašχatakiʦ^{h}nerí hamár]
CUIDADO CÃO FEROZ	ԿԱՏԱՂԻ ՇՈՒՆ	[kataġí šun]
PROIBIDO FUMAR!	ՉԾԽԵԼ	[čʦχél!]
NÃO TOCAR	ՁԵՌՔ ՉՏԱ՜Լ	[ʣerk^{h} čtal]
PERIGOSO	ՎՏԱՆԳԱՎՈՐ Է	[vtangavór ē]
PERIGO	ՎՏԱՆԳԱՎՈՐ Է	[vtangavór ē]
ALTA TENSÃO	ԲԱՐՁՐ ԼԱՐՈՒՄ	[bárʣr larúm]
PROIBIDO NADAR	ԼՈՂԱԼՆ ԱՐԳԵԼՎՈՒՄ Է	[loġáln argelvúm ē]
COM DEFEITO	ՉԻ ԱՇԽԱՏՈՒՄ	[či ašχatúm]
INFLAMÁVEL	ՀՐԱՎՏԱՆԳԱՎՈՐ Է	[hravtangavór ē]
PROIBIDO	ԱՐԳԵԼՎԱԾ Է	[argelváʦ ē]
ENTRADA PROIBIDA	ԱՆՑՆԵԼՆ ԱՐԳԵԼՎԱԾ Է	[anʦ^{h}néln argelváʦ ē]
CUIDADO TINTA FRESCA	ՆԵՐԿՎԱԾ Է	[nerkváʦ ē]

81. Transportes urbanos

ônibus (m)	ավտոբուս	[avtobús]
bonde (m) elétrico	տրամվայ	[tramváj]
trólebus (m)	տրոլեյբուս	[trolejbús]
rota (f), itinerário (m)	ուղի	[uġí]
número (m)	համար	[hamár]
ir de … (carro, etc.)	… ով գնալ	[… ov gnal]
entrar no …	նստել	[nstel]

descer do ...	իջնել	[idʒnél]
parada (f)	կանգառ	[kangár]
próxima parada (f)	հաջորդ կանգառ	[hadʒórd kangár]
terminal (m)	վերջին կանգառ	[verdʒín kangár]
horário (m)	ժամանակացույց	[ʒamanakatsʰújtsʰ]
esperar (vt)	սպասել	[spasél]
passagem (f)	տոմս	[toms]
tarifa (f)	տոմսի արժեքը	[tomsí arʒékʰə]
bilheteiro (m)	տոմսավաճառ	[tomsavačár]
controle (m) de passagens	ստուգում	[stugúm]
revisor (m)	հսկիչ	[hskič]
atrasar-se (vr)	ուշանալ	[ušanál]
perder (o autocarro, etc.)	ուշանալ ... ից	[ušanál ... ítsʰ]
estar com pressa	շտապել	[štapél]
táxi (m)	տակսի	[taksí]
taxista (m)	տակսու վարորդ	[taksú varórd]
de táxi (ir ~)	տակսիով	[taksióv]
ponto (m) de táxis	տակսիների կայան	[taksinerí kaján]
chamar um táxi	տակսի կանչել	[taksí kančél]
pegar um táxi	տակսի վերցնել	[taksí vertsʰnél]
tráfego (m)	ճանապարհային երթևեկություն	[čanaparhajín ertʰevekutʰjún]
engarrafamento (m)	խցանում	[χtsʰanúm]
horas (f pl) de pico	պիկ ժամ	[pík ʒám]
estacionar (vi)	կանգնեցնել	[kangnetsʰnél]
estacionar (vt)	կանգնեցնել	[kangnetsʰnél]
parque (m) de estacionamento	ավտոկայան	[avtokaján]
metrô (m)	մետրո	[metró]
estação (f)	կայարան	[kajarán]
ir de metrô	մետրոյով գնալ	[metrojóv gnal]
trem (m)	գնացք	[gnatsʰkʰ]
estação (f) de trem	կայարան	[kajarán]

82. Turismo

monumento (m)	արձան	[ardzán]
fortaleza (f)	ամրոց	[amrótsʰ]
palácio (m)	պալատ	[palát]
castelo (m)	դղյակ	[dġjak]
torre (f)	աշտարակ	[aštarák]
mausoléu (m)	դամբարան	[dambarán]
arquitetura (f)	ճարտարապետություն	[čartarapetutʰjún]
medieval (adj)	միջնադարյան	[midʒnadarján]
antigo (adj)	հինավուրց	[hinavúrtsʰ]
nacional (adj)	ազգային	[azgajín]
famoso, conhecido (adj)	հայտնի	[hajtní]
turista (m)	զբոսաշրջիկ	[zbosašrdʒík]

guia (pessoa)	գիդ	[gid]
excursão (f)	էքսկուրսիա	[ēkʰskúrsia]
mostrar (vt)	ցույց տալ	[tsʰújtsʰ tal]
contar (vt)	պատմել	[patmél]
encontrar (vt)	գտնել	[gtnel]
perder-se (vr)	կորել	[korél]
mapa (~ do metrô)	սխեմա	[sχéma]
mapa (~ da cidade)	քարտեզ	[kʰartéz]
lembrança (f), presente (m)	հուշանվեր	[hušanvér]
loja (f) de presentes	հուշանվերների խանութ	[hušanvernerí χanútʰ]
tirar fotos, fotografar	լուսանկարել	[lusankarél]
fotografar-se (vr)	լուսանկարվել	[lusankarvél]

83. Compras

comprar (vt)	գնել	[gnel]
compra (f)	գնում	[gnum]
fazer compras	գնումներ կատարել	[gnumnér katarél]
compras (f pl)	գնումներ	[gnumnér]
estar aberta (loja)	աշխատել	[ašχatél]
estar fechada	փակվել	[pʰakvél]
calçado (m)	կոշիկ	[košík]
roupa (f)	հագուստ	[hagúst]
cosméticos (m pl)	կոսմետիկա	[kosmétika]
alimentos (m pl)	մթերքներ	[mtʰerkʰnér]
presente (m)	նվեր	[nver]
vendedor (m)	վաճառող	[vačaróġ]
vendedora (f)	վաճառողուհի	[vačaroġuhí]
caixa (f)	դրամարկղ	[dramárkġ]
espelho (m)	հայելի	[hajelí]
balcão (m)	վաճառասեղան	[vačaraseġán]
provador (m)	հանդերձարան	[handerʣarán]
provar (vt)	փորձել	[pʰorʣél]
servir (roupa, caber)	սազել	[sazél]
gostar (apreciar)	դուր գալ	[dur gal]
preço (m)	գին	[gin]
etiqueta (f) de preço	գնապիտակ	[gnapiták]
custar (vt)	արժենալ	[arʒenál]
Quanto?	Որքա՞ն արժե	[vorkʰán arʒé?]
desconto (m)	զեղչ	[zeġč]
não caro (adj)	ոչ թանկ	[voč tʰank]
barato (adj)	էժան	[ēʒán]
caro (adj)	թանկ	[tʰank]
É caro	Սա թանկ է	[sa tʰánk ē]
aluguel (m)	վարձույթ	[varʣújtʰ]

alugar (roupas, etc.)	վարձել	[vardzél]
crédito (m)	վարկ	[vark]
a crédito	վարկով	[varkóv]

84. Dinheiro

dinheiro (m)	դրամ	[dram]
câmbio (m)	փոխանակում	[pʰoχanakúm]
taxa (f) de câmbio	փոխարժեք	[pʰoχarʒékʰ]
caixa (m) eletrônico	բանկոմատ	[bankomát]
moeda (f)	մետաղադրամ	[metaġadrám]
dólar (m)	դոլլար	[dollár]
euro (m)	եվրո	[évro]
lira (f)	լիրա	[líra]
marco (m)	մարկ	[mark]
franco (m)	ֆրանկ	[frank]
libra (f) esterlina	ֆունտ ստերլինգ	[fúnt stérling]
iene (m)	յեն	[jen]
dívida (f)	պարտք	[partkʰ]
devedor (m)	պարտապան	[partapán]
emprestar (vt)	պարտքով տալ	[partkʰóv tal]
pedir emprestado	պարտքով վերցնել	[partkʰóv vertsʰnél]
banco (m)	բանկ	[bank]
conta (f)	հաշիվ	[hašív]
depositar na conta	հաշվի վրա գցել	[hašví vra gtsʰel]
sacar (vt)	հաշվից հանել	[hašvítsʰ hanél]
cartão (m) de crédito	վարկային քարտ	[varkʰajín kʰárt]
dinheiro (m) vivo	կանխիկ դրամ	[kanχík dram]
cheque (m)	չեք	[čekʰ]
passar um cheque	չեք դուրս գրել	[čekʰ durs grel]
talão (m) de cheques	չեքային գրքույկ	[čekʰajín grkʰújk]
carteira (f)	թղթապանակ	[tʰġtʰapanák]
niqueleira (f)	դրամապանակ	[dramapanák]
cofre (m)	չհրկիզվող պահարան	[čhrkizvóġ paharán]
herdeiro (m)	ժառանգ	[ʒaráng]
herança (f)	ժառանգություն	[ʒarangutʰjún]
fortuna (riqueza)	ունեցվածք	[unetsʰvátskʰ]
arrendamento (m)	վարձ	[vardz]
aluguel (pagar o ~)	բնակվարձ	[bnakvárdz]
alugar (vt)	վարձել	[vardzél]
preço (m)	գին	[gin]
custo (m)	արժեք	[arʒékʰ]
soma (f)	գումար	[gumár]
gastar (vt)	ծախսել	[tsaχsél]
gastos (m pl)	ծախսեր	[tsaχsér]

economizar (vi)	տնտեսել	[tntesél]
econômico (adj)	տնտեսող	[tntesóġ]
pagar (vt)	վճարել	[včarél]
pagamento (m)	վճար	[včár]
troco (m)	մանր	[manr]
imposto (m)	հարկ	[hark]
multa (f)	տուգանք	[tugánkʰ]
multar (vt)	տուգանել	[tuganél]

85. Correios. Serviço postal

agência (f) dos correios	փոստ	[pʰost]
correio (m)	փոստ	[pʰost]
carteiro (m)	փոստատար	[pʰostatár]
horário (m)	աշխատանքային ժամեր	[ašχatankʰajín ʒamér]
carta (f)	նամակ	[namák]
carta (f) registada	պատվիրված նամակ	[patvirváʦ namák]
cartão (m) postal	բացիկ	[baʦʰík]
telegrama (m)	հեռագիր	[heragír]
encomenda (f)	ծանրոց	[ʦanróʦʰ]
transferência (f) de dinheiro	դրամային փոխանցում	[dramajín pʰoχanʦʰúm]
receber (vt)	ստանալ	[stanál]
enviar (vt)	ուղարկել	[uġarkél]
envio (m)	ուղարկում	[uġarkúm]
endereço (m)	հասցե	[hasʦʰé]
código (m) postal	ինդեկս	[indéks]
remetente (m)	ուղարկող	[uġarkóġ]
destinatário (m)	ստացող	[staʦʰóġ]
nome (m)	անուն	[anún]
sobrenome (m)	ազգանուն	[azganún]
tarifa (f)	սակագին	[sakagín]
ordinário (adj)	սովորական	[sovorakán]
econômico (adj)	տնտեսող	[tntesóġ]
peso (m)	քաշ	[kʰaš]
pesar (estabelecer o peso)	կշռել	[kšrel]
envelope (m)	ծրար	[ʦrar]
selo (m) postal	նամականիշ	[namakaníš]

Moradia. Casa. Lar

86. Casa. Habitação

casa (f)	տուն	[tun]
em casa	տանը	[tánə]
pátio (m), quintal (f)	բակ	[bak]
cerca, grade (f)	պարիսպ	[parísp]
tijolo (m)	աղյուս	[aġjús]
de tijolos	աղյուսե	[aġjusé]
pedra (f)	քար	[kʰar]
de pedra	քարե	[kʰaré]
concreto (m)	բետոն	[betón]
concreto (adj)	բետոնե	[betoné]
novo (adj)	նոր	[nor]
velho (adj)	հին	[hin]
decrépito (adj)	խարխուլ	[χarχúl]
moderno (adj)	ժամանակակից	[ʒamanakakítsʰ]
de vários andares	բարձրահարկ	[bardzrahárk]
alto (adj)	բարձր	[bardzr]
andar (m)	հարկ	[hark]
de um andar	մեկ հարկանի	[mek harkaní]
térreo (m)	ներքևի հարկ	[nerkʰeví hárk]
andar (m) de cima	վերևի հարկ	[vereví hark]
telhado (m)	տանիք	[taníkʰ]
chaminé (f)	խողովակ	[χoġovák]
telha (f)	կղմինդր	[kġmindr]
de telha	կղմինդրե	[kġmindré]
sótão (m)	ձեղնահարկ	[dzeġnahárk]
janela (f)	պատուհան	[patuhán]
vidro (m)	ապակի	[apakí]
parapeito (m)	պատուհանագոգ	[patuhanagóg]
persianas (f pl)	ծածկոցափեղկ	[tsatskotsʰapʰéġk]
parede (f)	պատ	[pat]
varanda (f)	պատշգամբ	[patšgámb]
calha (f)	ջրատար խողովակ	[dʒratár χoġovák]
em cima	վերևում	[verevúm]
subir (vi)	բարձրանալ	[bardzranál]
descer (vi)	իջնել	[idʒnél]
mudar-se (vr)	տեղափոխվել	[teġapʰoχvél]

87. Casa. Entrada. Elevador

entrada (f)	մուտք	[mutkʰ]
escada (f)	աստիճան	[astičán]
degraus (m pl)	աստիճաններ	[astičannér]
corrimão (m)	բազրիք	[bazríkʰ]
hall (m) de entrada	սրահ	[srah]
caixa (f) de correio	փոստարկղ	[pʰostárkġ]
lata (f) do lixo	աղբարկղ	[aġbárkġ]
calha (f) de lixo	աղբատար	[aġbatár]
elevador (m)	վերելակ	[verelák]
elevador (m) de carga	բեռնատար վերելակ	[bernatár verelák]
cabine (f)	խցիկ	[χʦʰik]
apartamento (m)	բնակարան	[bnakarán]
residentes (pl)	բնակիչներ	[bnakičnér]
vizinho (m)	հարևան	[hareván]
vizinha (f)	հարևանուհի	[harevanuhí]
vizinhos (pl)	հարևաններ	[harevannér]

88. Casa. Eletricidade

eletricidade (f)	էլեկտրականություն	[ēlektrakanutʰjún]
lâmpada (f)	լամպ	[lamp]
interruptor (m)	անջատիչ	[anʤatíč]
fusível, disjuntor (m)	էլեկտրախցան	[ēlektraχʦʰán]
fio, cabo (m)	լար	[lar]
instalação (f) elétrica	էլեկտրացանց	[ēlektraʦʰánʦʰ]
medidor (m) de eletricidade	հաշվիչ	[hašvíč]
indicação (f), registro (m)	ցուցմունք	[ʦʰuʦʰmúnkʰ]

89. Casa. Portas. Fechaduras

porta (f)	դուռ	[dur]
portão (m)	դարբաս	[darbás]
maçaneta (f)	բռնակ	[brnak]
destrancar (vt)	բացել	[baʦʰél]
abrir (vt)	բացել	[baʦʰél]
fechar (vt)	փակել	[pʰakél]
chave (f)	բանալի	[banalí]
molho (m)	կապոց	[kapóʦʰ]
ranger (vi)	ճռալ	[čral]
rangido (m)	ճռոց	[čroʦʰ]
dobradiça (f)	ծխնի	[ʦχni]
capacho (m)	փոքր գորգ	[pʰokʰr gorg]
fechadura (f)	փական	[pʰakán]
buraco (m) da fechadura	փականի անցք	[pʰakaní ánʦʰkʰ]

barra (f)	սողնակ	[soġnák]
fecho (ferrolho pequeno)	սողնակ	[soġnák]
cadeado (m)	կողպեք	[koġpékʰ]
tocar (vt)	զանգել	[zangél]
toque (m)	զանգ	[zang]
campainha (f)	զանգ	[zang]
botão (m)	կոճակ	[kočák]
batida (f)	թակոց	[tʰakóʦʰ]
bater (vi)	թակել	[tʰakél]
código (m)	կոդ	[kod]
fechadura (f) de código	կոդային փական	[kodajín pʰakán]
interfone (m)	դոմոֆոն	[domofón]
número (m)	համար	[hamár]
placa (f) de porta	ցուցանակ	[ʦʰuʦʰanák]
olho (m) mágico	դիտանցք	[ditánʦʰkʰ]

90. Casa de campo

aldeia (f)	գյուղ	[gjuġ]
horta (f)	բանջարանոց	[banʤaranóʦʰ]
cerca (f)	ցանկապատ	[ʦʰankapát]
cerca (f) de piquete	ցանկապատ	[ʦʰankapát]
portão (f) do jardim	դռնակ	[drnak]
celeiro (m)	շտեմարան	[štemarán]
adega (f)	մառան	[marán]
galpão, barracão (m)	ցախանոց	[ʦʰaχanóʦʰ]
poço (m)	ջրհոր	[ʤrhor]
fogão (m)	վառարան	[vararán]
atiçar o fogo	վառել	[varél]
lenha (carvão ou ~)	վառելափայտ	[varelapʰájt]
acha, lenha (f)	ծղան	[ʦġan]
varanda (f)	պատշգամբ	[patšgámb]
alpendre (m)	տեռաս	[terás]
degraus (m pl) de entrada	սանդղամուտք	[sandġamútkʰ]
balanço (m)	ճոճանակ	[čočanák]

91. Moradia. Mansão

casa (f) de campo	քաղաքից դուրս տուն	[kʰaġakíʦʰ durs tun]
vila (f)	վիլլա	[vílla]
ala (~ do edifício)	թև	[tʰev]
jardim (m)	այգի	[ajgí]
parque (m)	զբոսայգի	[zbosajgí]
estufa (f)	ջերմոց	[ʤermóʦʰ]
cuidar de ...	խնամել	[χnamél]
piscina (f)	լողավազան	[loġavazán]

academia (f) de ginástica	սպորտային դահլիճ	[sportajín dahlíč]
quadra (f) de tênis	թենիսի հարթակ	[tʰenisí harták]
cinema (m)	կինոթատրոն	[kinotʰatrón]
garagem (f)	ավտոտնակ	[avtotnák]
propriedade (f) privada	մասնավոր սեփականություն	[masnavór sepʰakanutʰjún]
terreno (m) privado	մասնավոր կալված	[masnavór kalváʦ]
advertência (f)	զգուշացում	[zgušaʦʰúm]
sinal (m) de aviso	զգուշացնող գրություն	[zgušaʦʰnóġ grutʰjún]
guarda (f)	պահակություն	[pahakutʰjún]
guarda (m)	պահակ	[pahák]
alarme (m)	ազդանշանային համակարգ	[azdanšanajín hamakárg]

92. Castelo. Palácio

castelo (m)	դղյակ	[dġjak]
palácio (m)	պալատ	[palát]
fortaleza (f)	ամրոց	[amróʦʰ]
muralha (f)	պատ	[pat]
torre (f)	աշտարակ	[aštarák]
calabouço (m)	գլխավոր աշտարակ	[glχavór aštarák]
grade (f) levadiça	բարձրացվող դարբաս	[bardzraʦʰvóġ darbás]
passagem (f) subterrânea	գետնանցում	[getnanʦʰúm]
fosso (m)	փոս	[pʰos]
corrente, cadeia (f)	շղթա	[šġtʰa]
seteira (f)	հրակնատ	[hraknát]
magnífico (adj)	հոյակապ	[hojakáp]
majestoso (adj)	վեհասքանչ	[vehaskʰánč]
inexpugnável (adj)	անառիկ	[anarík]
medieval (adj)	միջնադարյան	[midʒnadarján]

93. Apartamento

apartamento (m)	բնակարան	[bnakarán]
quarto, cômodo (m)	սենյակ	[senják]
quarto (m) de dormir	ննջարան	[nndʒarán]
sala (f) de jantar	ճաշասենյակ	[čašasenják]
sala (f) de estar	հյուրասենյակ	[hjurasenják]
escritório (m)	աշխատասենյակ	[ašχatasenják]
sala (f) de entrada	նախասենյակ	[naχasenják]
banheiro (m)	լոգարան	[logarán]
lavabo (m)	զուգարան	[zugarán]
teto (m)	առաստաղ	[arastáġ]
chão, piso (m)	հատակ	[haták]
canto (m)	անկյուն	[ankjún]

94. Apartamento. Limpeza

arrumar, limpar (vt)	հավաքել	[havakʰél]
guardar (no armário, etc.)	հավաքել	[havakʰél]
pó (m)	փոշի	[pʰoší]
empoeirado (adj)	փոշոտ	[pʰošót]
tirar o pó	փոշին սրբել	[pʰošín srbél]
aspirador (m)	փոշեկուլ	[pʰošekúl]
aspirar (vt)	փոշեկուլով մաքրել	[pʰošekulóv makʰrél]
varrer (vt)	ավլել	[avlél]
sujeira (f)	աղբ	[aġb]
arrumação, ordem (f)	կարգ ու կանոն	[kárg u kanón]
desordem (f)	խառնաշփոթ	[χarnašpʰótʰ]
esfregão (m)	շվաբր	[švabr]
pano (m), trapo (m)	ջնջոց	[ʤnʤotsʰ]
vassoura (f)	ավել	[avél]
pá (f) de lixo	աղբակալ	[aġbakál]

95. Mobiliário. Interior

mobiliário (m)	կահույք	[kahújkʰ]
mesa (f)	սեղան	[seġán]
cadeira (f)	աթոռ	[atʰór]
cama (f)	մահճակալ	[mahčakál]
sofá, divã (m)	բազմոց	[bazmótsʰ]
poltrona (f)	բազկաթոռ	[bazkatʰór]
estante (f)	գրապահարան	[grapaharán]
prateleira (f)	դարակ	[darák]
guarda-roupas (m)	պահարան	[paharán]
cabide (m) de parede	կախարան	[kaχarán]
cabideiro (m) de pé	կախոց	[kaχótsʰ]
cômoda (f)	կոմոդ	[komód]
mesinha (f) de centro	սեղանիկ	[seġaník]
espelho (m)	հայելի	[hajelí]
tapete (m)	գորգ	[gorg]
tapete (m) pequeno	փոքր գորգ	[pʰokʰr gorg]
lareira (f)	բուխարի	[buχarí]
vela (f)	մոմ	[mom]
castiçal (m)	մոմակալ	[momakál]
cortinas (f pl)	վարագույր	[varagújr]
papel (m) de parede	պաստառ	[pastár]
persianas (f pl)	շերտավարագույր	[šertavaragújr]
luminária (f) de mesa	սեղանի լամպ	[seġaní lámp]
luminária (f) de parede	ջահ	[ʤah]

abajur (m) de pé	ձողաջահ	[dzoġadʒáh]
lustre (m)	ջահ	[dʒah]
pé (de mesa, etc.)	տոտիկ	[totík]
braço, descanso (m)	արմնկակալ	[armnkakál]
costas (f pl)	թիկնակ	[t^{h}iknák]
gaveta (f)	դարակ	[darák]

96. Quarto de dormir

roupa (f) de cama	սպիտակեղեն	[spitakeġén]
travesseiro (m)	բարձ	[bardz]
fronha (f)	բարձի երես	[bardzí erés]
cobertor (m)	վերմակ	[vermák]
lençol (m)	սավան	[saván]
colcha (f)	ծածկոց	[tsatskóts^h]

97. Cozinha

cozinha (f)	խոհանոց	[χohanóts^h]
gás (m)	գազ	[gaz]
fogão (m) a gás	գազօջախ	[gazodʒáχ]
fogão (m) elétrico	էլեկտրական սալօջախ	[ēlektrakán salodʒáχ]
forno (m)	ջեռոց	[dʒeróts^h]
forno (m) de micro-ondas	միկրոալիքային վառարան	[mikroalik^{h}ajín vararán]
geladeira (f)	սառնարան	[sarnarán]
congelador (m)	սառնախցիկ	[sarnaχts^{h}ík]
máquina (f) de lavar louça	աման լվացող մեքենա	[amán lvats^{h}óġ mek^{h}ená]
moedor (m) de carne	մսաղաց	[msaġáts^h]
espremedor (m)	հյութաքամիչ	[hjut^{h}ak^{h}amíč]
torradeira (f)	տոստեր	[tostér]
batedeira (f)	հարիչ	[haríč]
máquina (f) de café	սրճեփ	[srčep^h]
cafeteira (f)	սրճաման	[srčamán]
moedor (m) de café	սրճաղաց	[srčaġáts^h]
chaleira (f)	թեյնիկ	[t^{h}ejník]
bule (m)	թեյաման	[t^{h}ejamán]
tampa (f)	կափարիչ	[kap^{h}aríč]
coador (m) de chá	թեյքամիչ	[t^{h}ejk^{h}amíč]
colher (f)	գդալ	[gdal]
colher (f) de chá	թեյի գդալ	[t^{h}eji gdal]
colher (f) de sopa	ճաշի գդալ	[čaši gdal]
garfo (m)	պատառաքաղ	[patarak^{h}áġ]
faca (f)	դանակ	[danák]
louça (f)	սպասք	[spask^h]
prato (m)	ափսե	[ap^{h}sé]

pires (m)	պնակ	[pnak]
cálice (m)	ըմպանակ	[əmpanák]
copo (m)	բաժակ	[baʒák]
xícara (f)	բաժակ	[baʒák]
açucareiro (m)	շաքարաման	[šakʰaramán]
saleiro (m)	աղաման	[aġamán]
pimenteiro (m)	պղպեղաման	[pġpeġamán]
manteigueira (f)	կարագի աման	[karagí amán]
panela (f)	կաթսա	[katʰsá]
frigideira (f)	թավա	[tʰavá]
concha (f)	շերեփ	[šerépʰ]
coador (m)	քամիչ	[kʰamíč]
bandeja (f)	սկուտեղ	[skutéġ]
garrafa (f)	շիշ	[šiš]
pote (m) de vidro	բանկա	[banká]
lata (~ de cerveja)	տարա	[tará]
abridor (m) de garrafa	բացիչ	[baʦʰíč]
abridor (m) de latas	բացիչ	[baʦʰíč]
saca-rolhas (m)	խցանահան	[χʦʰanahán]
filtro (m)	զտիչ	[ztič]
filtrar (vt)	զտել	[ztel]
lixo (m)	աղբ	[aġb]
lixeira (f)	աղբի դույլ	[aġbi dújl]

98. Casa de banho

banheiro (m)	լոգարան	[logarán]
água (f)	ջուր	[ʤur]
torneira (f)	ծորակ	[ʦorák]
água (f) quente	տաք ջուր	[takʰ ʤur]
água (f) fria	սառը ջուր	[sárə ʤur]
pasta (f) de dente	ատամի մածուկ	[atamí maʦúk]
escovar os dentes	ատամները մաքրել	[atamnérə makʰrél]
barbear-se (vr)	սափրվել	[sapʰrvél]
espuma (f) de barbear	սափրվելու փրփուր	[sapʰrvelú prpur]
gilete (f)	ածելի	[aʦelí]
lavar (vt)	լվանալ	[lvanál]
tomar banho	լվացվել	[lvaʦʰvél]
chuveiro (m), ducha (f)	ցնցուղ	[ʦʰnʦʰuġ]
tomar uma ducha	դուշ ընդունել	[dúš əndunél]
banheira (f)	լողարան	[loġarán]
vaso (m) sanitário	զուգարանակոնք	[zugaranakónkʰ]
pia (f)	լվացարան	[lvaʦʰarán]
sabonete (m)	օճառ	[očár]
saboneteira (f)	օճառաման	[očaramán]

esponja (f)	սպունգ	[spung]
xampu (m)	շամպուն	[šampún]
toalha (f)	սրբիչ	[srbič]
roupão (m) de banho	խալաթ	[χalátʰ]
lavagem (f)	լվացք	[lvaʦʰkʰ]
lavadora (f) de roupas	լվացքի մեքենա	[lvaʦʰkʰí mekená]
lavar a roupa	սպիտակեղեն լվալ	[spitakeġén lvál]
detergente (m)	լվացքի փոշի	[lvaʦʰkʰí pʰoší]

99. Eletrodomésticos

televisor (m)	հեռուստացույց	[herustaʦʰújʦʰ]
gravador (m)	մագնիտոֆոն	[magnitofón]
videogravador (m)	տեսամագնիտոֆոն	[tesamagnitofón]
rádio (m)	ընդունիչ	[ənduníč]
leitor (m)	նվագարկիչ	[nvagarkíč]
projetor (m)	տեսապրոյեկտոր	[tesaproektór]
cinema (m) em casa	տնային կինոթատրոն	[tʰnajín kinotʰatrón]
DVD Player (m)	DVD նվագարկիչ	[dividí nvagarkíč]
amplificador (m)	ուժեղացուցիչ	[uʒeġaʦʰuʦʰíč]
console (f) de jogos	խաղային համակարգիչ	[χaġajín hamakargíč]
câmera (f) de vídeo	տեսախցիկ	[tesaχʦʰík]
máquina (f) fotográfica	լուսանկարչական ապարատ	[lusankarčakán aparát]
câmera (f) digital	թվային լուսանկարչական ապարատ	[tʰvajín lusankarčakán aparát]
aspirador (m)	փոշեկուլ	[pʰošekúl]
ferro (m) de passar	արդուկ	[ardúk]
tábua (f) de passar	արդուկի տախտակ	[ardukí taχták]
telefone (m)	հեռախոս	[heraχós]
celular (m)	բջջային հեռախոս	[bʤʤajín heraχós]
máquina (f) de escrever	տպող մեքենա	[tpóġ mekʰená]
máquina (f) de costura	կարի մեքենա	[kʰarí mekʰená]
microfone (m)	միկրոֆոն	[mikrofón]
fone (m) de ouvido	ականջակալներ	[akanʤakalnér]
controle remoto (m)	հեռակառավարման վահանակ	[herakaravarmán vahanák]
CD (m)	խտասկավառակ	[χtaskavarák]
fita (f) cassete	ձայներիզ	[ʣajneríz]
disco (m) de vinil	սկավառակ	[skavarák]

100. Reparações. Renovação

renovação (f)	վերանորոգում	[veranorogúm]
renovar (vt), fazer obras	վերանորոգում անել	[veranorogúm anél]
reparar (vt)	վերանորոգել	[veranorogél]

consertar (vt)	կարգի բերել	[kargí berél]
refazer (vt)	ձևափոխել	[dzevapʰoχél]
tinta (f)	ներկ	[nerk]
pintar (vt)	ներկել	[nerkél]
pintor (m)	ներկարար	[nerkarár]
pincel (m)	վրձին	[vrdzin]
cal (f)	սպիտակածեփ	[spitakatsépʰ]
caiar (vt)	սպիտակեցնել	[spitaketsʰnél]
papel (m) de parede	պաստառ	[pastár]
colocar papel de parede	պաստառապատել	[pastarapatél]
verniz (m)	լաք	[lakʰ]
envernizar (vt)	լաքապատել	[lakʰapatél]

101. Canalizações

água (f)	ջուր	[dʒur]
água (f) quente	տաք ջուր	[takʰ dʒur]
água (f) fria	սառը ջուր	[sárə dʒur]
torneira (f)	ծորակ	[tsorák]
gota (f)	կաթիլ	[katʰíl]
gotejar (vi)	կաթել	[katʰél]
vazar (vt)	արտահոսել	[artahosél]
vazamento (m)	արտահոսք	[artahóskʰ]
poça (f)	ջրակույտ	[dʒrakújt]
tubo (m)	խողովակ	[χoġovák]
válvula (f)	փական	[pʰakán]
entupir-se (vr)	խցանվել	[χtsʰanvél]
ferramentas (f pl)	գործիքներ	[gortsikʰnér]
chave (f) inglesa	բացովի մանեկադարձակ	[batsʰoví manekadardzák]
desenroscar (vt)	ետ պտտել	[et pttel]
enroscar (vt)	ձգել	[dzgel]
desentupir (vt)	մաքրել	[makʰrél]
encanador (m)	սանտեխնիկ	[santeχník]
porão (m)	նկուղ	[nkuġ]
rede (f) de esgotos	կոյուղի	[kojuġí]

102. Fogo. Deflagração

incêndio (m)	կրակ	[krak]
chama (f)	բոց	[botsʰ]
faísca (f)	կայծ	[kajts]
fumaça (f)	ծուխ	[tsuχ]
tocha (f)	ջահ	[dʒah]
fogueira (f)	խարույկ	[χarújk]
gasolina (f)	բենզին	[benzín]

querosene (m)	նավթ	[navtʰ]
inflamável (adj)	դյուրավառ	[djuravár]
explosivo (adj)	պայթունավտանգ	[pajtʰunavtáng]
PROIBIDO FUMAR!	ՉԾԽԵԼ	[čʦχél!]
segurança (f)	անվտանգություն	[anvtangutʰjún]
perigo (m)	վտանգ	[vtang]
perigoso (adj)	վտանգավոր	[vtangavór]
incendiar-se (vr)	բռնկվել	[brnkvel]
explosão (f)	պայթյուն	[pajtʰjún]
incendiar (vt)	հրկիզել	[hrkizél]
incendiário (m)	հրկիզող	[hrkizóġ]
incêndio (m) criminoso	հրկիզում	[hrkizúm]
flamejar (vi)	բոցավառվել	[boʦʰavarvél]
queimar (vi)	այրվել	[ajrvél]
queimar tudo (vi)	այրվել	[ajrvél]
bombeiro (m)	հրդեհային	[hrdehajín]
caminhão (m) de bombeiros	հրշեջ մեքենա	[hršéʤ mekʰená]
corpo (m) de bombeiros	հրշեջ ջոկատ	[hršéʤ ʤokát]
escada (f) extensível	հրդեհաշեջ սանդուղք	[hrdehašéʤ sandúġkʰ]
mangueira (f)	փող	[pʰoġ]
extintor (m)	կրակմարիչ	[krakmaríč]
capacete (m)	սաղավարտ	[saġavárt]
sirene (f)	շչակ	[ščak]
gritar (vi)	ճչալ	[čəčál]
chamar por socorro	օգնության կանչել	[ognutʰján kančél]
socorrista (m)	փրկարար	[pʰrkarár]
salvar, resgatar (vt)	փրկել	[pʰrkel]
chegar (vi)	ժամանել	[ʒamanél]
apagar (vt)	հանգցնել	[hangʦʰnél]
água (f)	ջուր	[ʤur]
areia (f)	ավազ	[aváz]
ruínas (f pl)	փլատակներ	[pʰlataknér]
ruir (vi)	փլատակվել	[pʰlatakvél]
desmoronar (vi)	փուլ գալ	[pʰul gal]
desabar (vi)	փլվել	[pʰlvel]
fragmento (m)	բեկոր	[bekór]
cinza (f)	մոխիր	[moχír]
sufocar (vi)	խեղդվել	[χeġdvél]
perecer (vi)	մեռնել	[mernél]

ATIVIDADES HUMANAS

Emprego. Negócios. Parte 1

103. Escritório. O trabalho no escritório

escritório (~ de advogados)	գրասենյակ	[grasenják]
escritório (do diretor, etc.)	առանձնասենյակ	[arandznasenják]
secretário (m)	քարտուղար	[k^{h}artuġár]
diretor (m)	տնօրեն	[tnorén]
gerente (m)	մենեջեր	[menedʒér]
contador (m)	հաշվապահ	[hašvapáh]
empregado (m)	աշխատակից	[ašχatakíts^h]
mobiliário (m)	կահույք	[kahújk^h]
mesa (f)	գրասեղան	[graseġán]
cadeira (f)	բազկաթոռ	[bazkat^{h}ór]
gaveteiro (m)	փոքր պահարան	[p^{h}ok^{h}r paharán]
cabideiro (m) de pé	կախոց	[kaχóts^h]
computador (m)	համակարգիչ	[hamakargíč]
impressora (f)	տպիչ	[tpič]
fax (m)	ֆաքս	[fak^{h}s]
fotocopiadora (f)	պատճենահանող սարք	[patčenahanóġ sárk^h]
papel (m)	թուղթ	[t^{h}uġt^h]
artigos (m pl) de escritório	գրենական պիտույքներ	[grenakán pitujk^{h}nér]
tapete (m) para mouse	գորգ	[gorg]
folha (f)	թուղթ	[t^{h}uġt^h]
pasta (f)	թղթապանակ	[t^{h}ġt^{h}apanák]
catálogo (m)	գրացուցակ	[grats^{h}uts^{h}ák]
lista (f) telefônica	տեղեկատու	[teġekatú]
documentação (f)	փաստաթղթեր	[p^{h}astat^{h}ġt^{h}ér]
brochura (f)	գրքույկ	[grk^{h}újk]
panfleto (m)	թռուցիկ	[t^{h}ruts^{h}ík]
amostra (f)	օրինակ	[orinák]
formação (f)	թրենինգ	[t^{h}reníng]
reunião (f)	խորհրդակցություն	[χorhrdakts^{h}ut^{h}jún]
hora (f) de almoço	ճաշի ընդմիջում	[čaší əndmidʒúm]
fazer uma cópia	պատճենահանել	[patčenahanél]
tirar cópias	բազմացնել	[bazmats^{h}nél]
receber um fax	ֆաքս ստանալ	[fák^{h}s stanál]
enviar um fax	ֆաքս ուղարկել	[fák^{h}s uġarkél]
fazer uma chamada	զանգահարել	[zangaharél]
responder (vt)	պատասխանել	[patasχanél]

passar (vt)	միացնել	[miatsʰnél]
marcar (vt)	նշանակել	[nšanakél]
demonstrar (vt)	ցուցադրել	[tsʰutsʰadrél]
estar ausente	բացակայել	[batsʰakaél]
ausência (f)	բացակայություն	[batsʰakajutʰjún]

104. Processos negociais. Parte 1

ocupação (f)	գործ	[gorts]
firma, empresa (f)	ֆիրմա	[fírma]
companhia (f)	ընկերություն	[ənkerutʰjún]
corporação (f)	միավորում	[miavorúm]
empresa (f)	ձեռնարկություն	[dzernarkutʰjún]
agência (f)	գործակալություն	[gortsakalutʰjún]

acordo (documento)	պայմանագիր	[pajmanagír]
contrato (m)	պայմանագիր	[pajmanagír]
acordo (transação)	գործարք	[gortsárkʰ]
pedido (m)	պատվեր	[patvér]
termos (m pl)	պայման	[pajmán]

por atacado	մեծածախ	[metsatsáχ]
por atacado (adj)	մեծածախ	[metsatsáχ]
venda (f) por atacado	մեծածախ առևտուր	[metsatsáχ arevtúr]
a varejo	մանրածախ	[manratsáχ]
venda (f) a varejo	մանրածախ առևտուր	[manratsáχ arevtúr]

concorrente (m)	մրցակից	[mrtsʰakítsʰ]
concorrência (f)	մրցակցություն	[mrtʰaktsʰutʰjún]
competir (vi)	մրցակցել	[mrtsʰaktsʰél]

sócio (m)	գործընկեր	[gortsənkér]
parceria (f)	համագործակցություն	[hamagortsaktsʰutʰjún]

crise (f)	ճգնաժամ	[čgnaʒám]
falência (f)	սնանկություն	[snankutʰjún]
entrar em falência	սննկանալ	[snənkanál]
dificuldade (f)	դժվարություն	[dʒvarutʰjún]
problema (m)	խնդիր	[χndir]
catástrofe (f)	աղետ	[aġét]

economia (f)	տնտեսություն	[tntesutʰjún]
econômico (adj)	տնտեսական	[tntesakán]
recessão (f) econômica	տնտեսական անկում	[tntesakán ankúm]

objetivo (m)	նպատակ	[npaták]
tarefa (f)	խնդիր	[χndir]

comerciar (vi, vt)	առևտուր անել	[arevtúr anél]
rede (de distribuição)	ցանց	[tsʰantsʰ]
estoque (m)	պահեստ	[pahést]
sortimento (m)	տեսականի	[tesakaní]
líder (m)	ղեկավար	[ġekavár]
grande (~ empresa)	խոշոր	[χošór]

monopólio (m)	մենաշնորհ	[menašnórh]
teoria (f)	տեսություն	[tesutʰjún]
prática (f)	պրակտիկա	[práktika]
experiência (f)	փորձ	[pʰordz]
tendência (f)	միտում	[mitúm]
desenvolvimento (m)	զարգացում	[zargatsʰúm]

105. Processos negociais. Parte 2

rentabilidade (f)	շահ	[šah]
rentável (adj)	շահավետ	[šahavét]
delegação (f)	պատվիրակություն	[patvirakutʰjún]
salário, ordenado (m)	աշխատավարձ	[ašχatavárdz]
corrigir (~ um erro)	ուղղել	[uġġél]
viagem (f) de negócios	գործուղում	[gortsuġúm]
comissão (f)	հանձնաժողով	[handznaʒoġóv]
controlar (vt)	վերահսկել	[verahskél]
conferência (f)	կոնֆերանս	[konferáns]
licença (f)	լիցենզյա	[litsʰénzja]
confiável (adj)	վստահելի	[vstahelí]
empreendimento (m)	ձեռնարկած գործ	[dzernarkáts gorts]
norma (f)	նորմա	[nórma]
circunstância (f)	հանգամանք	[hangamánkʰ]
dever (do empregado)	պարտականություն	[partakanutʰjún]
empresa (f)	կազմակերպություն	[kazmakerputʰjún]
organização (f)	կազմակերպում	[kazmakerpúm]
organizado (adj)	կազմակերպված	[kazmakerpváts]
anulação (f)	վերացում	[veratsʰu:m]
anular, cancelar (vt)	չեղարկել	[čeġarkél]
relatório (m)	հաշվետվություն	[hašvetvutʰjún]
patente (f)	արտոնագիր	[artonagír]
patentear (vt)	արտոնագրել	[artonagrél]
planejar (vt)	ծրագրել	[tsragrél]
bônus (m)	պարգևավճար	[pargevavčár]
profissional (adj)	մասնագիտական	[masnagitutsjún]
procedimento (m)	ընթացակարգ	[əntʰatsʰakárg]
examinar (~ a questão)	քննարկել	[kʰnnarkél]
cálculo (m)	վճարում	[včarúm]
reputação (f)	համբավ	[hambáv]
risco (m)	ռիսկ	[risk]
dirigir (~ uma empresa)	ղեկավարել	[ġekavarél]
informação (f)	տեղեկություններ	[teġekutʰjunnér]
propriedade (f)	սեփականություն	[sepʰakanutʰjún]
união (f)	միավորում	[miavorúm]
seguro (m) de vida	կյանքի ապահովագրություն	[kjankʰí apahovagrutʰjún]
fazer um seguro	ապահովագրել	[apahovagrél]

seguro (m)	ապահովագրություն	[apahovagrutʰjún]
leilão (m)	աճուրդ	[ačúrd]
notificar (vt)	ծանուցել	[ʦanuʦʰél]
gestão (f)	ղեկավարում	[ġekavarúm]
serviço (indústria de ~s)	ծառայություն	[ʦarajutʰjún]
fórum (m)	համաժողով	[hamaʒoġóv]
funcionar (vi)	գործել	[gorʦél]
estágio (m)	փուլ	[pʰul]
jurídico, legal (adj)	իրավաբանական	[iravabanakán]
advogado (m)	իրավաբան	[iravabán]

106. Produção. Trabalhos

usina (f)	գործարան	[gorʦarán]
fábrica (f)	ֆաբրիկա	[fábrika]
oficina (f)	արտադրամաս	[artadramás]
local (m) de produção	արտադրություն	[artadrutʰjún]
indústria (f)	արդյունաբերություն	[ardjunaberutʰjún]
industrial (adj)	արդյունաբերական	[ardjunaberakán]
indústria (f) pesada	ծանր արդյունաբերություն	[ʦánr ardjunaberutʰjún]
indústria (f) ligeira	թեթև արդյունաբերություն	[tʰetʰév ardjunaberutʰjún]
produção (f)	արտադրանք	[artadránkʰ]
produzir (vt)	արտադրել	[artadrél]
matérias-primas (f pl)	հումք	[humkʰ]
chefe (m) de obras	բրիգադավար	[brigadavár]
equipe (f)	բրիգադ	[brigád]
operário (m)	բանվոր	[banvór]
dia (m) de trabalho	աշխատանքային օր	[ašχatankʰajín or]
intervalo (m)	ընդմիջում	[əndmiʤúm]
reunião (f)	ժողով	[ʒoġóv]
discutir (vt)	քննարկել	[kʰnnarkél]
plano (m)	պլան	[plan]
cumprir o plano	պլանը կատարել	[plánə katarél]
taxa (f) de produção	չափաքանակ	[čapʰakʰanák]
qualidade (f)	որակ	[vorák]
controle (m)	վերահսկում	[verahskúm]
controle (m) da qualidade	որակի վերահսկում	[vorakí verahskúm]
segurança (f) no trabalho	աշխատանքի անվտանգություն	[ašχatankʰí anvtanutʰjún]
disciplina (f)	կարգապահություն	[kargapahutʰjún]
infração (f)	խախտում	[χaχtúm]
violar (as regras)	խախտել	[χaχtél]
greve (f)	գործադուլ	[gorʦadúl]
grevista (m)	գործադուլավոր	[gorʦadulavór]
estar em greve	գործադուլ անել	[gorʦadúl anél]
sindicato (m)	արհմիություն	[arhmiutʰjún]

inventar (vt)	հայտնագործել	[hajtnagortsél]
invenção (f)	գյուտ	[gjut]
pesquisa (f)	հետազոտություն	[hetazotutʰjún]
melhorar (vt)	բարելավել	[barelavél]
tecnologia (f)	տեխնոլոգիա	[teχnológia]
desenho (m) técnico	գծագիր	[gtsagír]
carga (f)	բեռ	[ber]
carregador (m)	բեռնակիր	[bernakír]
carregar (o caminhão, etc.)	բարձել	[bardzél]
carregamento (m)	բեռնում	[bernúm]
descarregar (vt)	բեռնաթափել	[bernatʰapʰél]
descarga (f)	բեռնաթափում	[bernatʰapʰúm]
transporte (m)	փոխադրամիջոց	[pʰoχadramidʒótsʰ]
companhia (f) de transporte	տրանսպորտային ընկերություն	[transportajín ənkerutʰjún]
transportar (vt)	փոխադրել	[pʰoχadrél]
vagão (m) de carga	վագոն	[vagón]
tanque (m)	ցիստեռն	[tsʰistérn]
caminhão (m)	բեռնատար	[bernatár]
máquina (f) operatriz	հաստոց	[hastótsʰ]
mecanismo (m)	մեխանիզմ	[meχanízm]
resíduos (m pl) industriais	թափոններ	[tʰapʰonnér]
embalagem (f)	փաթեթավորում	[pʰatʰetʰavorúm]
embalar (vt)	փաթեթավորել	[pʰatʰetʰavorél]

107. Contrato. Acordo

contrato (m)	պայմանագիր	[pajmanagír]
acordo (m)	համաձայնագիր	[hamadzajnagír]
adendo, anexo (m)	հավելված	[havelváts]
assinar o contrato	պայմանագիր կնքել	[pajmanagír knkʰél]
assinatura (f)	ստորագրություն	[storagrutʰjún]
assinar (vt)	ստորագրել	[storagrél]
carimbo (m)	կնիք	[knikʰ]
objeto (m) do contrato	պայմանագրի առարկա	[pajmanagrí ararká]
cláusula (f)	կետ	[ket]
partes (f pl)	կողմեր	[koġmér]
domicílio (m) legal	իրավաբանական հասցե	[iravabanakán hastsʰé]
violar o contrato	խախտել պայմանագիրը	[χaχtél pajmanagírə]
obrigação (f)	պարտավորություն	[partavorutʰjún]
responsabilidade (f)	պատասխանատվություն	[patasχanatvutʰjún]
força (f) maior	ֆորս-մաժոր	[fórs maʒór]
litígio (m), disputa (f)	վեճ	[več]
multas (f pl)	տուգանային պատժամիջոցներ	[tuganajín patʒamidʒotsʰnér]

108. Importação & Exportação

importação (f)	ներմուծում	[nermuʦúm]
importador (m)	ներկրող	[nerkróġ]
importar (vt)	ներմուծել	[nermuʦél]
de importação	ներմուծված	[nermuʦváʦ]
exportador (m)	արտահանող	[artahanóġ]
exportar (vt)	արտահանել	[artahanél]
mercadoria (f)	ապրանք	[apránkʰ]
lote (de mercadorias)	խմբաքանակ	[χmbakʰanák]
peso (m)	քաշ	[kʰaš]
volume (m)	ծավալ	[ʦavál]
metro (m) cúbico	խորանարդ մետր	[χoranárd métr]
produtor (m)	արտադրող	[artadróġ]
companhia (f) de transporte	տրանսպորտային ընկերություն	[transportajín ənkerutʰjún]
contêiner (m)	բեռնարկղ	[bernárkġ]
fronteira (f)	սահման	[sahmán]
alfândega (f)	մաքսատուն	[makʰsatún]
taxa (f) alfandegária	մաքսատուրք	[maksatúrkʰ]
funcionário (m) da alfândega	մաքսավոր	[makʰsavór]
contrabando (atividade)	մաքսանենգություն	[makʰsanengutʰjún]
contrabando (produtos)	մաքսանենգ ապրանք	[maksanéng apránkʰ]

109. Finanças

ação (f)	բաժնետոմս	[baʒnetóms]
obrigação (f)	փոխառության պարտատոմս	[pʰoχarutʰján pajmanagír]
nota (f) promissória	մուրհակ	[murhák]
bolsa (f) de valores	բորսա	[bórsa]
cotação (m) das ações	բաժնետոմսերի վարկանիշ	[baʒnetomserí varkaníš]
tornar-se mais barato	գինն ընկնել	[gín ənknél]
tornar-se mais caro	գինը բարձրանալ	[ginə barʣranál]
participação (f) majoritária	վերահսկիչ փաթեթ	[verahskíč pʰatʰétʰ]
investimento (m)	ներդրումներ	[nerdrumnér]
investir (vt)	ներդնել	[nerdnél]
porcentagem (f)	տոկոս	[tokós]
juros (m pl)	տոկոսներ	[tokosnér]
lucro (m)	շահույթ	[šahújtʰ]
lucrativo (adj)	շահավետ	[šahavét]
imposto (m)	հարկ	[hark]
divisa (f)	տարադրամ	[taradrám]
nacional (adj)	ազգային	[azgajín]

câmbio (m)	փոխանակում	[pʰoχanakúm]
contador (m)	հաշվապահ	[hašvapáh]
contabilidade (f)	հաշվապահություն	[hašvapahutʰjún]
falência (f)	սնանկություն	[snankutʰjún]
falência, quebra (f)	սնանկություն	[snankutʰjún]
ruína (f)	սնանկություն	[snankutʰjún]
estar quebrado	սնանկանալ	[snənkanál]
inflação (f)	գնաճ	[gnač]
desvalorização (f)	դեվալվացիա	[devalváʦʰia]
capital (m)	կապիտալ	[kapitál]
rendimento (m)	շահույթ	[šahújtʰ]
volume (m) de negócios	շրջանառություն	[šrʤanarutʰjún]
recursos (m pl)	միջոցներ	[miʤoʦʰnér]
recursos (m pl) financeiros	դրամական միջոցներ	[dramakán miʤoʦʰnér]
reduzir (vt)	կրճատել	[krčatél]

110. Marketing

marketing (m)	մարքեթինգ	[markʰetʰíng]
mercado (m)	շուկա	[šuká]
segmento (m) do mercado	շուկայի հատված	[šukají hatváʦ]
produto (m)	ապրանքատեսակ	[aprankʰatesák]
mercadoria (f)	ապրանք	[apránkʰ]
marca (f) registrada	առևտրային նշան	[arevtrajín nšan]
logotipo (m)	ֆիրմային նշան	[firmajín nšan]
logo (m)	լոգոտիպ	[logotíp]
demanda (f)	պահանջարկ	[pahanʤárk]
oferta (f)	առաջարկ	[araʤárk]
necessidade (f)	կարիք	[karíkʰ]
consumidor (m)	սպառող	[sparóġ]
análise (f)	վերլուծություն	[verluʦutʰjún]
analisar (vt)	վերլուծել	[verluʦél]
posicionamento (m)	դիրքավորում	[dirkʰavorúm]
posicionar (vt)	դիրքավորվել	[dirkʰavorvél]
preço (m)	գին	[gin]
política (f) de preços	գնային քաղաքականություն	[gnajín kʰaġakʰakanutʰjún]
formação (f) de preços	գնագոյացում	[gnagojaʦʰúm]

111. Publicidade

publicidade (f)	գովազդ	[govázd]
fazer publicidade	գովազդել	[govazdél]
orçamento (m)	բյուջե	[bjuʤé]
anúncio (m)	գովազդ	[govázd]
publicidade (f) na TV	հեռուստագովազդ	[herustagovázd]

publicidade (f) na rádio	ռադիոգովազդ	[radiogovázd]
publicidade (f) exterior	արտաքին գովազդ	[artakʰín govázd]
comunicação (f) de massa	զանգվածային լրատվության միջոցներ	[zangvaʦajín lratvutʰján miʤoʦʰnér]
periódico (m)	պարբերական	[parberakán]
imagem (f)	իմիջ	[imíʤ]
slogan (m)	նշանաբան	[nšanabán]
mote (m), lema (f)	նշանաբան	[nšanabán]
campanha (f)	արշավ	[aršáv]
campanha (f) publicitária	գովազդարշավ	[govazdaršáv]
grupo (m) alvo	նպատակային լսարան	[npatakajín lsarán]
cartão (m) de visita	այցեքարտ	[ajʦʰekʰárt]
panfleto (m)	թռուցիկ	[tʰruʦʰík]
brochura (f)	գրքույկ	[grkʰújk]
folheto (m)	ծալաթերթիկ	[ʦalatʰertík]
boletim (~ informativo)	տեղեկատվական թերթիկ	[teġekatvakán tʰertʰík]
letreiro (m)	ցուցանակ	[ʦʰuʦʰanák]
cartaz, pôster (m)	ձգապաստառ	[ʣgapastár]
painel (m) publicitário	վահանակ	[vahanák]

112. Banca

banco (m)	բանկ	[bank]
balcão (f)	բաժանմունք	[baʒanmúnkʰ]
consultor (m) bancário	խորհրդատու	[χorhrdatú]
gerente (m)	կառավարիչ	[karavaríč]
conta (f)	հաշիվ	[hašív]
número (m) da conta	հաշվի համար	[hašví hamár]
conta (f) corrente	ընթացիկ հաշիվ	[əntʰaʦʰík hašív]
conta (f) poupança	կուտակային հաշիվ	[kutakajín hašív]
abrir uma conta	հաշիվ բացել	[hašív baʦʰél]
fechar uma conta	հաշիվ փակել	[hašív pʰakél]
depositar na conta	հաշվի վրա գցել	[hašví vra gʦʰel]
sacar (vt)	հաշվից հանել	[hašvíʦʰ hanél]
depósito (m)	ավանդ	[avánd]
fazer um depósito	ավանդ ներդնել	[avánd nerdnél]
transferência (f) bancária	փոխանցում	[pʰoχanʦʰúm]
transferir (vt)	փոխանցում կատարել	[pʰoχanʦʰúm katarél]
soma (f)	գումար	[gumár]
Quanto?	Որքա՞ն	[vorkʰán?]
assinatura (f)	ստորագրություն	[storagrutʰjún]
assinar (vt)	ստորագրել	[storagrél]
cartão (m) de crédito	վարկային քարտ	[varkʰajín kʰárt]

senha (f)	կոդ	[kod]
número (m) do cartão de crédito	վարկային քարտի համար	[varkʰajín kʰartí hamár]
caixa (m) eletrônico	բանկոմատ	[bankomát]
cheque (m)	չեք	[čekʰ]
passar um cheque	չեք դուրս գրել	[čekʰ durs grel]
talão (m) de cheques	չեքային գրքույկ	[čekʰajín grkʰújk]
empréstimo (m)	վարկ	[vark]
pedir um empréstimo	դիմել վարկ ստանալու համար	[dimél várk stanalú hamár]
obter empréstimo	վարկ վերցնել	[vark verʦʰnél]
dar um empréstimo	վարկ տրամադրել	[vark tramadrél]
garantia (f)	գրավական	[gravakán]

113. Telefone. Conversação telefônica

telefone (m)	հեռախոս	[heraχós]
celular (m)	բջջային հեռախոս	[bdʒdʒajín heraχós]
secretária (f) eletrônica	ինքնապատասխանիչ	[inkʰnapatasχaníč]
fazer uma chamada	զանգահարել	[zangaharél]
chamada (f)	զանգ	[zang]
discar um número	համարը հավաքել	[hamárə havakʰél]
Alô!	Ալո՛	[aló!]
perguntar (vt)	հարցնել	[harʦʰnél]
responder (vt)	պատասխանել	[patasχanél]
ouvir (vt)	լսել	[lsel]
bem	լավ	[lav]
mal	վատ	[vat]
ruído (m)	խանգարումներ	[χangarumnér]
fone (m)	լսափող	[lsapʰóġ]
pegar o telefone	լսափողը վերցնել	[lsapʰóġə verʦʰnél]
desligar (vi)	լսափողը դնել	[lsapʰóġə dnél]
ocupado (adj)	զբաղված	[zbaġváʦ]
tocar (vi)	զանգել	[zangél]
lista (f) telefônica	հեռախոսագիրք	[heraχosagírkʰ]
local (adj)	տեղային	[teġajín]
de longa distância	միջքաղաքային	[miʤkaġakʰajín]
internacional (adj)	միջազգային	[miʤazgajín]

114. Telefone móvel

celular (m)	բջջային հեռախոս	[bdʒdʒajín heraχós]
tela (f)	էկրան	[ēkrán]
botão (m)	կոճակ	[kočák]

cartão SIM (m)	SIM-քարտ	[sim kʰart]
bateria (f)	մարտկոց	[martkóʦʰ]
descarregar-se (vr)	լիցքաթափվել	[liʦʰkʰatʰapʰvél]
carregador (m)	լիցքավորման սարք	[liʦʰkavormán sárkʰ]
menu (m)	մենյու	[menjú]
configurações (f pl)	լարք	[larkʰ]
melodia (f)	մեղեդի	[meġedí]
escolher (vt)	ընտրել	[əntrél]
calculadora (f)	հաշվիչ	[hašvíč]
correio (m) de voz	ինքնապատասխանիչ	[inkʰnapatasχaníč]
despertador (m)	զարթուցիչ	[zartʰuʦʰíč]
contatos (m pl)	հեռախոսագիրք	[heraχosagírkʰ]
mensagem (f) de texto	SMS-հաղորդագրություն	[SMS haġordagrutʰjún]
assinante (m)	բաժանորդ	[baʒanórd]

115. Estacionário

caneta (f)	ինքնահոս գրիչ	[inkʰnahós gríč]
caneta (f) tinteiro	փետրավոր գրիչ	[pʰetravór grič]
lápis (m)	մատիտ	[matít]
marcador (m) de texto	նշիչ	[nšič]
caneta (f) hidrográfica	ֆլոմաստեր	[flomastér]
bloco (m) de notas	նոթատետր	[notʰatétr]
agenda (f)	օրագիրք	[oragírkʰ]
régua (f)	քանոն	[kʰanón]
calculadora (f)	հաշվիչ	[hašvíč]
borracha (f)	ռետին	[retín]
alfinete (m)	սևեռակ	[severák]
clipe (m)	ամրակ	[amrák]
cola (f)	սոսինձ	[sosínʣ]
grampeador (m)	ճարմանդակարիչ	[čarmandakaríč]
furador (m) de papel	ծակոտիչ	[ʦakotíč]
apontador (m)	սրիչ	[srič]

116. Vários tipos de documentos

relatório (m)	հաշվետվություն	[hašvetvutʰjún]
acordo (m)	համաձայնագիր	[hamaʣajnagír]
ficha (f) de inscrição	հայտ	[hajt]
autêntico (adj)	բնագիր	[bnagír]
crachá (m)	բեջ	[beʤ]
cartão (m) de visita	այցեքարտ	[ajʦʰekʰárt]
certificado (m)	սերտիֆիկատ	[sertifikát]
cheque (m)	չեք	[čekʰ]

conta (f)	հաշիվ	[hašív]
constituição (f)	սահմանադրություն	[sahmanadrutʰjún]
contrato (m)	պայմանագիր	[pajmanagír]
cópia (f)	կրկնօրինակ	[krknorinák]
exemplar (~ assinado)	օրինակ	[orinák]
declaração (f) alfandegária	հայտարարագիր	[hajtararagír]
documento (m)	փաստաթուղթ	[pʰastatʰúġtʰ]
carteira (f) de motorista	վարորդական իրավունք	[varordakán iravúnkʰ]
adendo, anexo (m)	հավելված	[havelváʦ]
questionário (m)	հարցաթերթիկ	[harʦʰatʰertʰík]
carteira (f) de identidade	հավաստագիր	[havastagír]
inquérito (m)	հարցում	[harʦʰúm]
convite (m)	հրավիրատոմս	[hraviratóms]
fatura (f)	հաշիվ	[hašív]
lei (f)	օրենք	[orénkʰ]
carta (correio)	նամակ	[namák]
papel (m) timbrado	բլանկ	[blank]
lista (f)	ցանկ	[ʦʰank]
manuscrito (m)	ձեռագիր	[ʣeragír]
boletim (~ informativo)	տեղեկաթերթ	[teġekatʰértʰ]
bilhete (mensagem breve)	գրություն	[grutʰjún]
passe (m)	անցագիր	[anʦʰagír]
passaporte (m)	անձնագիր	[anʣnagír]
permissão (f)	թույլատրագիր	[tʰujlatragír]
currículo (m)	ինքնակենսագրություն	[inkʰnakensagrutʰjún]
nota (f) promissória	ստացական	[staʦʰakán]
recibo (m)	անդորրագիր	[andoragír]
talão (f)	չեք	[čekʰ]
relatório (m)	զեկուցագիր	[zekuʦʰagír]
mostrar (vt)	ներկայացնել	[nerkajaʦʰnél]
assinar (vt)	ստորագրել	[storagrél]
assinatura (f)	ստորագրություն	[storagrutʰjún]
carimbo (m)	կնիք	[knikʰ]
texto (m)	տեքստ	[tekʰst]
ingresso (m)	տոմս	[toms]
riscar (vt)	ջնջել	[ʤnʤel]
preencher (vt)	լրացնել	[lraʦʰnél]
carta (f) de porte	բեռնագիր	[bernagír]
testamento (m)	կտակ	[ktak]

117. Tipos de negócios

serviços (m pl) de contabilidade	հաշվապահական ծառայություններ	[hašvapahakán ʦarajutʰjúnnér]
publicidade (f)	գովազդ	[govázd]
agência (f) de publicidade	գովազդային գործակալություն	[govazdajín gorʦakalutʰjún]

ar (m) condicionado	օդորակիչներ	[odorakičnér]
companhia (f) aérea	ավիաընկերություն	[aviaənkerut^{h}jún]
bebidas (f pl) alcoólicas	ոգելից խմիչքներ	[vogelíts^h χmičk^{h}nér]
comércio (m) de antiguidades	հնաոճ իրեր	[hnavóč irér]
galeria (f) de arte	սրահ	[srah]
serviços (m pl) de auditoria	աուդիտորական ծառայություններ	[auditorakán ʦarajut^{h}jún]
negócios (m pl) bancários	բանկային գործ	[bankajín gorʦ]
bar (m)	բար	[bar]
salão (m) de beleza	գեղեցկության սրահ	[geġets^{h}kut^{h}ján sráh]
livraria (f)	գրախանութ	[graχanút^h]
cervejaria (f)	գարեջրի գործարան	[gareʤrí gorʦarán]
centro (m) de escritórios	բիզնես-կենտրոն	[bíznes kentrón]
escola (f) de negócios	բիզնես-դպրոց	[bíznes dpróʦ^h]
cassino (m)	խաղատուն	[χaġatún]
construção (f)	շինարարություն	[šinararut^{h}jún]
consultoria (f)	խորհրդատվություն	[χorhrdatvut^{h}jún]
clínica (f) dentária	ատամնաբուժություն	[atamnabuʒut^{h}jún]
design (m)	դիզայն	[dizájn]
drogaria (f)	դեղատուն	[deġatún]
lavanderia (f)	քիմմաքրման կետ	[k^{h}immak^{h}rmán két]
agência (f) de emprego	աշխատանքի տեղավորման գործակալություն	[ašχatank^{h}í teġavormán gorʦakalut^{h}jún]
serviços (m pl) financeiros	ֆինանսական ծառայություններ	[finansakán ʦarajut^{h}júnnér]
alimentos (m pl)	սննդամթերք	[snndamt^{h}érk^h]
funerária (f)	թաղման բյուրո	[t^{h}aġmán bjuró]
mobiliário (m)	կահույք	[kahújk^h]
roupa (f)	հագուստ	[hagúst]
hotel (m)	հյուրանոց	[hjuranóʦ^h]
sorvete (m)	պաղպաղակ	[paġpaġák]
indústria (f)	արդյունաբերություն	[ardjunaberut^{h}jún]
seguro (~ de vida, etc.)	ապահովագրություն	[apahovagrut^{h}jún]
internet (f)	ինտերնետ	[internét]
investimento (m)	ներդրումներ	[nerdrumnér]
joalheiro (m)	ոսկերիչ	[voskeríč]
joias (f pl)	ոսկերչական իրեր	[voskerčakán irér]
lavanderia (f)	լվացքատուն	[lvaʦ^{h}k^{h}atún]
assessorias (f pl) jurídicas	իրավաբանական ծառայություններ	[iravabanakán ʦarajut^{h}júnnér]
indústria (f) ligeira	թեթև արդյունաբերություն	[t^{h}et^{h}év ardjunaberut^{h}jún]
revista (f)	ամսագիր	[amsagír]
vendas (f pl) por catálogo	գրացուցակով առևտուր	[graʦ^{h}uʦ^{h}akóv arevtúr]
medicina (f)	բժշկություն	[bʒškut^{h}jún]
cinema (m)	կինոթատրոն	[kinot^{h}atrón]
museu (m)	թանգարան	[t^{h}angarán]
agência (f) de notícias	տեղեկատվական գործակալություն	[teġekatvakán gorʦakalut^{h}jún]

jornal (m)	թերթ	[tʰertʰ]
boate (casa noturna)	գիշերային ակումբ	[gišerajín akúmb]
petróleo (m)	նավթ	[navtʰ]
serviços (m pl) de remessa	առաքման ծառայություն	[arakʰmán ʦarajutʰjún]
indústria (f) farmacêutica	դեղագիտություն	[deġagitutʰjún]
tipografia (f)	տպագրություն	[tpagrutʰjún]
editora (f)	հրատարակչություն	[hratarakčutʰjún]
rádio (m)	ռադիո	[rádio]
imobiliário (m)	անշարժ գույք	[anšárʒ gújkʰ]
restaurante (m)	ռեստորան	[restorán]
empresa (f) de segurança	անվտանգության գործակալություն	[anvtangutʰján gorʦakalutʰjún]
esporte (m)	սպորտ	[sport]
bolsa (f) de valores	բորսա	[bórsa]
loja (f)	խանութ	[χanútʰ]
supermercado (m)	սուպերմարքեթ	[supermarkʰétʰ]
piscina (f)	լողավազան	[loġavazán]
alfaiataria (f)	արվեստանոց	[arvestanóʦʰ]
televisão (f)	հեռուստատեսություն	[herustatesutʰjún]
teatro (m)	թատրոն	[tʰatrón]
comércio (m)	առևտուր	[arevtúr]
serviços (m pl) de transporte	փոխադրումներ	[pʰoχadrumnér]
viagens (f pl)	զբոսաշրջություն	[zbosašrʤutʰjún]
veterinário (m)	անասնաբույժ	[anasnabújʒ]
armazém (m)	պահեստ	[pahést]
recolha (f) do lixo	աղբի դուրս հանում	[aġbí dúrs hanúm]

Emprego. Negócios. Parte 2

118. Espetáculo. Feira

feira, exposição (f)	ցուցահանդես	[ʦʰuʦʰahandés]
feira (f) comercial	առևտրական ցուցահանդես	[arevtrajín ʦʰuʦʰahandés]
participação (f)	մասնակցություն	[masnakʦʰutʰjún]
participar (vi)	մասնակցել	[masnakʦʰél]
participante (m)	մասնակից	[masnakíʦʰ]
diretor (m)	տնօրեն	[tnorén]
direção (f)	տնօրինություն	[tnorinutʰjún]
organizador (m)	կազմակերպիչ	[kazmakerpíč]
organizar (vt)	կազմակերպել	[kazmakerpél]
ficha (f) de inscrição	մասնակցության հայտ	[masnakʦʰutʰján hajt]
preencher (vt)	լրացնել	[lraʦʰnél]
detalhes (m pl)	մանրամասներ	[manramasnér]
informação (f)	տեղեկատվություն	[teġekatvutʰjún]
preço (m)	գին	[gin]
incluindo	ներառյալ	[nerarjál]
incluir (vt)	ներառել	[nerarél]
pagar (vt)	վճարել	[včarél]
taxa (f) de inscrição	գրանցավճար	[granʦʰavčár]
entrada (f)	մուտք	[mutkʰ]
pavilhão (m), salão (f)	վաճառասրահ	[vačarasráh]
inscrever (vt)	գրանցել	[granʦʰél]
crachá (m)	բեջ	[beʤ]
stand (m)	ցուցատախտակ	[ʦʰuʦʰataχták]
reservar (vt)	նախօրոք պատվիրել	[naχorókʰ patvirél]
vitrine (f)	ցուցափեղկ	[ʦʰuʦʰapʰéġk]
lâmpada (f)	լրացնել	[lraʦʰnél]
design (m)	դիզայն	[dizájn]
pôr (posicionar)	տեղավորել	[teġavorél]
distribuidor (m)	դիստրիբյուտոր	[distribjutór]
fornecedor (m)	մատակարար	[matakarár]
país (m)	երկիր	[erkír]
estrangeiro (adj)	օտարերկրյա	[otarerkrjá]
produto (m)	ապրանքատեսակ	[aprankʰatesák]
associação (f)	միություն	[miutʰjún]
sala (f) de conferência	կոնֆերանսների դահլիճ	[konferansnerí dahlíč]
congresso (m)	վեհաժողով	[vehaʒoġóv]

concurso (m)	մրցույթ	[mrts^{h}ujt^{h}]
visitante (m)	հաճախորդ	[hačaχórd]
visitar (vt)	հաճախել	[hačaχél]
cliente (m)	պատվիրատու	[patviratú]

119. Media

jornal (m)	թերթ	[t^{h}ert^{h}]
revista (f)	ամսագիր	[amsagír]
imprensa (f)	մամուլ	[mamúl]
rádio (m)	ռադիո	[rádio]
estação (f) de rádio	ռադիոկայան	[radiokaján]
televisão (f)	հեռուստատեսություն	[herustatesut^{h}jún]
apresentador (m)	հաղորդավար	[haġordavár]
locutor (m)	հաղորդավար	[haġordavár]
comentarista (m)	մեկնաբան	[meknabán]
jornalista (m)	լրագրող	[lragróġ]
correspondente (m)	թղթակից	[t^{h}ġt^{h}akíts^{h}]
repórter (m) fotográfico	ֆոտոթղթակից	[fotot^{h}ġt^{h}akíts^{h}]
repórter (m)	լրագրող	[lragróġ]
redator (m)	խմբագիր	[χmbagír]
redator-chefe (m)	գլխավոր խմբագիր	[glχavór χmbagír]
assinar a …	բաժանորդագրվել	[baʒanordagrvél]
assinatura (f)	բաժանորդագրություն	[baʒanordagrut^{h}jún]
assinante (m)	բաժանորդագիր	[baʒanordagír]
ler (vt)	ընթերցել	[ənt^{h}erts^{h}él]
leitor (m)	ընթերցող	[ənt^{h}erts^{h}óġ]
tiragem (f)	տպաքանակ	[tpak^{h}anák]
mensal (adj)	ամսական	[amsakán]
semanal (adj)	շաբաթական	[šabat^{h}akán]
número (jornal, revista)	համար	[hamár]
recente, novo (adj)	թարմ	[t^{h}arm]
manchete (f)	վերնագիր	[vernagír]
pequeno artigo (m)	նյութ	[njut^{h}]
coluna (~ semanal)	խորագիր	[χoragír]
artigo (m)	հոդված	[hodváts]
página (f)	էջ	[ēdʒ]
reportagem (f)	լրահաղորդում	[lrahaġordúm]
evento (festa, etc.)	դեպք	[depk^{h}]
sensação (f)	սենսացիա	[sensáts^{h}ia]
escândalo (m)	սկանդալ	[skandál]
escandaloso (adj)	սկանդալային	[skandalajín]
grande (adj)	մեծ	[mets]
programa (m)	հաղորդում	[haġordúm]
entrevista (f)	հարցազրույց	[harts^{h}azrújts^{h}]
transmissão (f) ao vivo	ուղիղ հեռարձակում	[uġíġ herardzakúm]
canal (m)	ալիք	[alík^{h}]

120. Agricultura

agricultura (f)	գյուղատնտեսություն	[gjuġatntesutʰjún]
camponês (m)	գյուղացի	[gjuġatsʰí]
camponesa (f)	գյուղացի	[gjuġatsʰí]
agricultor, fazendeiro (m)	ֆերմեր	[fermér]
trator (m)	տրակտոր	[traktór]
colheitadeira (f)	կոմբայն	[kombájn]
arado (m)	գութան	[gutʰán]
arar (vt)	վարել	[varél]
campo (m) lavrado	վարելահող	[varelahóġ]
sulco (m)	ակոս	[akós]
semear (vt)	ցանել	[tsʰanél]
plantadeira (f)	սերմնացան մեքենա	[sermnatsʰán mekʰená]
semeadura (f)	ցանք	[tsʰankʰ]
foice (m)	գերանդի	[gerandí]
cortar com foice	հնձել	[hndzél]
pá (f)	բահ	[bah]
cavar (vt)	փորել	[pʰorél]
enxada (f)	կացին	[katsʰín]
capinar (vt)	քաղհանել	[kʰaġhanél]
erva (f) daninha	մոլախոտ	[molaχót]
regador (m)	ցնցուղ	[tsʰntsʰuġ]
regar (plantas)	ոռոգել	[vorogél]
rega (f)	ոռոգում	[vorogúm]
forquilha (f)	եղան	[eġán]
ancinho (m)	փոցխ	[pʰosχ]
fertilizante (m)	պարարտանյութ	[parartanjútʰ]
fertilizar (vt)	պարարտացնել	[parartatsʰnél]
estrume, esterco (m)	թրիք	[tʰrikʰ]
campo (m)	դաշտ	[dašt]
prado (m)	մարգագետին	[margagetín]
horta (f)	բանջարանոց	[bandʒaranótsʰ]
pomar (m)	այգի	[ajgí]
pastar (vt)	արածացնել	[aratsatsʰnél]
pastor (m)	հովիվ	[hovív]
pastagem (f)	արոտավայր	[arotavájr]
pecuária (f)	անասնաբուծություն	[anasnabutsutʰjún]
criação (f) de ovelhas	ոչխարաբուծություն	[vočχarabutsutʰjún]
plantação (f)	պլանտացիա	[plantátsʰia]
canteiro (m)	մարգ	[marg]
estufa (f)	ջերմոց	[dʒermótsʰ]

seca (f)	երաշտ	[erášt]
seco (verão ~)	չորային	[čorajín]
cereais (m pl)	հացաբույսեր	[haʦʰabujsér]
colher (vt)	բերքահավաքել	[berkʰahavakʰél]
moleiro (m)	ջրաղացպան	[ʤraġaʦʰpán]
moinho (m)	ալրաղաց	[alraġáʦʰ]
moer (vt)	ցորեն աղալ	[ʦʰorén aġál]
farinha (f)	ալյուր	[aljúr]
palha (f)	ծղոտ	[ʦġot]

121. Construção. Processo de construção

canteiro (m) de obras	շինարարություն	[šinararutʰjún]
construir (vt)	կառուցել	[karuʦʰél]
construtor (m)	շինարար	[šinarár]
projeto (m)	նախագիծ	[naχagíʦ]
arquiteto (m)	ճարտարապետ	[čartarapét]
operário (m)	բանվոր	[banvór]
fundação (f)	հիմք	[himkʰ]
telhado (m)	տանիք	[taníkʰ]
estaca (f)	ցցագերան	[ʦʰʦʰagerán]
parede (f)	պատ	[pat]
colunas (f pl) de sustentação	ամրան	[amrán]
andaime (m)	շինափայտ	[šinapʰájt]
concreto (m)	բետոն	[betón]
granito (m)	գրանիտ	[granít]
pedra (f)	քար	[kʰar]
tijolo (m)	աղյուս	[aġjús]
areia (f)	ավազ	[aváz]
cimento (m)	ցեմենտ	[ʦʰemént]
emboço, reboco (m)	ծեփ	[ʦepʰ]
emboçar, rebocar (vt)	սվաղել	[svaġél]
tinta (f)	ներկ	[nerk]
pintar (vt)	ներկել	[nerkél]
barril (m)	տակառ	[takár]
grua (f), guindaste (m)	ամբարձիչ	[ambarʣíč]
erguer (vt)	բարձրացնել	[barʣraʦʰnél]
baixar (vt)	իջեցնել	[iʤeʦʰnél]
buldózer (m)	բուլդոզեր	[buldozér]
escavadora (f)	էքսկավատոր	[ēkʰskavatór]
caçamba (f)	շերեփ	[šerépʰ]
escavar (vt)	փորել	[pʰorél]
capacete (m) de proteção	սաղավարտ	[saġavárt]

122. Ciência. Investigação. Cientistas

ciência (f)	գիտություն	[gitutʰjún]
científico (adj)	գիտական	[gitakán]
cientista (m)	գիտնական	[gitnakán]
teoria (f)	տեսություն	[tesutʰjún]
axioma (m)	աքսիոմ	[akʰsióm]
análise (f)	վերլուծություն	[verlutsutʰjún]
analisar (vt)	վերլուծել	[verlutsél]
argumento (m)	փաստարկ	[pʰastárk]
substância (f)	նյութ	[njutʰ]
hipótese (f)	հիպոտեզ	[hipotéz]
dilema (m)	երկընտրանք	[erkəntránkʰ]
tese (f)	դիսերտացիա	[disertátsʰia]
dogma (m)	դոգմա	[dógma]
doutrina (f)	ուսմունք	[usmúnkʰ]
pesquisa (f)	հետազոտություն	[hetazotutʰjún]
pesquisar (vt)	հետազոտել	[hetazotél]
testes (m pl)	վերահսկում	[verahskúm]
laboratório (m)	լաբորատորիա	[laboratória]
método (m)	մեթոդ	[metʰód]
molécula (f)	մոլեկուլ	[molekúl]
monitoramento (m)	մոնիթորինգ	[monitʰóring]
descoberta (f)	հայտնագործություն	[hajtnagortsutʰjún]
postulado (m)	կանխադրույթ	[kanχadrújtʰ]
princípio (m)	սկզբունք	[skzbúnkʰ]
prognóstico (previsão)	կանխատեսություն	[kanχatesutʰjún]
prognosticar (vt)	կանխատեսել	[kanχatesél]
síntese (f)	սինթեզ	[sintʰéz]
tendência (f)	միտում	[mitúm]
teorema (m)	թեորեմ	[tʰeorém]
ensinamentos (m pl)	ուսմունք	[usmúnkʰ]
fato (m)	փաստ	[pʰast]
expedição (f)	արշավ	[aršáv]
experiência (f)	գիտափորձ	[gitapʰórdz]
acadêmico (m)	ակադեմիկոս	[akademikós]
bacharel (m)	բակալավր	[bakalávr]
doutor (m)	դոկտոր	[doktór]
professor (m) associado	դոցենտ	[dotsʰént]
mestrado (m)	մագիստրոս	[magistrós]
professor (m)	պրոֆեսոր	[profesór]

Profissões e ocupações

123. Procura de emprego. Demissão

trabalho (m)	աշխատանք	[ašχatánkʰ]
pessoal (m)	աշխատակազմ	[ašχatakázm]
carreira (f)	կարիերա	[karéra]
perspectivas (f pl)	հեռանկար	[herankár]
habilidades (f pl)	վարպետություն	[varpetutʰjún]
seleção (f)	ընտրություն	[əntrutʰjún]
agência (f) de emprego	աշխատանքի տեղավորման գործակալություն	[ašχatankʰí teġavormán gorʦakalutʰjún]
currículo (m)	ինքնակենսագրություն	[inkʰnakensagrutʰjún]
entrevista (f) de emprego	հարցազրույց	[harʦʰazrújʦʰ]
vaga (f)	թափուր աշխատատեղ	[tʰapʰúr ašχatatéġ]
salário (m)	աշխատավարձ	[ašχatavárʣ]
salário (m) fixo	դրույք	[drujkʰ]
pagamento (m)	վարձավճար	[varʣavčár]
cargo (m)	պաշտոն	[paštón]
dever (do empregado)	պարտականություն	[partakanutʰjún]
gama (f) de deveres	շրջանակ	[šrʤanák]
ocupado (adj)	զբաղված	[zbaġváʦ]
despedir, demitir (vt)	հեռացնել	[heraʦʰnél]
demissão (f)	հեռացում	[heraʦʰúm]
desemprego (m)	գործազրկություն	[gorʦazrkutʰjún]
desempregado (m)	գործազուրկ	[gorʦazúrk]
aposentadoria (f)	թոշակ	[tʰošák]
aposentar-se (vr)	թոշակի գնալ	[tʰošakí gnál]

124. Gente de negócios

diretor (m)	տնօրեն	[tnorén]
gerente (m)	կառավարիչ	[karavaríč]
patrão, chefe (m)	ղեկավար	[ġekavár]
superior (m)	պետ	[pet]
superiores (m pl)	ղեկավարություն	[ġekavarutʰjún]
presidente (m)	նախագահ	[naχagáh]
chairman (m)	նախագահ	[naχagáh]
substituto (m)	տեղակալ	[teġakál]
assistente (m)	օգնական	[ognakán]

secretário (m)	քարտուղար	[kʰartuġár]
secretário (m) pessoal	անձնական քարտուղար	[anʣnakán kʰartuġár]
homem (m) de negócios	գործարար	[goʦarár]
empreendedor (m)	ձեռներեց	[ʣernereʦʰ]
fundador (m)	հիմնադիր	[himnadír]
fundar (vt)	հիմնադրել	[himnadrél]
principiador (m)	սահմանադրող	[sahmmanadróġ]
parceiro, sócio (m)	գործընկեր	[goʦənkér]
acionista (m)	բաժնետեր	[baʒnetér]
milionário (m)	միլիոնատեր	[milionatér]
bilionário (m)	միլիարդեր	[miliardatér]
proprietário (m)	սեփականատեր	[sepʰakanatér]
proprietário (m) de terras	հողատեր	[hoġatér]
cliente (m)	հաճախորդ	[hačaχórd]
cliente (m) habitual	մշտական հաճախորդ	[mštakán hačaχórd]
comprador (m)	գնորդ	[gnord]
visitante (m)	հաճախորդ	[hačaχórd]
profissional (m)	պրոֆեսիոնալ	[profesionál]
perito (m)	փորձագետ	[pʰorʣagét]
especialista (m)	մասնագետ	[masnagét]
banqueiro (m)	բանկատեր	[bankatér]
corretor (m)	բրոկեր	[bróker]
caixa (m, f)	գանձապահ	[ganʣapáh]
contador (m)	հաշվապահ	[hašvapáh]
guarda (m)	անվտանգության աշխատակից	[anvtangutʰján ašχatakíʦʰ]
investidor (m)	ներդրող	[nerdróġ]
devedor (m)	պարտապան	[partapán]
credor (m)	վարկառու	[varkarú]
mutuário (m)	փոխառու	[pʰoχarú]
importador (m)	ներկրող	[nerkróġ]
exportador (m)	արտահանող	[artahanóġ]
produtor (m)	արտադրող	[artadróġ]
distribuidor (m)	դիստրիբյուտոր	[distribjutór]
intermediário (m)	միջնորդ	[miʤnórd]
consultor (m)	խորհրդատու	[χorhrdatú]
representante comercial	ներկայացուցիչ	[nerkajaʦʰuʦʰíč]
agente (m)	գործակալ	[goʦakál]
agente (m) de seguros	ապահովագրական գործակալ	[apahovagrakán goʦakál]

125. Profissões de serviços

cozinheiro (m)	խոհարար	[χoharár]
chefe (m) de cozinha	շեֆ-խոհարար	[šéf χoharár]

padeiro (m)	հացթուխ	[hatsʰtʰúχ]
barman (m)	բարմեն	[barmén]
garçom (m)	մատուցող	[matutsʰóġ]
garçonete (f)	մատուցողուհի	[matutsʰoġuhí]
advogado (m)	փաստաբան	[pʰastabán]
jurista (m)	իրավաբան	[iravabán]
notário (m)	նոտար	[notár]
eletricista (m)	մոնտյոր	[montjor]
encanador (m)	սանտեխնիկ	[santeχník]
carpinteiro (m)	ատաղձագործ	[ataġdzagórts]
massagista (m)	մերսող	[mersóġ]
massagista (f)	մերսող	[mersóġ]
médico (m)	բժիշկ	[bʒišk]
taxista (m)	տաքսու վարորդ	[taksú varórd]
condutor (automobilista)	վարորդ	[varórd]
entregador (m)	առաքիչ	[arakʰíč]
camareira (f)	սպասավորուհի	[spasavoruhí]
guarda (m)	անվտանգության աշխատակից	[anvtangutʰján ašχatakítsʰ]
aeromoça (f)	ուղեկցորդուհի	[uġektsʰorduhí]
professor (m)	ուսուցիչ	[usutsʰíč]
bibliotecário (m)	գրադարանավար	[gradaranavár]
tradutor (m)	թարգմանիչ	[tʰargmaníč]
intérprete (m)	թարգմանիչ	[tʰargmaníč]
guia (m)	գիդ	[gid]
cabeleireiro (m)	վարսահարդար	[varsahardár]
carteiro (m)	փոստատար	[pʰostatár]
vendedor (m)	վաճառող	[vačaróġ]
jardineiro (m)	այգեպան	[ajgepán]
criado (m)	աղախին	[aġaχín]
criada (f)	աղախին	[aġaχín]
empregada (f) de limpeza	հավաքարար	[havakʰarár]

126. Profissões militares e postos

soldado (m) raso	շարքային	[šarkʰajín]
sargento (m)	սերժանտ	[serʒánt]
tenente (m)	լեյտենանտ	[lejtenánt]
capitão (m)	կապիտան	[kapitán]
major (m)	մայոր	[majór]
coronel (m)	գնդապետ	[gndapét]
general (m)	գեներալ	[generál]
marechal (m)	մարշալ	[maršál]
almirante (m)	ադմիրալ	[admirál]
militar (m)	զինվորական	[zinvorakán]

soldado (m)	զինվոր	[zinvór]
oficial (m)	սպա	[spa]
comandante (m)	հրամանատար	[hramanatár]
guarda (m) de fronteira	սահմանապահ	[sahmanapáh]
operador (m) de rádio	ռադիոկապավոր	[radiokapavór]
explorador (m)	հետախույզ	[hetaχújz]
sapador-mineiro (m)	սակրավոր	[sakravór]
atirador (m)	հրաձիգ	[hradzíg]
navegador (m)	ղեկապետ	[ġekapét]

127. Oficiais. Padres

rei (m)	թագավոր	[tʰagavór]
rainha (f)	թագուհի	[tʰaguhí]
príncipe (m)	արքայազն	[arkʰajázn]
princesa (f)	արքայադուստր	[arkʰajadústr]
czar (m)	թագավոր	[tʰagavór]
czarina (f)	թագուհի	[tʰaguhí]
presidente (m)	նախագահ	[naχagáh]
ministro (m)	նախարար	[naχarár]
primeiro-ministro (m)	վարչապետ	[varčapét]
senador (m)	սենատոր	[senatór]
diplomata (m)	դիվանագետ	[divanagét]
cônsul (m)	հյուպատոս	[hjupatós]
embaixador (m)	դեսպան	[despán]
conselheiro (m)	խորհրդական	[χorhrdakán]
funcionário (m)	պետական պաշտոնյա	[petakán paštonjá]
prefeito (m)	ոստիկանապետ	[vostikanapét]
Presidente (m) da Câmara	քաղաքապետ	[kʰaġakapét]
juiz (m)	դատավոր	[datavór]
procurador (m)	դատախազ	[dataχáz]
missionário (m)	միսիոներ	[misionér]
monge (m)	վանական	[vanakán]
abade (m)	աբբատ	[abbát]
rabino (m)	ռավվին	[ravvín]
vizir (m)	վեզիր	[vezír]
xá (m)	շահ	[šah]
xeique (m)	շեյխ	[šejχ]

128. Profissões agrícolas

abelheiro (m)	մեղվապահ	[meġvapáh]
pastor (m)	հովիվ	[hovív]

agrônomo (m)	ագրոնոմ	[agronóm]
criador (m) de gado	անասնաբույծ	[anasnabújts]
veterinário (m)	անասնաբույժ	[anasnabújʒ]
agricultor, fazendeiro (m)	ֆերմեր	[fermér]
vinicultor (m)	գինեգործ	[ginegórts]
zoólogo (m)	կենդանաբան	[kendanabán]
vaqueiro (m)	կովբոյ	[kovbój]

129. Profissões artísticas

ator (m)	դերասան	[derasán]
atriz (f)	դերասանուհի	[derasanuhí]
cantor (m)	երգիչ	[ergíč]
cantora (f)	երգչուհի	[ergčuhí]
bailarino (m)	պարող	[paróġ]
bailarina (f)	պարուհի	[paruhí]
artista (m)	դերասան	[derasán]
artista (f)	դերասանուհի	[derasanuhí]
músico (m)	երաժիշտ	[eraʒíšt]
pianista (m)	դաշնակահար	[dašnakahár]
guitarrista (m)	կիթառահար	[kit^{h}arahár]
maestro (m)	դիրիժոր	[diriʒor]
compositor (m)	կոմպոզիտոր	[kompozitór]
empresário (m)	իմպրեսարիո	[impresário]
diretor (m) de cinema	ռեժիսոր	[reʒisjor]
produtor (m)	պրոդյուսեր	[prodjusér]
roteirista (m)	սցենարի հեղինակ	[sts^{h}enarí heġinák]
crítico (m)	քննադատ	[k^{h}nnadát]
escritor (m)	գրող	[groġ]
poeta (m)	բանաստեղծ	[banastéġts]
escultor (m)	քանդակագործ	[k^{h}andakagórts]
pintor (m)	նկարիչ	[nkaríč]
malabarista (m)	ձեռնածու	[dzernatsú]
palhaço (m)	ծաղրածու	[tsaġratsú]
acrobata (m)	ակրոբատ	[akrobát]
ilusionista (m)	աճպարար	[ačparár]

130. Várias profissões

médico (m)	բժիշկ	[bʒišk]
enfermeira (f)	բուժքույր	[buʒk^{h}újr]
psiquiatra (m)	հոգեբույժ	[hogebújʒ]
dentista (m)	ատամնաբույժ	[atamnabújʒ]

cirurgião (m)	վիրաբույժ	[virabújʒ]
astronauta (m)	աստղանավորդ	[astġanavórd]
astrônomo (m)	աստղագետ	[astġagét]
piloto (m)	օդաչու	[odačú]
motorista (m)	վարորդ	[varórd]
maquinista (m)	մեքենավար	[mekʰenavár]
mecânico (m)	մեխանիկ	[meχaník]
mineiro (m)	հանքափոր	[hankʰapʰór]
operário (m)	բանվոր	[banvór]
serralheiro (m)	փականագործ	[pʰakanagórʦ]
marceneiro (m)	ատաղձագործ	[ataġʣagórʦ]
torneiro (m)	խառատ	[χarát]
construtor (m)	շինարար	[šinarár]
soldador (m)	զոդագործ	[zodagórʦ]
professor (m)	պրոֆեսոր	[profesór]
arquiteto (m)	ճարտարապետ	[čartarapét]
historiador (m)	պատմաբան	[patmabán]
cientista (m)	գիտնական	[gitnakán]
físico (m)	ֆիզիկոս	[fizikós]
químico (m)	քիմիկոս	[kʰimikós]
arqueólogo (m)	հնագետ	[hnagét]
geólogo (m)	երկրաբան	[erkrabán]
pesquisador (cientista)	հետազոտող	[hetazotóġ]
babysitter, babá (f)	դայակ	[daják]
professor (m)	մանկավարժ	[mankavárʒ]
redator (m)	խմբագիր	[χmbagír]
redator-chefe (m)	գլխավոր խմբագիր	[glχavór χmbagír]
correspondente (m)	թղթակից	[tʰġtʰakíʦʰ]
datilógrafa (f)	մեքենագրուհի	[mekʰenagruhí]
designer (m)	դիզայներ	[dizajnér]
especialista (m) em informática	համակարգչի մասնագետ	[hamakargčí masnagét]
programador (m)	ծրագրավորող	[ʦragravoróġ]
engenheiro (m)	ինժեներ	[inʒenér]
marujo (m)	ծովային	[ʦovajín]
marinheiro (m)	նավաստի	[navastí]
socorrista (m)	փրկարար	[pʰrkarár]
bombeiro (m)	հրշեջ	[hršeʤ]
polícia (m)	ոստիկան	[vostikán]
guarda-noturno (m)	պահակ	[pahák]
detetive (m)	խուզարկու	[χuzarkú]
funcionário (m) da alfândega	մաքսավոր	[makʰsavór]
guarda-costas (m)	թիկնապահ	[tʰiknapáh]
guarda (m) prisional	պահակ	[pahák]
inspetor (m)	տեսուչ	[tesúč]
esportista (m)	մարզիկ	[marzík]

treinador (m)	մարզիչ	[marzíč]
açougueiro (m)	մսավաճառ	[msavačár]
sapateiro (m)	կոշկակար	[koškakár]
comerciante (m)	առևտրական	[arevtrakán]
carregador (m)	բեռնակիր	[bernakír]
estilista (m)	մոդելյեր	[modelér]
modelo (f)	մոդել	[modél]

131. Ocupações. Estatuto social

estudante (~ de escola)	աշակերտ	[ašakért]
estudante (~ universitária)	ուսանող	[usanóġ]
filósofo (m)	փիլիսոփա	[p^{h}ilisopá]
economista (m)	տնտեսագետ	[tntesagét]
inventor (m)	գյուտարար	[gjutarár]
desempregado (m)	գործազուրկ	[gortsazúrk]
aposentado (m)	թոշակառու	[t^{h}ošakarú]
espião (m)	լրտես	[lrtes]
preso, prisioneiro (m)	բանտարկյալ	[bantarkjál]
grevista (m)	գործադուլավոր	[gortsadulavór]
burocrata (m)	բյուրոկրատ	[bjurokrát]
viajante (m)	ճանապարհորդ	[čanaparhórd]
homossexual (m)	համասեռամոլ	[hamaseramól]
hacker (m)	խակեր	[χakér]
bandido (m)	ավազակ	[avazák]
assassino (m)	վարձու մարդասպան	[vardzú mardaspán]
drogado (m)	թմրամոլ	[t^{h}mramól]
traficante (m)	թմրավաճառ	[t^{h}mravačár]
prostituta (f)	պոռնիկ	[porník]
cafetão (m)	կավատ	[kavát]
bruxo (m)	կախարդ	[kaχárd]
bruxa (f)	կախարդուհի	[kaχarduhí]
pirata (m)	ծովահեն	[tsovahén]
escravo (m)	ստրուկ	[struk]
samurai (m)	սամուրայ	[samuráj]
selvagem (m)	վայրագ	[vajrág]

Desportos

132. Tipos de desportos. Desportistas

esportista (m)	մարզիկ	[marzík]
tipo (m) de esporte	մարզաձև	[marzadzév]
basquete (m)	բասկետբոլ	[basketból]
jogador (m) de basquete	բասկետբոլիստ	[basketbolíst]
beisebol (m)	բեյսբոլ	[bejsból]
jogador (m) de beisebol	բեյսբոլիստ	[bejsbolíst]
futebol (m)	ֆուտբոլ	[futból]
jogador (m) de futebol	ֆուտբոլիստ	[futbolíst]
goleiro (m)	դարպասապահ	[darpasapáh]
hóquei (m)	հոկեյ	[hokéj]
jogador (m) de hóquei	հոկեյիստ	[hokeíst]
vôlei (m)	վոլեյբոլ	[volejból]
jogador (m) de vôlei	վոլեյբոլիստ	[volejbolíst]
boxe (m)	բռնցքամարտ	[brntsʰkʰamárt]
boxeador (m)	բռնցքամարտիկ	[brntsʰkʰamartík]
luta (f)	ըմբշամարտ	[əmbšamárt]
lutador (m)	ըմբիշ	[əmbíš]
caratê (m)	կարատե	[karaté]
carateca (m)	կարատեիստ	[karateíst]
judô (m)	ձյուդո	[dzjudó]
judoca (m)	ձյուդոիստ	[dzjudoíst]
tênis (m)	թենիս	[tʰenís]
tenista (m)	թենիսիստ	[tʰenisíst]
natação (f)	լող	[loġ]
nadador (m)	լողորդ	[loġórd]
esgrima (f)	սուսերամարտ	[suseramárt]
esgrimista (m)	սուսերամարտիկ	[suseramartík]
xadrez (m)	շախմատ	[šaχmát]
jogador (m) de xadrez	շախմատիստ	[šaχmatíst]
alpinismo (m)	լեռնագնացություն	[lernagnatsʰutʰjún]
alpinista (m)	լեռնագնաց	[lernagnátsʰ]
corrida (f)	մրցավազք	[mrtsʰavázkʰ]

corredor (m)	մրցավազող	[mrtsʰavazóġ]
atletismo (m)	թեթև ատլետիկա	[tʰetʰév atlétika]
atleta (m)	ատլետ	[atlét]
hipismo (m)	ձիասպորտ	[dziaspórt]
cavaleiro (m)	հեծյալ	[hetsjál]
patinação (f) artística	գեղասահք	[geġasáhkʰ]
patinador (m)	գեղասահորդ	[geġasahórd]
patinadora (f)	գեղասահորդուհի	[geġasahorduhí]
halterofilismo (m)	ծանրամարտ	[tsanramárt]
halterofilista (m)	ծանրամարտիկ	[tsanramartík]
corrida (f) de carros	ավտոմրցարշավ	[avtomrtsʰaršáv]
piloto (m)	ավտոմրցարշավորդ	[avtomrtsʰaršavórd]
ciclismo (m)	հեծանվասպորտ	[hetsanvaspórt]
ciclista (m)	հեծանվորդ	[hetsanvórd]
salto (m) em distância	երկարացատկ	[erkaratsʰátk]
salto (m) com vara	ձողով ցատկ	[dzoġóv tsʰatk]
atleta (m) de saltos	ցատկորդ	[tsʰatkórd]

133. Tipos de desportos. Diversos

futebol (m) americano	ամերիկյան ֆուտբոլ	[amerikján futból]
badminton (m)	բադմինտոն	[badmintón]
biatlo (m)	բիատլոն	[biatlón]
bilhar (m)	բիլյարդ	[biljárd]
bobsled (m)	բոբսլեյ	[bobsléj]
musculação (f)	բոդիբիլդինգ	[bodibílding]
polo (m) aquático	ջրային պոլո	[dʒrajín pólo]
handebol (m)	գանդբոլ	[gandból]
golfe (m)	գոլֆ	[golf]
remo (m)	թիավարություն	[tʰiavarutʰjún]
mergulho (m)	դայվինգ	[dájving]
corrida (f) de esqui	դահուկային մրցավազք	[dahukajín mrtsʰavázkʰ]
tênis (m) de mesa	սեղանի թենիս	[seġaní tʰenís]
vela (f)	առագաստանավային սպորտ	[aragastanavajín sport]
rali (m)	ավտոմրցարշավ	[avtomrtsʰaršáv]
rúgbi (m)	ռեգբի	[régbi]
snowboard (m)	սնոուբորդ	[snoubórd]
arco-e-flecha (m)	նետաձգություն	[netadzgutʰjún]

134. Ginásio

barra (f)	ծանրաձող	[tsanradzóġ]
halteres (m pl)	մարզագնդեր	[marzagndér]

aparelho (m) de musculação	մարզային սարքավորանք	[marzajín sarkavoránkʰ]
bicicleta (f) ergométrica	հեծանվային մարզասարք	[hetsanvajín marzasárkʰ]
esteira (f) de corrida	վազքուղի	[vazkʰuġí]
barra (f) fixa	մարզաձող	[marzadzóġ]
barras (f pl) paralelas	զուգափայտեր	[zugapʰajtér]
cavalo (m)	նժույգ	[nʒujg]
tapete (m) de ginástica	մատ	[mat]
aeróbica (f)	աէրոբիկա	[aēróbika]
ioga, yoga (f)	յոգա	[jóga]

135. Hóquei

hóquei (m)	հոկեյ	[hokéj]
jogador (m) de hóquei	հոկեյիստ	[hokeíst]
jogar hóquei	հոկեյ խաղալ	[hokéj χaġál]
gelo (m)	սառույց	[sarújtsʰ]
disco (m)	տափօղակ	[tapʰoġák]
taco (m) de hóquei	մական	[makán]
patins (m pl) de gelo	չմուշկներ	[čmušknér]
muro (m)	եզրակող	[ezrakóġ]
tiro (m)	նետում	[netúm]
goleiro (m)	դարպասապահ	[darpasapáh]
gol (m)	գոլ	[gol]
marcar um gol	գոլ խփել	[gol χpʰel]
tempo (m)	խաղաշրջան	[χaġašrdʒán]
banco (m) de reservas	պահեստայինների նստարան	[pahestajinnerí nstarán]

136. Futebol

futebol (m)	ֆուտբոլ	[futból]
jogador (m) de futebol	ֆուտբոլիստ	[futbolíst]
jogar futebol	ֆուտբոլ խաղալ	[futból χaġál]
Time (m) Principal	բարձրագույն լիգա	[bardzragújn líga]
time (m) de futebol	ֆուտբոլային ակումբ	[futbolajín akúmb]
treinador (m)	մարզիչ	[marzíč]
proprietário (m)	սեփականատեր	[sepʰakanatér]
equipe (f)	թիմ	[tʰim]
capitão (m)	թմի ավագ	[tʰmi avág]
jogador (m)	խաղացող	[χaġatsʰóġ]
jogador (m) reserva	պահեստային խաղացող	[pahestajín χaġatsʰóġ]
atacante (m)	հարձակվող	[hardzakvóġ]
centroavante (m)	կենտրոնական հարձակվող	[kentronakán hardzakvóġ]

marcador (m)	ռմբարկու	[rmbarkú]
defesa (m)	պաշտպան	[paštpán]
meio-campo (m)	կիսապաշտպան	[kisapaštpán]
jogo (m), partida (f)	հանդիպում	[handipúm]
encontrar-se (vr)	հանդիպել	[handipél]
final (m)	եզրափակիչ	[ezrap^{h}akíč]
semifinal (f)	կիսաեզրափակիչ	[kisaezrap^{h}akíč]
campeonato (m)	առաջնություն	[aradʒnut^{h}jún]
tempo (m)	խաղակես	[χaġakés]
primeiro tempo (m)	առաջին խաղակես	[aradʒín χaġakés]
intervalo (m)	ընդմիջում	[əndmidʒúm]
goleira (f)	դարպաս	[darpás]
goleiro (m)	դարպասապահ	[darpasapáh]
trave (f)	դարպասաձող	[darpasadzóġ]
travessão (m)	դարպասաձող	[darpasadzóġ]
rede (f)	ցանց	[ts^{h}ants^{h}]
tomar um gol	գոլ բաց թողնել	[gol báts^{h} t^{h}oġnél]
bola (f)	գնդակ	[gndak]
passe (m)	փոխանցում	[p^{h}oχants^{h}úm]
chute (m)	հարված	[harváts]
chutar (vt)	հարվածել	[harvatsél]
pontapé (m)	տուգանային հարված	[tuganajín harváts]
escanteio (m)	անկյունային հարված	[ankjunajín harváts]
ataque (m)	հարձակում	[hardzakúm]
contra-ataque (m)	հակահարձակում	[hakahardzakúm]
combinação (f)	կոմբինացիա	[kombináts^{h}ia]
árbitro (m)	մրցավար	[mrts^{h}avár]
apitar (vi)	սուլել	[sulél]
apito (m)	սուլիչ	[sulíč]
falta (f)	խախտում	[χaχtúm]
cometer a falta	խախտել	[χaχtél]
expulsar (vt)	դաշտից հեռացնել	[daštíts^{h} herats^{h}nél]
cartão (m) amarelo	դեղին քարտ	[deġín k^{h}art]
cartão (m) vermelho	կարմիր քարտ	[karmír k^{h}árt]
desqualificação (f)	որակազրկում	[vorakazrkúm]
desqualificar (vt)	որակազրկել	[vorakazrkél]
pênalti (m)	տասնմեկ մետրանոց տուգանային հարված	[tasnmék metranóts^{h} tuganajín harváts]
barreira (f)	պատնեշ	[patnéš]
marcar (vt)	խփել	[χp^{h}el]
gol (m)	գոլ	[gol]
marcar um gol	գոլ խփել	[gol χp^{h}el]
substituição (f)	փոխարինում	[p^{h}oχarinúm]
substituir (vt)	փոխարինել	[p^{h}oχarinél]
regras (f pl)	կանոն	[kanón]
tática (f)	մարտավարություն	[martavarut^{h}jún]
estádio (m)	մարզադաշտ	[marzadášt]

arquibancadas (f pl)	տրիբունա	[tribúna]
fã, torcedor (m)	ֆուտբոլասեր	[futbolasér]
gritar (vi)	գոռալ	[gorál]
placar (m)	լուսատախտակ	[lusataχták]
resultado (m)	հաշիվ	[hašív]
derrota (f)	պարտություն	[partutʰjún]
perder (vt)	պարտվել	[partvél]
empate (m)	ոչ ոքի	[voč vokʰí]
empatar (vi)	ոչ ոքի խաղալ	[voč vokʰí χaġál]
vitória (f)	հաղթանակ	[haġtʰanák]
vencer (vi, vt)	հաղթել	[haġtʰél]
campeão (m)	չեմպիոն	[čempión]
melhor (adj)	լավագույն	[lavagújn]
felicitar (vt)	շնորհավորել	[šnorhavorél]
comentarista (m)	մեկնաբան	[meknabán]
comentar (vt)	մեկնաբանել	[meknabanél]
transmissão (f)	հեռարձակում	[herardzakúm]

137. Esqui alpino

esqui (m)	դահուկներ	[dahuknér]
esquiar (vi)	դահուկներով սահել	[dahukneróv sahél]
estação (f) de esqui	լեռնադահուկային առողջարան	[lernadahukajín aroġdʒarán]
teleférico (m)	ճոպանուղի	[čopanuġí]
bastões (m pl) de esqui	փայտեր	[pʰajtér]
declive (m)	սարալանջ	[saralándʒ]
slalom (m)	սլալոմ	[slálom]

138. Tênis. Golfe

golfe (m)	գոլֆ	[golf]
clube (m) de golfe	գոլֆ-ակումբ	[golf akúmb]
jogador (m) de golfe	գոլֆ խաղացող	[golf χaġatsʰóġ]
buraco (m)	խաղափոսիկ	[χaġapʰosík]
taco (m)	մական	[makán]
trolley (m)	մականների սայլակ	[makannerí sajlák]
tênis (m)	թենիս	[tʰenís]
quadra (f) de tênis	հարթակ	[hartʰák]
saque (m)	նետում	[netúm]
sacar (vi)	նետել	[netél]
raquete (f)	ռակետ	[rakét]
rede (f)	ցանց	[tsʰantsʰ]
bola (f)	գնդակ	[gndak]

139. Xadrez

xadrez (m)	շախմատ	[šaχmát]
peças (f pl) de xadrez	խաղաքար	[χaġakʰár]
jogador (m) de xadrez	շախմատիստ	[šaχmatíst]
tabuleiro (m) de xadrez	շախմատի տախտակ	[šaχmatí taχták]
peça (f)	խաղաքարեր	[χaġakʰarér]
brancas (f pl)	սպիտակներ	[spitaknér]
pretas (f pl)	սևեր	[sevér]
peão (m)	զինվոր	[zinvór]
bispo (m)	նավակ	[navák]
cavalo (m)	ձի	[ʣi]
torre (f)	փիղ	[pʰiġ]
dama (f)	թագուհի	[tʰaguhí]
rei (m)	արքա	[arkʰá]
vez (f)	խաղաքայլ	[χaġakʰájl]
mover (vt)	խաղալ	[χaġál]
sacrificar (vt)	զոհաբերել	[zohaberél]
roque (m)	փոխատեղում	[pʰoχateġúm]
xeque (m)	շախ	[šaχ]
xeque-mate (m)	մատ	[mat]
torneio (m) de xadrez	շախմատային մրցախաղ	[šaχmatajín mrtsʰaχáġ]
grão-mestre (m)	գրոսմեյստեր	[grosméjster]
combinação (f)	կոմբինացիա	[kombinátsʰia]
partida (f)	պարտիա	[pártia]
jogo (m) de damas	շաշկի	[šaškí]

140. Boxe

boxe (m)	բռնցքամարտ	[brntsʰkʰamárt]
combate (m)	մենամարտ	[menamárt]
luta (f) de boxe	մրցամարտ	[mrtsʰamárt]
round (m)	ռաունդ	[ráund]
ringue (m)	ռինգ	[ring]
gongo (m)	կոչնազանգ	[kočnazáng]
murro, soco (m)	հարված	[harváts]
derrubada (f)	նոկդաուն	[nokdáun]
nocaute (m)	նոկաուտ	[nokáut]
nocautear (vt)	նոկաուտել	[nokautél]
luva (f) de boxe	բռնցքամարտիկի ձեռնոց	[brntsʰkʰamartí dzernótsʰ]
juiz (m)	մրցավար	[mrtsʰavár]
peso-pena (m)	թեթև քաշ	[tʰetʰév kʰaš]
peso-médio (m)	միջին քաշ	[miʤín kʰaš]
peso-pesado (m)	ծանր քաշ	[tsanr kʰaš]

141. Desportos. Diversos

Jogos (m pl) Olímpicos	օլիմպիական խաղեր	[olimpiakán χaġér]
vencedor (m)	հաղթող	[haġtʰóġ]
vencer (vi)	հաղտել	[haġtél]
vencer (vi, vt)	հաղթել	[haġtʰél]
líder (m)	առաջատար	[aradʒatár]
liderar (vt)	գլխավորել	[glχavorél]
primeiro lugar (m)	առաջին տեղ	[aradʒín téġ]
segundo lugar (m)	երկրորդ տեղ	[erkrórd teġ]
terceiro lugar (m)	երրորդ տեղ	[errórd teġ]
medalha (f)	մեդալ	[medál]
troféu (m)	հաղթանշան	[haġtʰanšán]
taça (f)	գավաթ	[gavátʰ]
prêmio (m)	մրցանակ	[mrtsʰanák]
prêmio (m) principal	գլխավոր մրցանակ	[glχavór mrtsʰanák]
recorde (m)	ռեկորդ	[rekórd]
estabelecer um recorde	սահմանել ռեկորդ	[sahmanél rekórd]
final (m)	ավարտ	[avárt]
final (adj)	եզրափակիչ	[ezrapʰakíč]
campeão (m)	չեմպյոն	[čempión]
campeonato (m)	առաջնություն	[aradʒnutʰjún]
estádio (m)	մարզադաշտ	[marzadášt]
arquibancadas (f pl)	տրիբունա	[tribúna]
fã, torcedor (m)	մարզասեր	[marzasér]
adversário (m)	հակառակորդ	[hakarakórd]
partida (f)	մեկնարկ	[meknárk]
linha (f) de chegada	վերջնագիծ	[verdʒnagíts]
derrota (f)	պարտություն	[partutʰjún]
perder (vt)	պարտվել	[partvél]
árbitro, juiz (m)	մրցավար	[mrtsʰavár]
júri (m)	ժյուրի	[ʒjúri]
resultado (m)	հաշիվ	[hašív]
empate (m)	ոչ ոքի	[voč vokʰí]
empatar (vi)	ոչ ոքի խաղալ	[voč vokʰí χaġál]
ponto (m)	միավոր	[miavór]
resultado (m) final	արդյունք	[ardjúnkʰ]
intervalo (m)	ընդմիջում	[əndmidʒúm]
doping (m)	դոպինգ	[dopíng]
penalizar (vt)	տուգանել	[tuganél]
desqualificar (vt)	որակազրկել	[vorakazrkél]
aparelho, aparato (m)	մարզագործիք	[marzagortsíkʰ]
dardo (m)	նիզակ	[nizák]

peso (m)	գունդ	[gund]
bola (f)	գնդակ	[gndak]
alvo, objetivo (m)	նշանակետ	[nšanakét]
alvo (~ de papel)	նշանակետ	[nšanakét]
disparar, atirar (vi)	կրակել	[krakél]
preciso (tiro ~)	ճշգրիտ	[čšgrit]
treinador (m)	մարզիչ	[marzíč]
treinar (vt)	մարզել	[marzél]
treinar-se (vr)	մարզվել	[marzvél]
treino (m)	մարզում	[marzúm]
academia (f) de ginástica	մարզադահլիճ	[marzadahlíč]
exercício (m)	վարժություն	[varʒutʰjún]
aquecimento (m)	նախավարժանք	[naχavarʒánkʰ]

Educação

142. Escola

escola (f)	դպրոց	[dproʦʰ]
diretor (m) de escola	դպրոցի տնօրեն	[dproʦʰí tnorén]
aluno (m)	աշակերտ	[ašakért]
aluna (f)	աշակերտուհի	[ašakertuhí]
estudante (m)	աշակերտ	[ašakért]
estudante (f)	դպրոցական	[dproʦʰakán]
ensinar (vt)	դասավանդել	[dasavandél]
aprender (vt)	սովորել	[sovorél]
decorar (vt)	անգիր անել	[angír anél]
estudar (vi)	սովորել	[sovorél]
estar na escola	սովորել	[sovorél]
ir à escola	դպրոց գնալ	[dpróʦʰ gnal]
alfabeto (m)	այբուբեն	[ajbubén]
disciplina (f)	առարկա	[ararká]
sala (f) de aula	դասարան	[dasarán]
lição, aula (f)	դաս	[das]
recreio (m)	դասամիջոց	[dasamiʤóʦʰ]
toque (m)	զանգ	[zang]
classe (f)	դասասեղան	[dasaseġán]
quadro (m) negro	գրատախտակ	[grataχták]
nota (f)	թվանշան	[tʰvanšán]
boa nota (f)	լավ թվանշան	[lav tʰvanšán]
nota (f) baixa	վատ թվանշան	[vat tʰvanšán]
dar uma nota	թվանշան նշանակել	[tʰvanšán nšanakél]
erro (m)	սխալ	[sχal]
errar (vi)	սխալներ թույլ տալ	[sχalnér tʰujl tal]
corrigir (~ um erro)	ուղղել	[uġġél]
cola (f)	ծածկաթերթիկ	[ʦaʦkatʰertík]
dever (m) de casa	տնային առաջադրանք	[tnajín araʤadránkʰ]
exercício (m)	վարժություն	[varʒutʰjún]
estar presente	ներկա լինել	[nerká linél]
estar ausente	բացակայել	[baʦʰakaél]
punir (vt)	պատժել	[patʒél]
punição (f)	պատիժ	[patíʒ]
comportamento (m)	վարք	[varkʰ]

boletim (m) escolar	օրագիր	[oragír]
lápis (m)	մատիտ	[matít]
borracha (f)	ռետին	[retín]
giz (m)	կավիճ	[kavíč]
porta-lápis (m)	գրչատուփ	[grčatúpʰ]
mala, pasta, mochila (f)	դասապայուսակ	[dasapajusák]
caneta (f)	գրիչ	[grič]
caderno (m)	տետր	[tetr]
livro (m) didático	դասագիրք	[dasagírkʰ]
compasso (m)	կարկին	[karkín]
traçar (vt)	գծագրել	[g͡tsagrél]
desenho (m) técnico	գծագիր	[g͡tsagír]
poesia (f)	բանաստեղծություն	[banasteġ͡tsutʰjún]
de cor	անգիր	[angír]
decorar (vt)	անգիր անել	[angír anél]
férias (f pl)	արձակուրդներ	[ar͡dzakurdnér]
estar de férias	արձակուրդների մեջ լինել	[ar͡dzakurdnerí mé͡dʒ linél]
teste (m), prova (f)	ստուգողական աշխատանք	[stugoġakán ašχatánkʰ]
redação (f)	շարադրություն	[šaradrutʰjún]
ditado (m)	թելադրություն	[tʰeladrutʰjún]
exame (m), prova (f)	քննություն	[kʰnnutʰjún]
fazer prova	քննություն հանձնել	[kʰnnutʰjún han͡dznél]
experiência (~ química)	փորձ	[pʰor͡dz]

143. Colégio. Universidade

academia (f)	ակադեմիա	[akadémia]
universidade (f)	համալսարան	[hamalsarán]
faculdade (f)	ֆակուլտետ	[fakultét]
estudante (m)	ուսանող	[usanóġ]
estudante (f)	ուսանողուհի	[usanoġuhí]
professor (m)	դասախոս	[dasaχós]
auditório (m)	լսարան	[lsarán]
graduado (m)	շրջանավարտ	[šr͡dʒanavárt]
diploma (m)	դիպլոմ	[diplóm]
tese (f)	դիսերտացիա	[disertá͡tsʰia]
estudo (obra)	հետազոտություն	[hetazotutʰjún]
laboratório (m)	լաբորատորիա	[laboratória]
palestra (f)	դասախոսություն	[dasaχosutʰjún]
colega (m) de curso	համակուրսեցի	[hamakurse͡tsʰí]
bolsa (f) de estudos	կրթաթոշակ	[krtʰatʰošák]
grau (m) acadêmico	գիտական աստիճան	[gitakán astičán]

144. Ciências. Disciplinas

matemática (f)	մաթեմատիկա	[matʰemátika]
álgebra (f)	հանրահաշիվ	[hanrahašív]
geometria (f)	երկրաչափություն	[erkračapʰutʰjún]
astronomia (f)	աստղագիտություն	[astġagitutʰjún]
biologia (f)	կենսաբանություն	[kensabanutʰjún]
geografia (f)	աշխարհագրություն	[ašχarhagrutʰjún]
geologia (f)	երկրաբանություն	[erkrabanutʰjún]
história (f)	պատմություն	[patmutʰjún]
medicina (f)	բժշկություն	[bʒškutʰjún]
pedagogia (f)	մանկավարժություն	[mankavarʒutʰjún]
direito (m)	իրավունք	[iravúnkʰ]
física (f)	ֆիզիկա	[fízika]
química (f)	քիմիա	[kʰímia]
filosofia (f)	փիլիսոփայություն	[pʰilisopajutʰjún]
psicologia (f)	հոգեբանություն	[hogebanutʰjún]

145. Sistema de escrita. Ortografia

gramática (f)	քերականություն	[kʰerakanutʰjún]
vocabulário (m)	բառագիտություն	[baragitutʰjún]
fonética (f)	հնչյունաբանություն	[hnčjunabanutʰjún]
substantivo (m)	գոյական	[gojakán]
adjetivo (m)	ածական	[aʦakán]
verbo (m)	բայ	[baj]
advérbio (m)	մակբայ	[makbáj]
pronome (m)	դերանուն	[deranún]
interjeição (f)	ձայնարկություն	[ʣajnarkutʰjún]
preposição (f)	նախդիր	[naχdír]
raiz (f)	արմատ	[armát]
terminação (f)	վերջավորություն	[verʤavorutʰjún]
prefixo (m)	նախածանց	[naχaʦánʦʰ]
sílaba (f)	վանկ	[vank]
sufixo (m)	վերջածանց	[verʤaʦánʦʰ]
acento (m)	շեշտ	[šešt]
apóstrofo (f)	ապաթարց	[apatʰárʦʰ]
ponto (m)	վերջակետ	[verʤakét]
vírgula (f)	ստորակետ	[storakét]
ponto e vírgula (m)	միջակետ	[miʤakét]
dois pontos (m pl)	բութ	[butʰ]
reticências (f pl)	բազմակետ	[bazmakét]
ponto (m) de interrogação	հարցական նշան	[harʦʰakán nšan]
ponto (m) de exclamação	բացականչական նշան	[baʦʰakančakán nšán]

aspas (f pl)	չակերտներ	[čakertnér]
entre aspas	չակերտների մեջ	[čakertnerí méʤ]
parênteses (m pl)	փակագծեր	[p^{h}akagʦér]
entre parênteses	փակագծերի մեջ	[p^{h}akagʦerí meʤ]
hífen (m)	միացման գիծ	[miaʦ^{h}mán giʦ]
travessão (m)	անջատման գիծ	[anʤatmán gíʦ]
espaço (m)	բաց	[baʦ^h]
letra (f)	տառ	[tar]
letra (f) maiúscula	մեծատառ	[meʦatár]
vogal (f)	ձայնավոր	[ʣajnavór]
consoante (f)	բաղաձայն	[baġaʣájn]
frase (f)	նախադասություն	[naχadasut^{h}jún]
sujeito (m)	ենթակա	[ent^{h}aká]
predicado (m)	ստորոգյալ	[storogjál]
linha (f)	տող	[toġ]
em uma nova linha	նոր տողից	[nor toġíʦ^h]
parágrafo (m)	պարբերություն	[parberut^{h}jún]
palavra (f)	բառ	[bar]
grupo (m) de palavras	բառակապակցություն	[barakapakʦ^{h}ut^{h}jún]
expressão (f)	արտահայտություն	[artahajtut^{h}jún]
sinônimo (m)	հոմանիշ	[homaníš]
antônimo (m)	հականիշ	[hakaníš]
regra (f)	կանոն	[kanón]
exceção (f)	բացառություն	[baʦ^{h}arut^{h}jún]
correto (adj)	ճիշտ	[čišt]
conjugação (f)	խոնարհում	[χonarhúm]
declinação (f)	հոլովում	[holovúm]
caso (m)	հոլով	[holóv]
pergunta (f)	հարց	[harʦ^h]
sublinhar (vt)	ընդգծել	[əndgʦél]
linha (f) pontilhada	կետագիծ	[ketagíʦ]

146. Línguas estrangeiras

língua (f)	լեզու	[lezú]
língua (f) estrangeira	օտար լեզու	[otár lezú]
estudar (vt)	ուսումնասիրել	[usumnasirél]
aprender (vt)	սովորել	[sovorél]
ler (vt)	կարդալ	[kardál]
falar (vi)	խոսել	[χosél]
entender (vt)	հասկանալ	[haskanál]
escrever (vt)	գրել	[grel]
rapidamente	արագ	[arág]
devagar, lentamente	դանդաղ	[dandáġ]

fluentemente	ազատ	[azát]
regras (f pl)	կանոն	[kanón]
gramática (f)	քերականություն	[kʰerakanutʰjún]
vocabulário (m)	բառագիտություն	[baragitutʰjún]
fonética (f)	հնչյունաբանություն	[hnčjunabanutʰjún]
livro (m) didático	դասագիրք	[dasagírkʰ]
dicionário (m)	բառարան	[bararán]
manual (m) autodidático	ինքնուսույց	[inkʰnusújʦʰ]
guia (m) de conversação	զրուցարան	[zruʦʰarán]
fita (f) cassete	ձայներիզ	[ʣajneríz]
videoteipe (m)	տեսաերիզ	[tesaeríz]
CD (m)	խտասկավառակ	[χtaskavarák]
DVD (m)	DVD-սկավառակ	[dividí skavarák]
alfabeto (m)	այբուբեն	[ajbubén]
soletrar (vt)	տառերով արտասանել	[tareróv artasanél]
pronúncia (f)	արտասանություն	[artasanutʰjún]
sotaque (m)	ակցենտ	[akʦʰént]
com sotaque	ակցենտով	[akʦʰentóv]
sem sotaque	առանց ակցենտ	[aránʦʰ akʦʰént]
palavra (f)	բառ	[bar]
sentido (m)	իմաստ	[imást]
curso (m)	դասընթաց	[dasəntʰáʦʰ]
inscrever-se (vr)	գրանցվել	[granʦʰvél]
professor (m)	ուսուցիչ	[usuʦʰíč]
tradução (processo)	թարգմանություն	[tʰargmanutʰjún]
tradução (texto)	թարգմանություն	[tʰargmanutʰjún]
tradutor (m)	թարգմանիչ	[tʰargmaníč]
intérprete (m)	թարգմանիչ	[tʰargmaníč]
poliglota (m)	պոլիգլոտ	[poliglót]
memória (f)	հիշողություն	[hišoġutʰjún]

147. Personagens de contos de fadas

Papai Noel (m)	Սանթա Կլաուս	[sántʰa kʰláus]
sereia (f)	ջրահարս	[ʤrahárs]
bruxo, feiticeiro (m)	կախարդ	[kaχárd]
fada (f)	կախարդուհի	[kaχarduhí]
mágico (adj)	կախարդական	[kaχardakán]
varinha (f) mágica	կախարդական փայտիկ	[kaχardakán pʰajtík]
conto (m) de fadas	հեքիաթ	[hekʰiátʰ]
milagre (m)	հրաշք	[hraškʰ]
anão (m)	թզուկ	[tʰzuk]
transformar-se em ...	... դառնալ	[... darnál]
fantasma (m)	ուրվական	[urvakán]

fantasma (m)	ուրվական	[urvakán]
monstro (m)	հրեշ	[hreš]
dragão (m)	դեվ	[dev]
gigante (m)	հսկա	[hska]

148. Signos do Zodíaco

Áries (f)	Խոյ	[χoj]
Touro (m)	Ցուլ	[tsʰul]
Gêmeos (m pl)	Երկվորյակներ	[erkvorjaknér]
Câncer (m)	Խեցգետին	[χetsʰgetín]
Leão (m)	Առյուծ	[arjúts]
Virgem (f)	Կույս	[kujs]
Libra (f)	Կշեռք	[kšerkʰ]
Escorpião (m)	Կարիճ	[karíč]
Sagitário (m)	Աղեղնավոր	[aġeġnavór]
Capricórnio (m)	Այծեղջյուր	[ajtseġdʒjúr]
Aquário (m)	Ջրհոս	[dʒrhos]
Peixes (pl)	Ձկներ	[dzkner]
caráter (m)	բնավորություն	[bnavorutʰjún]
traços (m pl) do caráter	բնավորության գծեր	[bnavorutʰján gtsér]
comportamento (m)	վարքագիծ	[varkʰagíts]
prever a sorte	գուշակել	[gušakél]
adivinha (f)	գուշակ	[gušák]
horóscopo (m)	աստղագուշակ	[astġagušák]

Artes

149. Teatro

teatro (m)	թատրոն	[tʰatrón]
ópera (f)	օպերա	[operá]
opereta (f)	օպերետ	[operét]
balé (m)	բալետ	[balét]
cartaz (m)	ազդագիր	[azdagír]
companhia (f) de teatro	թատերախումբ	[tʰatʰeraχúmb]
turnê (f)	հյուրախաղեր	[hjuraχaġér]
estar em turnê	հյուրախաղերով հանդես գալ	[hjuraχaġeróv handés gál]
ensaiar (vt)	փորձ	[pʰordz]
ensaio (m)	փորձել	[pʰordzél]
repertório (m)	խաղացանկ	[χaġatsʰánk]
apresentação (f)	ներկայացում	[nerkajatsʰúm]
espetáculo (m)	թատերական ներկայացում	[tʰatʰerakán nerkajatsʰúm]
peça (f)	պիես	[piés]
entrada (m)	տոմս	[toms]
bilheteira (f)	տոմսարկղ	[tomsárkġ]
hall (m)	նախասրահ	[naχasráh]
vestiário (m)	հանդերձարան	[handerdzarán]
senha (f) numerada	համարապիտակ	[hamarapiták]
binóculo (m)	հեռադիտակ	[heraditák]
lanterninha (m)	հսկիչ	[hskič]
plateia (f)	պարտեր	[partér]
balcão (m)	պատշգամբ	[patšgámb]
primeiro balcão (m)	դստիկոն	[dstikón]
camarote (m)	օթյակ	[otʰják]
fila (f)	շարք	[šarkʰ]
assento (m)	տեղ	[teġ]
público (m)	հասարակություն	[hasarakutʰjún]
espectador (m)	հանդիսատես	[handisatés]
aplaudir (vt)	ծափահարել	[tsapʰaharél]
aplauso (m)	ծափահարություններ	[tsapʰaharutʰjúnnér]
ovação (f)	բուռն ծափահարություններ	[búrn tsapʰaharutʰjúnnér]
palco (m)	բեմ	[bem]
cortina (f)	վարագույր	[varagújr]
cenário (m)	բեմանկար	[bemankár]
bastidores (m pl)	կուլիսներ	[kulisnér]
cena (f)	տեսարան	[tesarán]
ato (m)	ակտ	[akt]
intervalo (m)	ընդմիջում	[əndmidʒúm]

150. Cinema

ator (m)	դերասան	[derasán]
atriz (f)	դերասանուհի	[derasanuhí]
cinema (m)	կինո	[kinó]
filme (m)	կինոնկար	[kinonkár]
episódio (m)	սերիա	[séria]
filme (m) policial	դետեկտիվ	[detektív]
filme (m) de ação	մարտաֆիլմ	[martafílm]
filme (m) de aventuras	արկածային ֆիլմ	[arkatsajín fílm]
filme (m) de ficção científica	ֆանտաստիկ ֆիլմ	[fantastík fílm]
filme (m) de horror	սարսափ տեսաֆիլմ	[sarsápʰ film]
comédia (f)	կինոկատակերգություն	[kinokatakergutʰjún]
melodrama (m)	մելոդրամա	[melodráma]
drama (m)	դրամա	[dráma]
filme (m) de ficção	գեղարվեստական կինոնկար	[geġarvestakán kinonkár]
documentário (m)	փաստագրական կինոնկար	[pʰastagrakán kinonkár]
desenho (m) animado	մուլտֆիլմ	[martafílm]
cinema (m) mudo	համր ֆիլմ	[hamr film]
papel (m)	դեր	[der]
papel (m) principal	գլխավոր դեր	[glχavór dér]
representar (vt)	խաղալ	[χaġál]
estrela (f) de cinema	կինոաստղ	[kinoástġ]
conhecido (adj)	հայտնի	[hajtní]
famoso (adj)	հայտնի	[hajtní]
popular (adj)	հանրաճանաչ	[hanračanáč]
roteiro (m)	սցենար	[stsʰenár]
roteirista (m)	սցենարի հեղինակ	[stsʰenarí heġinák]
diretor (m) de cinema	ռեժիսոր	[reʒisjor]
produtor (m)	պրոդյուսեր	[prodjusér]
assistente (m)	օգնական	[ognakán]
diretor (m) de fotografia	օպերատոր	[operátor]
dublê (m)	կասկադյոր	[kaskadjor]
filmar (vt)	ֆիլմ նկարահանել	[fílm nkarahanél]
audição (f)	փորձ	[pʰordz]
filmagem (f)	նկարահանումներ	[nkarahanumnér]
equipe (f) de filmagem	նկարահանող խումբ	[nkarahanóġ χumb]
set (m) de filmagem	նկարահանման հարթակ	[nkarahanmán hartʰák]
câmera (f)	տեսախցիկ	[tesaχtsʰík]
cinema (m)	կինոթատրոն	[kinotʰatrón]
tela (f)	էկրան	[ēkrán]
exibir um filme	ֆիլմ ցուցադրել	[fílm tsʰutsʰadrél]
trilha (f) sonora	հնչյունային ուղի	[hnčjunajín uġí]
efeitos (m pl) especiais	հատուկ էֆեկտներ	[hatúk ēfektnér]

legendas (f pl)	ենթագիր	[ent^hagír]
crédito (m)	մակագիր	[makagír]
tradução (f)	թարգմանություն	[t^hargmanut^hjún]

151. Pintura

arte (f)	արվեստ	[arvést]
belas-artes (f pl)	գեղեցիկ արվեստներ	[geġets^hík arvestnér]
galeria (f) de arte	ցուցասրահ	[ts^huts^hasráh]
exibição (f) de arte	նկարների ցուցահանդես	[nkarnerí ts^huts^hahandés]
pintura (f)	գեղանկարչություն	[geġankarčut^hjún]
arte (f) gráfica	գծանկար	[gtsankár]
arte (f) abstrata	աբստրակցիոնիզմ	[abstrakts^hionízm]
impressionismo (m)	իմպրեսիոնիզմ	[impressionízm]
pintura (f), quadro (m)	նկար	[nkar]
desenho (m)	նկար	[nkar]
cartaz, pôster (m)	ձգապաստառ	[dzgapastár]
ilustração (f)	պատկերազարդում	[patkerazardúm]
miniatura (f)	մանրանկարչություն	[manrankarčut^hjún]
cópia (f)	կրկնօրինակ	[krknorinák]
reprodução (f)	վերարտադրություն	[verartadrut^hjún]
mosaico (m)	խճանկար	[χčankár]
vitral (m)	ապակենախշ	[apakenáχš]
afresco (m)	որմնանկար	[vormnankár]
gravura (f)	փորագրանկար	[p^horagrankár]
busto (m)	կիսանդրի	[kisandrí]
escultura (f)	քանդակ	[k^handák]
estátua (f)	արձան	[ardzán]
gesso (m)	գիպս	[gips]
em gesso (adj)	գիպսե	[gipsé]
retrato (m)	դիմանկար	[dimankár]
autorretrato (m)	ինքնապատկեր	[ink^hnapatkér]
paisagem (f)	բնապատկեր	[bnapatkér]
natureza (f) morta	նատյուրմորտ	[natjurmórt]
caricatura (f)	ծաղրանկար	[tsaġrankár]
esboço (m)	ուրվանկար	[urvankár]
tinta (f)	ներկ	[nerk]
aquarela (f)	ջրաներկ	[dʒranérk]
tinta (f) a óleo	յուղաներկ	[juġanérk]
lápis (m)	մատիտ	[matít]
tinta (f) nanquim	ստվերաներկ	[stveranérk]
carvão (m)	ածխամատիտ	[atsχamatít]
desenhar (vt)	նկարել	[nkarél]
pintar (vt)	նկարել	[nkarél]
posar (vi)	կեցվածք ընդունել	[kets^hvátsk^h əndunél]
modelo (m)	բնորդ	[bnord]

modelo (f)	բնորդուհի	[bnorduhí]
pintor (m)	նկարիչ	[nkaríč]
obra (f)	ստեղծագործություն	[steġtsagortsutʰjún]
obra-prima (f)	գլուխգործոց	[gluχgortsótsʰ]
estúdio (m)	արվեստանոց	[arvestanótsʰ]
tela (f)	կտավ	[ktav]
cavalete (m)	նկարակալ	[nkarakál]
paleta (f)	ներկապնակ	[nerkapnák]
moldura (f)	շրջանակ	[šrdʒanák]
restauração (f)	վերականգնում	[verakangnúm]
restaurar (vt)	վերականգնել	[verakangnél]

152. Literatura & Poesia

literatura (f)	գրականություն	[grakanutʰjún]
autor (m)	հեղինակ	[heġinák]
pseudônimo (m)	մականուն	[makanún]
livro (m)	գիրք	[girkʰ]
volume (m)	հատոր	[hatór]
índice (m)	բովանդակություն	[bovandakutʰjún]
página (f)	էջ	[ēdʒ]
protagonista (m)	գլխավոր հերոս	[glχavór herós]
autógrafo (m)	ինքնագիր	[inkʰnagír]
conto (m)	պատմվածք	[patmvátskʰ]
novela (f)	վեպ	[vep]
romance (m)	սիրավեպ	[siravép]
obra (f)	ստեղծագործություն	[steġtsagortsutʰjún]
fábula (m)	առակ	[arák]
romance (m) policial	դետեկտիվ	[detektív]
verso (m)	բանաստեղծություն	[banasteġtsutʰjún]
poesia (f)	բանաստեղծություն	[banasteġtsutʰjún]
poema (m)	պոեմ	[poém]
poeta (m)	բանաստեղծ	[banastéġts]
ficção (f)	արձակագրություն	[ardzakagrutʰjún]
ficção (f) científica	գիտական ֆանտաստիկա	[gitakán fantástika]
aventuras (f pl)	արկածներ	[arkatsnér]
literatura (f) didática	ուսուցողական գրականություն	[usutsʰoġakán grakanutʰjún]
literatura (f) infantil	մանկական գրականություն	[mankakán grakanutʰjún]

153. Circo

circo (m)	կրկես	[krkes]
circo (m) ambulante	շապիտո կրկես	[šapitó krkés]
programa (m)	ծրագիր	[tsragír]
apresentação (f)	ներկայացում	[nerkajatsʰúm]

número (m)	համար	[hamár]
picadeiro (f)	հրապարակ	[hraparák]
pantomima (f)	մնջախաղ	[mndʒaχáġ]
palhaço (m)	ծաղրածու	[tsaġratsú]
acrobata (m)	ակրոբատ	[akrobát]
acrobacia (f)	ակրոբատիկա	[akrobátika]
ginasta (m)	մարմնամարզիկ	[marmnamarzík]
ginástica (f)	մարմնամարզություն	[marmnamarzutʰjún]
salto (m) mortal	սալտո	[sálto]
homem (m) forte	ծանրամարտիկ	[tsanramartík]
domador (m)	վարժեցնող	[varʒetsʰnóġ]
cavaleiro (m) equilibrista	հեծյալ	[hetsjál]
assistente (m)	օգնական	[ognakán]
truque (m)	տրյուկ	[trjuk]
truque (m) de mágica	աճպարարություն	[ačpararutʰjún]
ilusionista (m)	աճպարար	[ačparár]
malabarista (m)	ձեռնածու	[dzernatsú]
fazer malabarismos	ձեռնածություն անել	[dzernatsutʰjún anél]
adestrador (m)	վարժեցնող	[varʒetsʰnóġ]
adestramento (m)	վարժեցում	[vaʒetsʰúm]
adestrar (vt)	վարժեցնել	[varʒetsʰnél]

154. Música. Música popular

música (f)	երաժշտություն	[eraʒštutʰjún]
músico (m)	երաժիշտ	[eraʒíšt]
instrumento (m) musical	երաժշտական գործիք	[eraʒštakán gortsíkʰ]
tocar ...	նվագել ...	[nvagél ...]
guitarra (f)	կիթառ	[kitʰár]
violino (m)	ջութակ	[dʒutʰák]
violoncelo (m)	թավջութակ	[tʰavdʒutʰák]
contrabaixo (m)	կոնտրաբաս	[kontrabás]
harpa (f)	տավիղ	[tavíġ]
piano (m)	դաշնամուր	[dašnamúr]
piano (m) de cauda	դաշնամուր	[dašnamúr]
órgão (m)	երգեհոն	[ergehón]
instrumentos (m pl) de sopro	փողավոր գործիքներ	[pʰoġavór gortsikʰnér]
oboé (m)	հոբոյ	[hobój]
saxofone (m)	սաքսոֆոն	[sakʰsofón]
clarinete (m)	կլառնետ	[klarnét]
flauta (f)	ֆլեյտա	[fléjta]
trompete (m)	շեփոր	[šepʰór]
acordeão (m)	ակորդեոն	[akordeón]
tambor (m)	թմբուկ	[tʰmbuk]
dueto (m)	դուետ	[duét]

trio (m)	եռյակ	[erják]
quarteto (m)	քառյակ	[kʰarják]
coro (m)	երգչախումբ	[ergčaχúmb]
orquestra (f)	նվագախումբ	[nvagaχúmb]
música (f) pop	պոպ երաժշտություն	[pop eraʒštutʰjún]
música (f) rock	ռոք երաժշտություն	[rokʰ eraʒštutʰjún]
grupo (m) de rock	ռոք երաժշտական խումբ	[rokʰ eraʒštakán χúmb]
jazz (m)	ջազ	[dʒaz]
ídolo (m)	կուռք	[kurkʰ]
fã, admirador (m)	երկրպագու	[erkrpagú]
concerto (m)	համերգ	[hamérg]
sinfonia (f)	սիմֆոնիա	[simfónia]
composição (f)	ստեղծագործություն	[steġtsagortsutʰjún]
compor (vt)	ստեղծագործել	[steġtsagortsél]
canto (m)	երգ	[erg]
canção (f)	երգ	[erg]
melodia (f)	մեղեդի	[meġedí]
ritmo (m)	ռիթմ	[ritʰm]
blues (m)	բլյուզ	[bljuz]
notas (f pl)	նոտաներ	[notanér]
batuta (f)	փայտիկ	[pʰajtík]
arco (m)	աղեղ	[aġéġ]
corda (f)	լար	[lar]
estojo (m)	պատյան	[patján]

Descanso. Entretenimento. Viagens

155. Viagens

turismo (m)	զբոսաշրջություն	[zbosašrʤutʰjún]
turista (m)	զբոսաշրջիկ	[zbosašrʤík]
viagem (f)	ճանապարհորդություն	[čanaparhordutʰjún]
aventura (f)	արկած	[arkáʦ]
percurso (curta viagem)	ուղևորություն	[uġevorutʰjún]
férias (f pl)	արձակուրդ	[arʣakúrd]
estar de férias	արձակուրդի մեջ լինել	[arʣakurdí méʤ linél]
descanso (m)	հանգիստ	[hangíst]
trem (m)	գնացք	[gnaʦʰkʰ]
de trem (chegar ~)	գնացքով	[gnaʦʰkʰóv]
avião (m)	ինքնաթիռ	[inkʰnatʰír]
de avião	ինքնաթիռով	[inkʰnatʰiróv]
de carro	ավտոմեքենայով	[avtomekʰenajóv]
de navio	նավով	[navóv]
bagagem (f)	ուղեբեռ	[uġebér]
mala (f)	ճամպրուկ	[čamprúk]
carrinho (m)	սայլակ	[sajlák]
passaporte (m)	անձնագիր	[anʣnagír]
visto (m)	վիզա	[víza]
passagem (f)	տոմս	[toms]
passagem (f) aérea	ավիատոմս	[aviatóms]
guia (m) de viagem	ուղեցույց	[uġeʦʰújʦʰ]
mapa (m)	քարտեզ	[kʰartéz]
área (f)	տեղանք	[teġánkʰ]
lugar (m)	տեղ	[teġ]
exotismo (m)	էկզոտիկա	[ēkzótika]
exótico (adj)	էկզոտիկ	[ēkzotík]
surpreendente (adj)	զարմանահրաշ	[zarmanahráš]
grupo (m)	խումբ	[χumb]
excursão (f)	էքսկուրսիա	[ēkʰskúrsia]
guia (m)	էքսկուրսավար	[ēkʰskursavár]

156. Hotel

hotel (m)	հյուրանոց	[hjuranóʦʰ]
motel (m)	մոթել	[motʰél]
três estrelas	երեք աստղանի	[erékʰ astġaní]

cinco estrelas	հինգ աստղանի	[hing astġaní]
ficar (vi, vt)	կանգ առնել	[káng arnél]
quarto (m)	համար	[hamár]
quarto (m) individual	մեկտեղանի համար	[mekteġaní hamár]
quarto (m) duplo	երկտեղանի համար	[erkteġaní hamár]
reservar um quarto	համար ամրագրել	[hamár amragrél]
meia pensão (f)	կիսագիշերօթիկ	[kisagišerotʰík]
pensão (f) completa	լրիվ գիշերօթիկ	[lrív gišerotʰík]
com banheira	լոգարանով	[logaranóv]
com chuveiro	դուշով	[dušóv]
televisão (m) por satélite	արբանյակային հեռուստատեսություն	[arbanjakajín herustatesutʰjún]
ar (m) condicionado	օդորակիչ	[odorakíč]
toalha (f)	սրբիչ	[srbič]
chave (f)	բանալի	[banalí]
administrador (m)	ադմինիստրատոր	[administrátor]
camareira (f)	սպասավորուհի	[spasavoruhí]
bagageiro (m)	բեռնակիր	[bernakír]
porteiro (m)	դռնապահ	[drnapáh]
restaurante (m)	ռեստորան	[restorán]
bar (m)	բար	[bar]
café (m) da manhã	նախաճաշ	[naχačáš]
jantar (m)	ընթրիք	[əntʰríkʰ]
bufê (m)	շվեդական սեղան	[švedakán seġán]
elevador (m)	վերելակ	[verelák]
NÃO PERTURBE	ՉԱՆՀԱՆԳՍՏԱՑՆԵԼ	[čanhangstatsʰnél]
PROIBIDO FUMAR!	ՉԾԽԵԼ	[čtsχél!]

157. Livros. Leitura

livro (m)	գիրք	[girkʰ]
autor (m)	հեղինակ	[heġinák]
escritor (m)	գրող	[groġ]
escrever (~ um livro)	գրել	[grel]
leitor (m)	ընթերցող	[əntʰertsʰóġ]
ler (vt)	կարդալ	[kardál]
leitura (f)	ընթերցանություն	[əntʰertsʰanutʰjún]
para si	մտքում	[mtkʰum]
em voz alta	բարձրաձայն	[bardzradzájn]
publicar (vt)	հրատարակել	[hratarakél]
publicação (f)	հրատարակություն	[hratarakutʰjún]
editor (m)	հրատարակիչ	[hratarakíč]
editora (f)	հրատարակչություն	[hratarakčutʰjún]
sair (vi)	լույս տեսնել	[lújs tesnél]
lançamento (m)	լույս տեսնելը	[lújs tesnélə]

tiragem (f)	տպաքանակ	[tpak^{h}anák]
livraria (f)	գրախանութ	[graχanút^h]
biblioteca (f)	գրադարան	[gradarán]
novela (f)	վեպ	[vep]
conto (m)	պատմվածք	[patmvátsk^h]
romance (m)	սիրավեպ	[siravép]
romance (m) policial	դետեկտիվ	[detektív]
memórias (f pl)	հուշագրություններ	[hušagrut^{h}junnér]
lenda (f)	առասպել	[araspél]
mito (m)	առասպել	[araspél]
poesia (f)	բանաստեղծություններ	[banasteġtsut^{h}junnér]
autobiografia (f)	ինքնակենսագրություն	[ink^{h}nakensagrut^{h}jún]
obras (f pl) escolhidas	ընտրանի	[əntraní]
ficção (f) científica	ֆանտաստիկա	[fantástika]
título (m)	անվանում	[anvanúm]
introdução (f)	ներածություն	[neratsut^{h}jún]
folha (f) de rosto	տիտղոսաթերթ	[titġosat^{h}ért^h]
capítulo (m)	գլուխ	[gluχ]
excerto (m)	հատված	[hatváts]
episódio (m)	դրվագ	[drvag]
enredo (m)	սյուժե	[sjuʒé]
conteúdo (m)	բովանդակություն	[bovandakut^{h}jún]
índice (m)	բովանդակություն	[bovandakut^{h}jún]
protagonista (m)	գլխավոր հերոս	[glχavór herós]
volume (m)	հատոր	[hatór]
capa (f)	կազմ	[kazm]
encadernação (f)	կազմ	[kazm]
marcador (m) de página	էջանիշ	[ēdʒaníš]
página (f)	էջ	[ēdʒ]
folhear (vt)	թերթել	[t^{h}ert^{h}él]
margem (f)	լուսանցքներ	[lusants^{h}k^{h}nér]
anotação (f)	նշում	[nšum]
nota (f) de rodapé	ծանոթագրություն	[tsanot^{h}agrut^{h}jún]
texto (m)	տեքստ	[tek^{h}st]
fonte (f)	տառատեսակ	[taratesák]
falha (f) de impressão	տպասխալ	[tpasχál]
tradução (f)	թարգմանություն	[t^{h}argmanut^{h}jún]
traduzir (vt)	թարգմանել	[t^{h}argmanél]
original (m)	բնագիր	[bnagír]
famoso (adj)	հայտնի	[hajtní]
desconhecido (adj)	անհայտ	[anhájt]
interessante (adj)	հետաքրքիր	[hetak^{h}rk^{h}ír]
best-seller (m)	բեստսելեր	[bestséler]
dicionário (m)	բառարան	[bararán]
livro (m) didático	դասագիրք	[dasagírk^h]
enciclopédia (f)	հանրագիտարան	[hanragitarán]

158. Caça. Pesca

caça (f)	որս	[vors]
caçar (vi)	որս անել	[vors anél]
caçador (m)	որսորդ	[vorsórd]
disparar, atirar (vi)	կրակել	[krakél]
rifle (m)	հրացան	[hratsʰán]
cartucho (m)	փամփուշտ	[pʰampúšt]
chumbo (m) de caça	մանրագնդակ	[manragndák]
armadilha (f)	թակարդ	[tʰakárd]
armadilha (com corda)	ծուղակ	[tsuġák]
pôr a armadilha	թակարդ դնել	[tʰakárd dnel]
caçador (m) furtivo	որսագող	[vorsagóġ]
caça (animais)	որսամիս	[vorsamís]
cão (m) de caça	որսորդական շուն	[vorsordakán šún]
safári (m)	սաֆարի	[safári]
animal (m) empalhado	խրտվիլակ	[χrtvilák]
pescador (m)	ձկնորս	[dzknors]
pesca (f)	ձկնորսություն	[dzknorsutʰjún]
pescar (vt)	ձուկ որսալ	[dzuk vorsál]
vara (f) de pesca	կարթ	[kartʰ]
linha (f) de pesca	կարթաթել	[kartʰatʰél]
anzol (m)	կարթ	[kartʰ]
boia (f), flutuador (m)	լողան	[loġán]
isca (f)	խայծ	[χajts]
lançar a linha	կարթը գցել	[kartʰə gtsʰel]
morder (peixe)	բռնվել	[brnvel]
pesca (f)	որս	[vors]
buraco (m) no gelo	սառցանցք	[sartsʰántsʰkʰ]
rede (f)	ցանց	[tsʰantsʰ]
barco (m)	նավակ	[navák]
pescar com rede	ցանցով բռնել	[tsʰantsʰóv brnel]
lançar a rede	ցանցը գցել	[tsʰántsʰə gtsʰel]
puxar a rede	ցանցը հանել	[tsʰántsʰə hanél]
baleeiro (m)	կետորս	[ketórs]
baleeira (f)	կետորսական նավ	[ketorsakán náv]
arpão (m)	որսատեգ	[vorsatéχ]

159. Jogos. Bilhar

bilhar (m)	բիլյարդ	[biljárd]
sala (f) de bilhar	բիլյարդի սրահ	[biljardí srah]
bola (f) de bilhar	բիլյարդի գնդակ	[biljárd gndák]
embolsar uma bola	ներս խփել	[ners χpʰel]
taco (m)	խաղաձող	[χaġadzóġ]
caçapa (f)	գնդապարկ	[gndapárk]

160. Jogos. Jogar cartas

ouros (m pl)	քարպինչ	[kʰarpínʤ]
espadas (f pl)	ղառ	[ġar]
copas (f pl)	սիրտ	[sirt]
paus (m pl)	խաչ	[χač]
ás (m)	տուզ	[tuz]
rei (m)	թագավոր	[tʰagavór]
dama (f), rainha (f)	աղջիկ	[aġʤík]
valete (m)	զինվոր	[zinvór]
carta (f) de jogar	խաղաթուղթ	[χaġatʰúġtʰ]
cartas (f pl)	խաղաթղթեր	[χaġatʰġtʰér]
trunfo (m)	հաղթաթուղթ	[haġtʰatʰúġtʰ]
baralho (m)	կապուկ	[kapúk]
dar, distribuir (vt)	բաժանել	[baʒanél]
embaralhar (vt)	խառնել	[χarnél]
vez, jogada (f)	քայլ	[kʰajl]
trapaceiro (m)	շուլեր	[šulér]

161. Casino. Roleta

cassino (m)	խաղատուն	[χaġatún]
roleta (f)	պտուտախաղ	[ptutaχáġ]
aposta (f)	դրույք	[drujkʰ]
apostar (vt)	դրույքներ կատարել	[drujkʰnér katarél]
vermelho (m)	կարմիր	[karmír]
preto (m)	սև	[sev]
apostar no vermelho	կարմիրի վրա դնել	[karmirí vrá dnél]
apostar no preto	սևի վրա դնել	[seví vra dnel]
croupier (m, f)	կրուպյե	[krupjé]
girar da roleta	պտտել անիվը	[ptətél anívə]
regras (f pl) do jogo	խաղի կանոններ	[χaġí kanonnér]
ficha (f)	խաղանիշ	[χaġaníš]
ganhar (vi, vt)	շահել	[šahél]
ganho (m)	շահում	[šahúm]
perder (dinheiro)	տարվել	[tarvél]
perda (f)	տարվածը	[tarváʦə]
jogador (m)	խաղացող	[χaġaʦʰóġ]
blackjack, vinte-e-um (m)	բլեք ջեք	[blek ʤékʰ]
jogo (m) de dados	զառախաղ	[zaraχáġ]
caça-níqueis (m)	խաղային ավտոմատ	[χaġajín avtomát]

162. Descanso. Jogos. Diversos

passear (vi)	զբոսնել	[zbosnél]
passeio (m)	զբոսանք	[zbosánkʰ]
viagem (f) de carro	շրջագայություն	[šrdʒagajutʰjún]
aventura (f)	արկած	[arkáʦ]
piquenique (m)	զբոսախնջույք	[zbosaχndʒújkʰ]
jogo (m)	խաղ	[χaġ]
jogador (m)	խաղացող	[χaġaʦʰóġ]
partida (f)	պարտիա	[pártia]
colecionador (m)	հավաքող	[havakʰóġ]
colecionar (vt)	հավաքել	[havakʰél]
coleção (f)	հավաքածու	[havakʰaʦú]
palavras (f pl) cruzadas	խաչբառ	[χačbár]
hipódromo (m)	ձիարշավարան	[dziaršavarán]
discoteca (f)	դիսկոտեկ	[diskoték]
sauna (f)	սաունա	[sáuna]
loteria (f)	վիճակախաղ	[vičakaχáġ]
campismo (m)	արշավ	[aršáv]
acampamento (m)	ճամբար	[čambár]
barraca (f)	վրան	[vran]
bússola (f)	կողմնացույց	[koġmnaʦʰújʦʰ]
campista (m)	արշավորդ	[aršavórd]
ver (vt), assistir à ...	դիտել	[ditél]
telespectador (m)	հեռուստադիտող	[herustaditóġ]
programa (m) de TV	հեռուստահաղորդում	[herustahaġordúm]

163. Fotografia

máquina (f) fotográfica	լուսանկարչական ապարատ	[lusankarčakán aparát]
foto, fotografia (f)	լուսանկար	[lusankár]
fotógrafo (m)	լուսանկարիչ	[lusankaríč]
estúdio (m) fotográfico	ֆոտո ստուդիա	[fóto stúdia]
álbum (m) de fotografias	ֆոտոալբոմ	[fotoalbóm]
lente (f) fotográfica	օբյեկտիվ	[obъektív]
lente (f) teleobjetiva	տեսախցիկի օբյեկտիվ	[tesaχʦʰikí obъektív]
filtro (m)	ֆիլտր	[filtr]
lente (f)	ոսպնյակ	[vospnják]
ótica (f)	օպտիկա	[óptika]
abertura (f)	դիաֆրագմա	[diafrágma]
exposição (f)	պահելու տևողություն	[pahelú tevoġutʰjún]
visor (m)	դիտան	[ditán]
câmera (f) digital	թվային տեսախցիկ	[tʰvajín tesaχʦʰík]
tripé (m)	ամրակալան	[amrakalán]

flash (m)	բռնկում	[brnkum]
fotografar (vt)	լուսանկարել	[lusankarél]
tirar fotos	լուսանկարել	[lusankarél]
fotografar-se (vr)	լուսանկարվել	[lusankarvél]

foco (m)	ցայտունություն	[ʦʰajtunutʰjún]
focar (vt)	ցայտուն դարձնել	[ʦʰajtún darʣnél]
nítido (adj)	ցայտուն	[ʦʰajtún]
nitidez (f)	ցայտունություն	[ʦʰajtunutʰjún]

contraste (m)	ցայտագունություն	[ʦʰajtagunutʰjún]
contrastante (adj)	ցայտունագույն	[ʦʰajtunagújn]

retrato (m)	լուսանկար	[lusankár]
negativo (m)	նեգատիվ	[negatív]
filme (m)	ֆոտոժապավեն	[fotoʒapavén]
fotograma (m)	կադր	[kadr]
imprimir (vt)	տպել	[tpel]

164. Praia. Natação

praia (f)	լողափ	[loġápʰ]
areia (f)	ավազ	[aváz]
deserto (adj)	անապատային	[anapatajín]

bronzeado (m)	արևառություն	[arevarutʰjún]
bronzear-se (vr)	արևառ լինել	[arevár linél]
bronzeado (adj)	արևառ	[arevár]
protetor (m) solar	արևառության կրեմ	[arevarutʰján krém]

biquíni (m)	բիկինի	[bikíni]
maiô (m)	լողազգեստ	[loġazgést]
calção (m) de banho	լողավարտիք	[loġavartíkʰ]

piscina (f)	լողավազան	[loġavazán]
nadar (vi)	լողալ	[loġál]
chuveiro (m), ducha (f)	ցնցուղ	[ʦʰnʦʰuġ]
mudar, trocar (vt)	զգեստափոխվել	[zgestapʰoχvél]
toalha (f)	սրբիչ	[srbič]

barco (m)	նավակ	[navák]
lancha (f)	մոտորանավակ	[motoranavák]

esqui (m) aquático	ջրային դահուկներ	[ʤrajín dahuknér]
barco (m) de pedais	ջրային հեծանիվ	[ʤrajín heʦanív]
surf, surfe (m)	սերֆինգ	[sérfing]
surfista (m)	սերֆինգիստ	[serfingíst]

equipamento (m) de mergulho	ակվալանգ	[akvaláng]
pé (m pl) de pato	լողաթաթեր	[loġatʰatʰér]
máscara (f)	դիմակ	[dimák]
mergulhador (m)	ջրասույզ	[ʤrasújz]
mergulhar (vi)	սուզվել	[suzvél]
debaixo d'água	ջրի տակ	[ʤri ták]

guarda-sol (m)	հովանոց	[hovanóts^{h}]
espreguiçadeira (f)	շեզլոնգ	[šezlóng]
óculos (m pl) de sol	ակնոցներ	[aknots^{h}nér]
colchão (m) de ar	լողամատրաս	[loġamatrás]
brincar (vi)	խաղալ	[χaġál]
ir nadar	լողալ	[loġál]
bola (f) de praia	գնդակ	[gndak]
encher (vt)	փչել	[p^{h}čel]
inflável (adj)	փչովի	[p^{h}čoví]
onda (f)	ալիք	[alík^{h}]
boia (f)	լողան	[loġán]
afogar-se (vr)	խեղդվել	[χeġdvél]
salvar (vt)	փրկել	[p^{h}rkel]
colete (m) salva-vidas	փրկագոտի	[p^{h}rkagotí]
observar (vt)	հետևել	[hetevél]
salva-vidas (pessoa)	փրկարար	[p^{h}rkarár]

EQUIPAMENTO TÉCNICO. TRANSPORTES

Equipamento técnico. Transportes

165. Computador

computador (m)	համակարգիչ	[hamakargíč]
computador (m) portátil	նոութբուք	[noutʰbúkʰ]
ligar (vt)	միացնել	[miatsʰnél]
desligar (vt)	անջատել	[andʒatél]
teclado (m)	ստեղնաշար	[steġnašár]
tecla (f)	ստեղն	[steġn]
mouse (m)	մուկ	[muk]
tapete (m) para mouse	գորգ	[gorg]
botão (m)	կոճակ	[kočák]
cursor (m)	սլաք	[slakʰ]
monitor (m)	մոնիտոր	[monitór]
tela (f)	էկրան	[ēkrán]
disco (m) rígido	կոշտ սկավառակակիր	[košt skavarakakír]
capacidade (f) do disco rígido	կոշտ սկավառակի ծավալը	[košt skavarakakrí tsavála]
memória (f)	հիշողություն	[hišoġutʰjún]
memória RAM (f)	օպերատիվ հիշողություն	[operatív hišoġutʰjún]
arquivo (m)	ֆայլ	[fajl]
pasta (f)	թղթապանակ	[tʰġtʰapanák]
abrir (vt)	բացել	[batsʰél]
fechar (vt)	փակել	[pʰakél]
salvar (vt)	գրանցել	[grantsʰél]
deletar (vt)	հեռացնել	[heratsʰnél]
copiar (vt)	պատճենել	[patčenél]
ordenar (vt)	սորտավորել	[sortavorél]
copiar (vt)	արտատպել	[artatpél]
programa (m)	ծրագիր	[tsragír]
software (m)	ծրագրային ապահովում	[tsragrajín apahovúm]
programador (m)	ծրագրավորող	[tsragravoróġ]
programar (vt)	ծրագրավորել	[tsragravorél]
hacker (m)	խակեր	[χakér]
senha (f)	անցագիր	[antsʰagír]
vírus (m)	վիրուս	[virús]
detectar (vt)	հայտնաբերել	[hajtnaberél]
byte (m)	բայտ	[bajt]

megabyte (m)	մեգաբայտ	[megabájt]
dados (m pl)	տվյալներ	[tvjalnér]
base (f) de dados	տվյալների բազա	[tvjalnerí báza]
cabo (m)	մալուխ	[malúχ]
desconectar (vt)	անջատել	[andʒatél]
conectar (vt)	միացնել	[miatsʰnél]

166. Internet. E-mail

internet (f)	ինտերնետ	[internét]
browser (m)	ցանցախույզ	[tsʰantsʰaχújz]
motor (m) de busca	որոնիչ համակարգ	[voroníč hamakárg]
provedor (m)	պրովայդեր	[provajdér]
webmaster (m)	վեբ-մաստեր	[veb máster]
website (m)	ինտերնետային կայք	[internetajín kajkʰ]
web page (f)	ինտերնետային էջ	[internetajín ēdʒ]
endereço (m)	հասցե	[hastsʰé]
livro (m) de endereços	հասցեների գրքույկ	[hastsʰenerí grkʰújk]
caixa (f) de correio	փոստարկղ	[pʰostárkġ]
correio (m)	փոստ	[pʰost]
mensagem (f)	հաղորդագրություն	[haġordagrutʰjún]
remetente (m)	ուղարկող	[uġarkóġ]
enviar (vt)	ուղարկել	[uġarkél]
envio (m)	ուղարկում	[uġarkúm]
destinatário (m)	ստացող	[statsʰóġ]
receber (vt)	ստանալ	[stanál]
correspondência (f)	նամակագրություն	[namakagrutʰjún]
corresponder-se (vr)	նամակագրական կապի մեջ լինել	[namakagrakán kapí médʒ linél]
arquivo (m)	ֆայլ	[fajl]
fazer download, baixar (vt)	քաշել	[kʰašél]
criar (vt)	ստեղծել	[steġtsél]
deletar (vt)	հեռացնել	[heratsʰnél]
deletado (adj)	հեռացված	[heratsʰváts]
conexão (f)	կապ	[kap]
velocidade (f)	արագություն	[aragutʰjún]
modem (m)	մոդեմ	[modém]
acesso (m)	մուտք	[mutkʰ]
porta (f)	մուտ	[mut]
conexão (f)	միացում	[miatsʰúm]
conectar (vi)	միանալ	[mianál]
escolher (vt)	ընտրել	[əntrél]
buscar (vt)	փնտրել	[pʰntrel]

167. Eletricidade

eletricidade (f)	էլեկտրականություն	[ēlektrakanutʰjún]
elétrico (adj)	էլեկտրական	[ēlektrakán]
planta (f) elétrica	էլեկտրակայան	[ēlektrakaján]
energia (f)	էներգիա	[ēnérgia]
energia (f) elétrica	էլեկտրաէներգիա	[ēlektraēnérgia]
lâmpada (f)	լամպ	[lamp]
lanterna (f)	լապտեր	[laptér]
poste (m) de iluminação	լուսարձակ	[lusardzák]
luz (f)	լույս	[lujs]
ligar (vt)	միացնել	[miatsʰnél]
desligar (vt)	անջատել	[andʒatél]
apagar a luz	լույսը հանգցնել	[lújsə hangtsʰnél]
queimar (vi)	վառվել	[varél]
curto-circuito (m)	կարճ միացում	[karč miatsʰúm]
ruptura (f)	կտրվածք	[ktrvatskʰ]
contato (m)	միացում	[miatsʰúm]
interruptor (m)	անջատիչ	[andʒatíč]
tomada (de parede)	վարդակ	[vardák]
plugue (m)	խրոց	[χrotsʰ]
extensão (f)	երկարացուցիչ	[erkaratsʰutsʰíč]
fusível (m)	ապահովիչ	[apahovíč]
fio, cabo (m)	լար	[lar]
instalação (f) elétrica	էլեկտրացանց	[ēlektratsʰántsʰ]
ampère (m)	ամպեր	[ampér]
amperagem (f)	հոսանքի ուժը	[hosankʰí úʒə]
volt (m)	վոլտ	[volt]
voltagem (f)	լարում	[larúm]
aparelho (m) elétrico	էլեկտրական սարք	[ēlektrakán sárkʰ]
indicador (m)	ինդիկատոր	[indikátor]
eletricista (m)	էլեկտրիկ	[ēlektrík]
soldar (vt)	զոդել	[zodél]
soldador (m)	զոդիչ	[zodíč]
corrente (f) elétrica	հոսանք	[hosánkʰ]

168. Ferramentas

ferramenta (f)	գործիք	[gortsíkʰ]
ferramentas (f pl)	գործիքներ	[gortsikʰnér]
equipamento (m)	սարքավորում	[sarkʰavorúm]
martelo (m)	մուրճ	[murč]
chave (f) de fenda	պտուտակահան	[ptutakahán]
machado (m)	կացին	[katsʰín]

serra (f)	սղոց	[sġotsʰ]
serrar (vt)	սղոցել	[sġotsʰél]
plaina (f)	ռանդ	[rand]
aplainar (vt)	ռանդել	[randél]
soldador (m)	զոդիչ	[zodíč]
soldar (vt)	զոդել	[zodél]
lima (f)	խարտոց	[χartótsʰ]
tenaz (f)	ունելի	[unelí]
alicate (m)	տափակաբերան աքցան	[tapʰakaberán akʰtsʰán]
formão (m)	դուր	[dur]
broca (f)	գայլիկոն	[gajlikón]
furadeira (f) elétrica	շաղափիչ	[šaġapʰíč]
furar (vt)	գայլիկոնել	[gajlikonél]
faca (f)	դանակ	[danák]
lâmina (f)	շեղբ	[šeġb]
afiado (adj)	սուր	[sur]
cego (adj)	բութ	[butʰ]
embotar-se (vr)	բթանալ	[btʰanál]
afiar, amolar (vt)	սրել	[srel]
parafuso (m)	հեղույս	[heġújs]
porca (f)	պտուտակամեր	[ptutakamér]
rosca (f)	պարուրակ	[parurák]
parafuso (para madeira)	պտուտամեխ	[ptutaméχ]
prego (m)	մեխ	[meχ]
cabeça (f) do prego	գլուխ	[gluχ]
régua (f)	քանոն	[kʰanón]
fita (f) métrica	չափերիզ	[čapʰeríz]
nível (m)	մակարդակ	[makardák]
lupa (f)	խոշորացույց	[χošoratsʰújtsʰ]
medidor (m)	չափող գործիք	[čapʰóġ gortsíkʰ]
medir (vt)	չափել	[čapʰél]
escala (f)	սանդղակ	[sandġák]
indicação (f), registro (m)	ցուցմունք	[tsʰutsʰmúnkʰ]
compressor (m)	կոմպրեսոր	[kompresór]
microscópio (m)	մանրադիտակ	[manraditák]
bomba (f)	պոմպ	[pomp]
robô (m)	ռոբոտ	[robót]
laser (m)	լազեր	[lazér]
chave (f) de boca	մանեկադարձակ	[manekadardzák]
fita (f) adesiva	կպչուն ժապավեն	[kpčún ʒapavén]
cola (f)	սոսինձ	[sosíndz]
lixa (f)	շուշաթուղթ	[šušatʰúġtʰ]
mola (f)	զսպանակ	[zspanák]
ímã (m)	մագնիս	[magnís]

luva (f)	ձեռնոցներ	[dzernotsʰnér]
corda (f)	պարան	[parán]
cabo (~ de nylon, etc.)	առասան	[arasán]
fio (m)	լար	[lar]
cabo (~ elétrico)	մալուխ	[malúχ]
marreta (f)	կռան	[kran]
pé de cabra (m)	լինգ	[ling]
escada (f) de mão	աստիճան	[astičán]
escada (m)	աստիճան	[astičán]
enroscar (vt)	պտուտակել, ձգել	[ptutakél, dzgel]
desenroscar (vt)	ետ պտտացնել	[et pttatsʰnél]
apertar (vt)	սեղմել	[seġmél]
colar (vt)	կպցնել	[kptsʰnel]
cortar (vt)	կտրել	[ktrel]
falha (f)	անսարքություն	[ansarkʰutʰjún]
conserto (m)	նորոգում	[norogúm]
consertar, reparar (vt)	վերանորոգել	[veranorogél]
regular, ajustar (vt)	կարգավորել	[kargavorél]
verificar (vt)	ստուգել	[stugél]
verificação (f)	ստուգում	[stugúm]
indicação (f), registro (m)	ցուցմունք	[tsʰutsʰmúnkʰ]
seguro (adj)	հուսալի	[husalí]
complicado (adj)	բարդ	[bard]
enferrujar (vi)	ժանգոտել	[ʒangotél]
enferrujado (adj)	ժանգոտ	[ʒangót]
ferrugem (f)	ժանգ	[ʒang]

Transportes

169. Avião

avião (m)	ինքնաթիռ	[inkʰnatʰír]
passagem (f) aérea	ավիատոմս	[aviatóms]
companhia (f) aérea	ավիաընկերություն	[aviaənkerutʰjún]
aeroporto (m)	օդանավակայան	[odanavakaján]
supersônico (adj)	գերձայնային	[gerdzajnajín]
comandante (m) do avião	օդանավի հրամանատար	[odanaví hramanatár]
tripulação (f)	անձնակազմ	[andznakázm]
piloto (m)	օդաչու	[odačú]
aeromoça (f)	ուղեկցորդուհի	[uġektsʰorduhí]
copiloto (m)	ղեկապետ	[ġekapét]
asas (f pl)	թևեր	[tʰevér]
cauda (f)	պոչ	[poč]
cabine (f)	խցիկ	[χtsʰik]
motor (m)	շարժիչ	[šarʒíč]
trem (m) de pouso	շասսի	[šassí]
turbina (f)	տուրբին	[turbín]
hélice (f)	պրոպելլեր	[propellér]
caixa-preta (f)	սև արկղ	[sev árkġ]
coluna (f) de controle	ղեկանիվ	[ġekanív]
combustível (m)	վառելիք	[varelíkʰ]
instruções (f pl) de segurança	ձեռնարկ	[dzernárk]
máscara (f) de oxigênio	թթվածնային դիմակ	[tʰtʰvatsnajín dimák]
uniforme (m)	համազգեստ	[hamazgést]
colete (m) salva-vidas	փրկագոտի	[pʰrkagotí]
paraquedas (m)	պարաշյուտ	[parašjút]
decolagem (f)	թռիչք	[tʰričkʰ]
descolar (vi)	թռնել	[tʰrnel]
pista (f) de decolagem	թռիչքուղի	[tʰričkʰuġí]
visibilidade (f)	տեսանելիություն	[tesaneliutʰjún]
voo (m)	թռիչք	[tʰričkʰ]
altura (f)	բարձրություն	[bardzrutʰjún]
poço (m) de ar	օդային փոս	[odajín pʰós]
assento (m)	տեղ	[teġ]
fone (m) de ouvido	ականջակալներ	[akandʒakalnér]
mesa (f) retrátil	բացվող սեղանիկ	[batsʰvóġ seġaník]
janela (f)	իլյումինատոր	[iljuminátor]
corredor (m)	անցուղի	[antsʰuġí]

170. Comboio

trem (m)	գնացք	[gnatsʰkʰ]
trem (m) elétrico	էլեկտրագնացք	[ēlektragnátsʰkʰ]
trem (m)	արագընթաց գնացք	[aragentʰátsʰ gnátsʰkʰ]
locomotiva (f) diesel	ջերմաքարշ	[dʒermakʰárš]
locomotiva (f) a vapor	շոգեքարշ	[šokekʰárš]
vagão (f) de passageiros	վագոն	[vagón]
vagão-restaurante (m)	վագոն-ռեստորան	[vagón restorán]
carris (m pl)	գծեր	[gtser]
estrada (f) de ferro	երկաթգիծ	[erkatʰgíts]
travessa (f)	կոճ	[koč]
plataforma (f)	կառամատույց	[karamatújtsʰ]
linha (f)	ուղի	[uġí]
semáforo (m)	նշանասյուն	[nšanasjún]
estação (f)	կայարան	[kajarán]
maquinista (m)	մեքենավար	[mekʰenavár]
bagageiro (m)	բեռնակիր	[bernakír]
hospedeiro, -a (m, f)	ուղեկից	[uġekítsʰ]
passageiro (m)	ուղևոր	[uġevór]
revisor (m)	հսկիչ	[hskič]
corredor (m)	միջանցք	[midʒántsʰkʰ]
freio (m) de emergência	ավտոմատ կանգառման սարք	[avtomát kangarmán sárkʰ]
compartimento (m)	կուպե	[kupé]
cama (f)	մահճակ	[mahčák]
cama (f) de cima	վերևի մահճակատեղ	[vereví mahčakatéġ]
cama (f) de baixo	ներքևի մահճակատեղ	[nerkʰeví mahčakatéġ]
roupa (f) de cama	անկողին	[ankoġín]
passagem (f)	տոմս	[toms]
horário (m)	չվացուցակ	[čvatsʰutsʰák]
painel (m) de informação	ցուցատախտակ	[tsʰutsʰataχták]
partir (vt)	մեկնել	[meknél]
partida (f)	մեկնում	[meknúm]
chegar (vi)	ժամանել	[ʒamanél]
chegada (f)	ժամանում	[ʒamanúm]
chegar de trem	ժամանել գնացքով	[ʒamanél gnatsʰkʰóv]
pegar o trem	գնացք նստել	[gnátsʰkʰ nstel]
descer de trem	գնացքից իջնել	[gnatsʰkʰítsʰ idʒnél]
acidente (m) ferroviário	խորտակում	[χortakúm]
locomotiva (f) a vapor	շոգեքարշ	[šokekʰárš]
foguista (m)	հնոցապան	[hnotsʰapán]
fornalha (f)	վառարան	[vararán]
carvão (m)	ածուխ	[atsúχ]

171. Barco

navio (m)	նավ	[nav]
embarcação (f)	նավ	[nav]
barco (m) a vapor	շոգենավ	[šogenáv]
barco (m) fluvial	ջերմանավ	[ʤermanáv]
transatlântico (m)	լայներ	[lájner]
cruzeiro (m)	հածանավ	[haʦanáv]
iate (m)	զբոսանավ	[zbosanáv]
rebocador (m)	նավաքարշ	[navakʰárš]
barcaça (f)	բեռնանավ	[bernanáv]
ferry (m)	լաստանավ	[lastanáv]
veleiro (m)	առագաստանավ	[aragastanáv]
bergantim (m)	բրիգանտինա	[brigantína]
quebra-gelo (m)	սառցահատ	[sarʦʰapát]
submarino (m)	սուզանավ	[suzanáv]
bote, barco (m)	նավակ	[navák]
baleeira (bote salva-vidas)	մակույկ	[makújk]
bote (m) salva-vidas	փրկարարական մակույկ	[pʰrkararakán makújk]
lancha (f)	մոտորանավակ	[motoranavák]
capitão (m)	նավապետ	[navapét]
marinheiro (m)	նավաստի	[navastí]
marujo (m)	ծովային	[ʦovajín]
tripulação (f)	անձնակազմ	[anʣnakázm]
contramestre (m)	բոցման	[boʦʰmán]
grumete (m)	նավի փոքրավոր	[naví pʰokʰravór]
cozinheiro (m) de bordo	նավի խոհարար	[naví χoharár]
médico (m) de bordo	նավի բժիշկ	[naví bʒíšk]
convés (m)	տախտակամած	[taχtakamáʦ]
mastro (m)	կայմ	[kajm]
vela (f)	առագաստ	[aragást]
porão (m)	նավամբար	[navambár]
proa (f)	նավաքիթ	[navakʰítʰ]
popa (f)	նավախել	[navaχél]
remo (m)	թիակ	[tʰiak]
hélice (f)	պտուտակ	[ptuták]
cabine (m)	նավասենյակ	[navasenják]
sala (f) dos oficiais	ընդհանուր նավասենյակ	[əndhanúr navasenják]
sala (f) das máquinas	մեքենաների բաժանմունք	[mekenanerí baʒanmúnkʰ]
ponte (m) de comando	նավապետի կամրջակ	[navapetí kamrʤák]
sala (f) de comunicações	ռադիոխցիկ	[radioχʦʰík]
onda (f)	ալիք	[alíkʰ]
diário (m) de bordo	նավամատյան	[navamatján]
luneta (f)	հեռադիտակ	[heraditák]
sino (m)	զանգ	[zang]

bandeira (f)	դրոշ	[droš]
cabo (m)	ճոպան	[čopán]
nó (m)	հանգույց	[hangújtsʰ]
corrimão (m)	բռնաձող	[brnadzóġ]
prancha (f) de embarque	նավասանդուղք	[navasandúġkʰ]
âncora (f)	խարիսխ	[χarísχ]
recolher a âncora	խարիսխը բարձրացնել	[χarísχə bardzratsʰnél]
jogar a âncora	խարիսխը գցել	[χarísχə gtsʰél]
amarra (corrente de âncora)	խարսխաշղթա	[χarsχašġtʰá]
porto (m)	նավահանգիստ	[navahangíst]
cais, amarradouro (m)	նավամատույց	[navamatújtsʰ]
atracar (vi)	կառանել	[karanél]
desatracar (vi)	մեկնել	[meknél]
viagem (f)	ճանապարհորդություն	[čanaparhordutʰjún]
cruzeiro (m)	ծովագնացություն	[tsovagnatsʰutʰjún]
rumo (m)	ուղղություն	[uġutʰjún]
itinerário (m)	երթուղի	[ertʰuġí]
canal (m) de navegação	նավարկուղի	[navarkuġí]
banco (m) de areia	ծանծաղուտ	[tsantsaġút]
encalhar (vt)	ծանծաղուտ ընկնել	[tsantsaġút ənknél]
tempestade (f)	փոթորիկ	[pʰotʰorík]
sinal (m)	ազդանշան	[azdanšán]
afundar-se (vr)	խորտակվել	[χortakvél]
SOS	SOS	[sos]
boia (f) salva-vidas	փրկագոտի	[pʰrkagotí]

172. Aeroporto

aeroporto (m)	օդանավակայան	[odanavakaján]
avião (m)	ինքնաթիռ	[inkʰnatʰír]
companhia (f) aérea	ավիաընկերություն	[aviaənkerutʰjún]
controlador (m) de tráfego aéreo	դիսպետչեր	[dispetčér]
partida (f)	թռիչք	[tʰričkʰ]
chegada (f)	ժամանում	[ʒamanúm]
chegar (vi)	ժամանել	[ʒamanél]
hora (f) de partida	թռիչքի ժամանակը	[tʰričkʰí ʒamanákə]
hora (f) de chegada	ժամանման ժամանակը	[ʒamanmán ʒamanákə]
estar atrasado	ուշանալ	[ušanál]
atraso (m) de voo	թռիչքի ուշացում	[tʰričkʰí ušatsʰúm]
painel (m) de informação	տեղեկատվական վահանակ	[teġekatvakán vahanák]
informação (f)	տեղեկատվություն	[teġekatvutʰjún]
anunciar (vt)	հայտարարել	[hajtararél]
voo (m)	ռեյս	[rejs]

alfândega (f)	մաքսատուն	[makʰsatún]
funcionário (m) da alfândega	մաքսավոր	[makʰsavór]
declaração (f) alfandegária	հայտարարագիր	[hajtararagír]
preencher a declaração	հայտարարագիր լրացնել	[hajtararagír lratsʰnél]
controle (m) de passaporte	անձնագրային ստուգում	[andznagrajín stugúm]
bagagem (f)	ուղեբեռ	[uġebér]
bagagem (f) de mão	ձեռքի ուղեբեռ	[dzerkʰí uġebér]
carrinho (m)	սայլակ	[sajlák]
pouso (m)	վայրէջք	[vajrēdʒkʰ]
pista (f) de pouso	վայրէջքի ուղի	[vajrēdʒkʰí uġí]
aterrissar (vi)	վայրէջք կատարել	[vajrēdʒkʰ katarél]
escada (f) de avião	օդանավասանդուղք	[odanavasandúġkʰ]
check-in (m)	գրանցում	[grantsʰúm]
balcão (m) do check-in	գրանցասեղան	[grantsʰaseġán]
fazer o check-in	գրանցվել	[grantsʰvél]
cartão (m) de embarque	տեղակտրոն	[teġaktrón]
portão (m) de embarque	ելք	[elkʰ]
trânsito (m)	տարանցիկ չվերթ	[tarantsʰík čvertʰ]
esperar (vi, vt)	սպասել	[spasél]
sala (f) de espera	սպասասրահ	[spasasráh]
despedir-se (acompanhar)	ճանապարհել	[čanaparhél]
despedir-se (dizer adeus)	հրաժեշտ տալ	[hraʒéšt tál]

173. Bicicleta. Motocicleta

bicicleta (f)	հեծանիվ	[hetsanív]
lambreta (f)	մոտոռոլլեր	[motoróller]
moto (f)	մոտոցիկլ	[mototsʰíkl]
ir de bicicleta	հեծանիվ քշել	[hetsanív kʰšel]
guidão (m)	ղեկ	[ġek]
pedal (m)	ոտնակ	[votnák]
freios (m pl)	արգելակ	[argelák]
banco, selim (m)	թամբիկ	[tʰambík]
bomba (f)	պոմպ	[pomp]
bagageiro (m) de teto	բեռնախցիկ	[bernaχtsʰík]
lanterna (f)	լապտեր	[laptér]
capacete (m)	սաղավարտ	[saġavárt]
roda (f)	անիվ	[anív]
para-choque (m)	թև	[tʰev]
aro (m)	անվագոտի	[anvagotí]
raio (m)	ճաղ	[čaġ]

Carros

174. Tipos de carros

carro, automóvel (m)	ավտոմեքենա	[avtomekʰená]
carro (m) esportivo	սպորտային ավտոմեքենա	[sportajín avtomekʰená]
limusine (f)	լիմուզին	[limuzín]
todo o terreno (m)	արտաճանապարհային ավտոմեքենա	[artačanaparhajín avtomekʰená]
conversível (m)	կաբրիոլետ	[kabriolét]
minibus (m)	միկրոավտոբուս	[mikroavtobús]
ambulância (f)	շտապ օգնություն	[štáp ognutʰjún]
limpa-neve (m)	ձյունամաքրիչ մեքենա	[dzjunamakʰríč mekʰená]
caminhão (m)	բեռնատար	[bernatár]
caminhão-tanque (m)	բենզինատար	[benzinatár]
perua, van (f)	ֆուրգոն	[furgón]
caminhão-trator (m)	ավտոքարշակ	[avtokʰaršák]
reboque (m)	կցորդ	[kʦʰord]
confortável (adj)	հարմարավետ	[harmaravét]
usado (adj)	օգտագործված	[ogtagorʦváʦ]

175. Carros. Carroçaria

capô (m)	ծածկոց	[ʦaʦkóʦʰ]
para-choque (m)	անվածածկոց	[anvaʦaʦkóʦʰ]
teto (m)	տանիք	[taníkʰ]
para-brisa (m)	առջևի ապակի	[arʤeví apakí]
retrovisor (m)	հետին դիտահայելի	[hetín ditahajelí]
esguicho (m)	ապակի լվացող սարք	[apakí lvaʦʰóġ sárkʰ]
limpadores (m) de para-brisas	ապակեմաքրիչ	[apakemakʰríč]
vidro (m) lateral	կողային ապակի	[koġajín apakí]
elevador (m) do vidro	ապակիների բարձրացնող սարք	[apakinerí bardzraʦʰnóġ sárkʰ]
antena (f)	ալեհավաք	[alehavákʰ]
teto (m) solar	լյուկ	[ljuk]
para-choque (m)	բախարգել	[baχargél]
porta-malas (f)	բեռնախցիկ	[bernaχʦʰík]
porta (f)	դուռ	[dur]
maçaneta (f)	բռնիչ	[brnič]
fechadura (f)	փական	[pʰakán]
placa (f)	համարանիշ	[hamaraníš]

silenciador (m)	խլացուցիչ	[χlatsʰutsʰíč]
tanque (m) de gasolina	բենզինաբաք	[benzinabákʰ]
tubo (m) de exaustão	արտաժայթքման խողովակ	[artaʒajtʰkʰmán χoġovák]
acelerador (m)	գազ	[gaz]
pedal (m)	ոտնակ	[votnák]
pedal (m) do acelerador	գազի ոտնակ	[gazí votnák]
freio (m)	արգելակ	[argelák]
pedal (m) do freio	արգելակի ոտնակ	[argelakí votnák]
frear (vt)	արգելակել	[argelakél]
freio (m) de mão	կայանային արգելակ	[kajanajín argelák]
embreagem (f)	կցորդիչ	[ktsʰordíč]
pedal (m) da embreagem	կցորդիչ ոտնակ	[ktsʰordíč votnák]
disco (m) de embreagem	կցորդիչ սկավառակ	[ktsʰordíč skavarák]
amortecedor (m)	ամորտիզատոր	[amortizátor]
roda (f)	անիվ	[anív]
pneu (m) estepe	պահեստային անիվ	[pahestajín anív]
pneu (m)	ավտոդող	[avtodóġ]
calota (f)	կափարիչ	[kapʰaríč]
rodas (f pl) motrizes	քարշակ անիվներ	[kʰaršák anivnér]
de tração dianteira	առջևի քարշակ անիվներ	[arʤeví kʰaršák anivnér]
de tração traseira	ետևի քարշակ անիվներ	[eteví kʰaršák anivnér]
de tração às 4 rodas	չորս քարշակ անիվներ	[čórs kʰaršák anivnér]
caixa (f) de mudanças	փոխանցատուփ	[poχantsʰatúpʰ]
automático (adj)	ավտոմատ	[avtomát]
mecânico (adj)	մեխանիկական	[meχanikakán]
alavanca (f) de câmbio	փոխանցատուփի լծակ	[pʰoχantsʰatupí ltsák]
farol (m)	լուսարձակ	[lusardzák]
faróis (m pl)	լույսեր	[lujsér]
farol (m) baixo	մոտակա լույս	[motaká lújs]
farol (m) alto	հեռակա լույս	[heraká lújs]
luzes (f pl) de parada	ստոպ ազդանշան	[stóp azdanšán]
luzes (f pl) de posição	գաբարիտային լույսեր	[gabaritajín lujsér]
luzes (f pl) de emergência	վթարային լույսեր	[vtʰarajín lujsér]
faróis (m pl) de neblina	հակամառախուղային լուսարձակներ	[hakamaraχuġajín lusardzaknér]
pisca-pisca (m)	շրջադարձի ցուցիչ	[šrʤadardzí tsʰutsʰíč]
luz (f) de marcha ré	ետընթացի ցուցիչ	[etəntatʰí tsʰutsʰíč]

176. Carros. Habitáculo

interior (do carro)	սրահ	[srah]
de couro	կաշեպատ	[kašepát]
de veludo	թավշյա	[tʰavšjá]
estofamento (m)	պաստառ	[pastár]
indicador (m)	սարքավորում	[sarkʰavorúm]

painel (m)	սարքավորումների վահանակ	[sarkʰavorumnerí vahanák]
velocímetro (m)	արագաչափ	[aragačápʰ]
ponteiro (m)	սլաք	[slakʰ]
hodômetro, odômetro (m)	հաշվիչ	[hašvíč]
indicador (m)	ցուցիչ	[ʦʰuʦʰíč]
nível (m)	մակարդակ	[makardák]
luz (f) de aviso	լամպ	[lamp]
volante (m)	ղեկ	[ġek]
buzina (f)	ազդանշան	[azdanšán]
botão (m)	կոճակ	[kočák]
interruptor (m)	փոխարկիչ	[pʰoχarkíč]
assento (m)	նստատեղ	[nstatéġ]
costas (f pl) do assento	հենակ	[henák]
cabeceira (f)	գլխատեղ	[glχatéġ]
cinto (m) de segurança	անվտանգության գոտի	[anvtangutʰján gotí]
apertar o cinto	ամրացնել անվտանգության գոտին	[amraʦʰnél anvtangutʰján gotín]
ajuste (m)	կարգավորում	[kargavorúm]
airbag (m)	օդային բարձիկ	[odajín barʣík]
ar (m) condicionado	օդորակիչ	[odorakíč]
rádio (m)	ռադիո	[rádio]
leitor (m) de CD	SD-նվագարկիչ	[sidí nvagarkíč]
ligar (vt)	միացնել	[miaʦʰnél]
antena (f)	ալեհավաք	[alehavákʰ]
porta-luvas (m)	պահախցիկ	[pahaχʦʰík]
cinzeiro (m)	մոխրաման	[moχramán]

177. Carros. Motor

motor (m)	շարժիչ	[šarʒíč]
a diesel	դիզելային	[dizelajín]
a gasolina	բենզինային	[benzinajín]
cilindrada (f)	շարժիչի ծավալ	[šarʒičí ʦavál]
potência (f)	հզորություն	[hzorutʰjún]
cavalo (m) de potência	ձիաուժ	[ʣiaúʒ]
pistão (m)	մխոց	[mχoʦʰ]
cilindro (m)	գլան	[glan]
válvula (f)	փական	[pʰakán]
injetor (m)	ինժեկտոր	[inʒektór]
gerador (m)	գեներատոր	[generatór]
carburador (m)	կարբյուրատոր	[karbjuratór]
óleo (m) de motor	շարժիչի յուղ	[šarʒičí juġ]
radiador (m)	ռադիատոր	[radiatór]
líquido (m) de arrefecimento	սառեցնող հեղուկ	[sareʦʰnóġ heġúk]
ventilador (m)	օդափոխիչ	[odapʰoχíč]

bateria (f)	մարտկոց	[martkótsʰ]
dispositivo (m) de arranque	ընթացաշարժիչ	[əntʰatsʰašarʒíč]
ignição (f)	լուցիչ	[lutsʰíč]
vela (f) de ignição	շարժիչի մոմիկ	[šarʒiči momík]
terminal (m)	սեղմակ	[seġmák]
terminal (m) positivo	պլյուս	[pljus]
terminal (m) negativo	մինուս	[mínus]
fusível (m)	ապահովիչ	[apahovíč]
filtro (m) de ar	օդի ֆիլտր	[odí filtr]
filtro (m) de óleo	յուղի ֆիլտր	[juġí filtr]
filtro (m) de combustível	վառելիքային ֆիլտր	[varelikʰajín fíltr]

178. Carros. Batidas. Reparação

acidente (m) de carro	վթար	[vtʰar]
acidente (m) rodoviário	ճանապարհային պատահար	[čanaparhajín patahár]
bater (~ num muro)	բախվել	[baχvél]
sofrer um acidente	վնասվածքներ ստանալ	[vnasvatskʰnér stanál]
dano (m)	վնաս	[vnas]
intato	ողջ	[voġʤ]
avariar (vi)	փչանալ	[pʰčanál]
cabo (m) de reboque	քարշակարան	[kʰaršakarán]
furo (m)	ծակում	[tsakúm]
estar furado	օդը դուրս գալ	[óde durs gal]
encher (vt)	փչել	[pʰčel]
pressão (f)	ճնշում	[čnšum]
verificar (vt)	ստուգել	[stugél]
reparo (m)	նորոգում	[norogúm]
oficina (f) automotiva	արհեստանոց	[arhestanótsʰ]
peça (f) de reposição	պահեստամաս	[pahestamás]
peça (f)	մաս	[mas]
parafuso (com porca)	հեղույս	[heġújs]
parafuso (m)	պտղոսակ	[poġosák]
porca (f)	պտուտակամեր	[ptutakamér]
arruela (f)	մեջդիր	[meʤdír]
rolamento (m)	առանցքակալ	[arantsʰkʰakál]
tubo (m)	խողովակիկ	[χoġovakík]
junta, gaxeta (f)	միջադիր	[miʤadír]
fio, cabo (m)	լար	[lar]
macaco (m)	ամբարձակ	[ambardzák]
chave (f) de boca	մանեկադարձակ	[manekadardzák]
martelo (m)	մուրճ	[murč]
bomba (f)	պոմպ	[pomp]
chave (f) de fenda	պտուտակահան	[ptutakahán]
extintor (m)	կրակմարիչ	[krakmaríč]
triângulo (m) de emergência	վթարային կանգ	[vtʰarajín káng]

morrer (motor)	մարել	[marél]
paragem, "morte" (f)	կանգ առնելը	[káng arnél]
estar quebrado	կոտրված լինել	[kotrváʦ linél]
superaquecer-se (vr)	գերտաքանալ	[gertakʰanál]
entupir-se (vr)	խցանվել	[χʦʰanvél]
congelar-se (vr)	սառչել	[sarčél]
rebentar (vi)	ծակվել	[ʦakvél]
pressão (f)	ճնշում	[čnšum]
nível (m)	մակարդակ	[makardák]
frouxo (adj)	թույլ	[tʰujl]
batida (f)	փոս ընկած տեղ	[pʰós ənkáʦ téġ]
ruído (m)	թխկոց	[tʰχkoʦʰ]
fissura (f)	ճեղք	[čeġkʰ]
arranhão (m)	քերծվածք	[kerʦváʦkʰ]

179. Carros. Estrada

estrada (f)	ճանապարհ	[čanapárh]
autoestrada (f)	մայրուղի	[majruġí]
rodovia (f)	խճուղի	[χčuġí]
direção (f)	ուղղություն	[uġutʰjún]
distância (f)	հեռավորություն	[heravorutʰjún]
ponte (f)	կամուրջ	[kamúrʤ]
parque (m) de estacionamento	ավտոկայանատեղի	[avtokajanateġí]
praça (f)	հրապարակ	[hraparák]
nó (m) rodoviário	հանգուցալուծում	[hanguʦʰaluʦúm]
túnel (m)	թունել	[tʰunél]
posto (m) de gasolina	ավտոլցակայան	[avtolʦʰakaján]
parque (m) de estacionamento	ավտոկայանատեղի	[avtokajanateġí]
bomba (f) de gasolina	բենզալցակայան	[benzalʦʰakaján]
oficina (f) automotiva	արհեստանոց	[arhestanóʦʰ]
abastecer (vt)	լցավորում	[lʦʰavorúm]
combustível (m)	վառելիք	[varelíkʰ]
galão (m) de gasolina	թիթեղ	[tʰitʰéġ]
asfalto (m)	ասֆալտ	[asfált]
marcação (f) de estradas	նշագիծ	[nšagíʦ]
meio-fio (m)	մայթեզր	[majtʰézr]
guard-rail (m)	պատվար	[patvár]
valeta (f)	խրամատու	[χramáru]
acostamento (m)	ճամփեզր	[čampʰézr]
poste (m) de luz	սյուն	[sjun]
dirigir (vt)	վարել	[varél]
virar (~ para a direita)	թեքվել	[tʰekʰvél]
dar retorno	ետ դառնալ	[et darnál]
ré (f)	ետընթացք	[etəntʰáʦʰkʰ]
buzinar (vi)	ազդանշանել	[azdanšanél]
buzina (f)	ձայնային ազդանշան	[ʣajnajín azdanšán]

atolar-se (vr)	մնալ	[mnal]
patinar (na lama)	քաշել	[kʰašél]
desligar (vt)	անջատել	[andʒatél]
velocidade (f)	արագություն	[aragutʰjún]
exceder a velocidade	արագությունը գերազանցել	[aragutʰjúnə gerazantsʰél]
multar (vt)	տուգանել	[tuganél]
semáforo (m)	լուսակիր	[lusakír]
carteira (f) de motorista	վարորդական իրավունքներ	[varordakán iravunkʰnér]
passagem (f) de nível	շրջանցում	[šrdʒantsʰúm]
cruzamento (m)	խաչմերուկ	[χačmerúk]
faixa (f)	հետիոտնի անցում	[hetiotní antsʰúm]
curva (f)	ոլորան	[volorán]
zona (f) de pedestres	հետիոտն ճանապարհ	[hetiótn čanapárh]

180. Sinais de trânsito

código (m) de trânsito	ճանապարհային երթևեկության կանոններ	[čanaparhajín ertʰevekutʰján kanonnér]
sinal (m) de trânsito	նշան	[nšan]
ultrapassagem (f)	վազանց	[vazántsʰ]
curva (f)	շրջադարձ	[šrdʒadárdz]
retorno (m)	հետադարձ	[hetadárdz]
rotatória (f)	շրջանաձև երթևեկություն	[šrdʒanadzév ertʰevekutʰjún]
sentido proibido	մուտքն արգելվում է	[mutkʰn argelvúm ē]
trânsito proibido	շարժումն արգելվում է	[šarʒúmn argelvúm ē]
proibido de ultrapassar	վազանցն արգելվում է	[vazántsʰn argelvúm ē]
estacionamento proibido	կանգառն արգելվում է	[kangárn argelvúm ē]
paragem proibida	կայանելն արգելվում է	[kajanéln argelvúm ē]
curva (f) perigosa	վտանգավոր շրջադարձ	[vtangavór šrdʒadárdz]
descida (f) perigosa	կտրուկ վայրէջք	[ktruk vajrēdʒkʰ]
trânsito de sentido único	միակողմանի երթևեկություն	[miakoġmaní ertʰevekutʰjún]
faixa (f)	հետիոտնի անցում	[hetiotní antsʰúm]
pavimento (m) escorregadio	սահուն ճանապարհ	[sahún čanapárh]
conceder passagem	ճանապարհը զիջի	[čanapárhə zidʒí]

PESSOAS. EVENTOS

Eventos

181. Férias. Evento

festa (f)	տոն	[ton]
feriado (m) nacional	ազգային տոն	[azgajín tón]
feriado (m)	տոնական օր	[tonakán or]
festejar (vt)	տոնել	[tonél]
evento (festa, etc.)	դեպք	[depk^h]
evento (banquete, etc.)	միջոցառում	[midʒots^{h}arúm]
banquete (m)	ճաշկերույթ	[čaškerújt^h]
recepção (f)	ընդունելություն	[əndunelut^{h}jún]
festim (m)	խնջույք	[χndʒujk^h]
aniversário (m)	տարեդարձ	[taredárdz]
jubileu (m)	հոբելյան	[hobelján]
celebrar (vt)	նշել	[nšel]
Ano (m) Novo	Ամանոր	[amanór]
Feliz Ano Novo!	Շնորհավոր Ամանո՛ր	[šnorhavór amanór]
Natal (m)	Սուրբ Ծնունդ	[surb tsnund]
Feliz Natal!	Ուրախ Սուրբ Ծնո՛ւնդ	[uráχ súrb tsnúnd]
árvore (f) de Natal	տոնածառ	[tonatsár]
fogos (m pl) de artifício	հրավառություն	[hravarut^{h}jún]
casamento (m)	հարսանիք	[harsaník^h]
noivo (m)	փեսացու	[p^{h}esats^{h}ú]
noiva (f)	հարսնացու	[harsnats^{h}ú]
convidar (vt)	հրավիրել	[hravirél]
convite (m)	հրավիրատոմս	[hraviratóms]
convidado (m)	հյուր	[hjur]
visitar (vt)	հյուր գնալ	[hjur gnal]
receber os convidados	հյուրերին դիմավորել	[hjurerín dimavorél]
presente (m)	նվեր	[nver]
oferecer, dar (vt)	նվիրել	[nvirél]
receber presentes	նվերներ ստանալ	[nvernér stanál]
buquê (m) de flores	ծաղկեփունջ	[tsaġkep^{h}úndʒ]
felicitações (f pl)	շնորհավորանք	[šnorhavoránk^h]
felicitar (vt)	շնորհավորել	[šnorhavorél]
cartão (m) de parabéns	շնորհավորական բացիկ	[šnorhavorakán bats^{h}ík]
enviar um cartão postal	բացիկ ուղարկել	[bats^{h}ík uġarkél]

receber um cartão postal	բացիկ ստանալ	[batsʰík stanál]
brinde (m)	կենաց	[kenátsʰ]
oferecer (vt)	հյուրասիրել	[hjurasirél]
champanhe (m)	շամպայն	[šampájn]
divertir-se (vr)	զվարճանալ	[zvarčanál]
diversão (f)	զվարճանք	[zvarčánkʰ]
alegria (f)	ուրախություն	[uraχutʰjún]
dança (f)	պար	[par]
dançar (vi)	պարել	[parél]
valsa (f)	վալս	[vals]
tango (m)	տանգո	[tángo]

182. Funerais. Enterro

cemitério (m)	գերեզմանոց	[gerezmanótsʰ]
sepultura (f), túmulo (m)	գերեզման	[gerezmán]
cruz (f)	խաչ	[χač]
lápide (f)	տապանաքար	[tapanakʰár]
cerca (f)	ցանկապատ	[tsʰankapát]
capela (f)	մատուռ	[matúr]
morte (f)	մահ	[mah]
morrer (vi)	մահանալ	[mahanál]
defunto (m)	հանգուցյալ	[hangutsʰjál]
luto (m)	սուգ	[sug]
enterrar, sepultar (vt)	թաղել	[tʰaġél]
funerária (f)	թաղման բյուրո	[tʰaġmán bjuró]
funeral (m)	թաղման արարողություն	[tʰaġmán araroġutʰjún]
coroa (f) de flores	պսակ	[psak]
caixão (m)	դագաղ	[dagáġ]
carro (m) funerário	դիակառք	[diakárkʰ]
mortalha (f)	սավան	[saván]
urna (f) funerária	աճյունասափոր	[ačjunasapʰór]
crematório (m)	դիակիզարան	[diakizarán]
obituário (m), necrologia (f)	մահախոսական	[mahaχosakán]
chorar (vi)	լացել	[latsʰél]
soluçar (vi)	ողբալ	[voġbál]

183. Guerra. Soldados

pelotão (m)	դասակ	[dasák]
companhia (f)	վաշտ	[vašt]
regimento (m)	գունդ	[gund]
exército (m)	բանակ	[banák]
divisão (f)	դիվիզիա	[divízia]

esquadrão (m)	ջոկատ	[ʤokát]
hoste (f)	զորք	[zorkʰ]
soldado (m)	զինվոր	[zinvór]
oficial (m)	սպա	[spa]
soldado (m) raso	շարքային	[šarkʰajín]
sargento (m)	սերժանտ	[serʒánt]
tenente (m)	լեյտենանտ	[lejtenánt]
capitão (m)	կապիտան	[kapitán]
major (m)	մայոր	[majór]
coronel (m)	գնդապետ	[gndapét]
general (m)	գեներալ	[generál]
marujo (m)	ծովային	[ʦovajín]
capitão (m)	կապիտան	[kapitán]
contramestre (m)	բոցման	[boʦʰmán]
artilheiro (m)	հրետանավոր	[hretanavór]
soldado (m) paraquedista	դեսանտային	[desantajín]
piloto (m)	օդաչու	[odačú]
navegador (m)	ղեկապետ	[ġekapét]
mecânico (m)	մեխանիկ	[meχaník]
sapador-mineiro (m)	սակրավոր	[sakravór]
paraquedista (m)	պարաշյուտիստ	[parašjutíst]
explorador (m)	հետախույզ	[hetaχújz]
atirador (m) de tocaia	սնայպեր	[snájper]
patrulha (f)	պարեկ	[parék]
patrulhar (vt)	պարեկել	[parekél]
sentinela (f)	ժամապահ	[ʒamapáh]
guerreiro (m)	ռազմիկ	[razmík]
patriota (m)	հայրենասեր	[hajrenasér]
herói (m)	հերոս	[herós]
heroína (f)	հերոսուհի	[herosuhí]
traidor (m)	դավաճան	[davačán]
desertor (m)	դասալիք	[dasalíkʰ]
desertar (vt)	դասալքել	[dasalkʰél]
mercenário (m)	վարձկան	[varʣkán]
recruta (m)	նորակոչիկ	[norakočík]
voluntário (m)	կամավոր	[kamavór]
morto (m)	սպանվածը	[spanváʦə]
ferido (m)	վիրավոր	[viravór]
prisioneiro (m) de guerra	գերի	[gerí]

184. Guerra. Ações militares. Parte 1

guerra (f)	պատերազմ	[paterázm]
guerrear (vt)	պատերազմել	[paterazmél]

guerra (f) civil	քաղաքացիական պատերազմ	[kʰaġakatsʰiakán paterázm]
perfidamente	նենգորեն	[nengorén]
declaração (f) de guerra	հայտարարում	[hajtararúm]
declarar guerra	հայտարարել	[hajtararél]
agressão (f)	ագրեսիա	[agrésia]
atacar (vt)	հարձակվել	[hardzakvél]
invadir (vt)	զավթել	[zavtʰél]
invasor (m)	զավթիչ	[zavtʰíč]
conquistador (m)	նվաճող	[nvačóġ]
defesa (f)	պաշտպանություն	[paštpanutʰjún]
defender (vt)	պաշտպանել	[paštpanél]
defender-se (vr)	պաշտպանվել	[paštpanvél]
inimigo (m)	թշնամի	[tʰšnamí]
adversário (m)	հակառակորդ	[hakarakórd]
inimigo (adj)	թշնամական	[tʰšnamakán]
estratégia (f)	ռազմավարություն	[razmavarutʰjún]
tática (f)	մարտավարություն	[martavarutʰjún]
ordem (f)	հրաման	[hramán]
comando (m)	հրաման	[hramán]
ordenar (vt)	հրամայել	[hramajél]
missão (f)	առաջադրանք	[aradʒadránkʰ]
secreto (adj)	գաղտնի	[gaġtní]
batalha (f)	ճակատամարտ	[čakatamárt]
combate (m)	մարտ	[mart]
ataque (m)	հարձակում	[hardzakúm]
assalto (m)	գրոհ	[groh]
assaltar (vt)	գրոհել	[grohél]
assédio, sítio (m)	պաշարում	[pašarúm]
ofensiva (f)	հարձակում	[hardzakúm]
tomar à ofensiva	հարձակվել	[hardzakvél]
retirada (f)	նահանջ	[nahándʒ]
retirar-se (vr)	նահանջել	[nahandʒél]
cerco (m)	շրջապատում	[šrdʒapatúm]
cercar (vt)	շրջապատել	[šrdʒapatél]
bombardeio (m)	ռմբակոծություն	[rmbakotsutʰjún]
lançar uma bomba	ռումբ նետել	[rúmb netél]
bombardear (vt)	ռմբակոծել	[rmbakotsél]
explosão (f)	պայթյուն	[pajtʰjún]
tiro (m)	կրակոց	[krakótsʰ]
dar um tiro	կրակել	[krakél]
tiroteio (m)	հրաձգություն	[hradzgutʰjún]
apontar para ...	նշան բռնել	[nšán brnel]
apontar (vt)	ուղղել	[uġġél]

acertar (vt)	դիպչել	[dipčél]
afundar (~ um navio, etc.)	խորտակել	[χortakél]
brecha (f)	ճեղքվածք	[čeġkvátskʰ]
afundar-se (vr)	ընդհատակ գնալ	[əndhaták gnal]
frente (m)	ճակատ	[čakát]
evacuação (f)	էվակուացիա	[ēvakuátsʰia]
evacuar (vt)	էվակուացնել	[ēvakuatsʰnél]
trincheira (f)	խրամատ	[χramát]
arame (m) enfarpado	փշալար	[pʰšalár]
barreira (f) anti-tanque	փակոց	[pʰakótsʰ]
torre (f) de vigia	աշտարակ	[aštarák]
hospital (m) militar	գոսպիտալ	[gospitál]
ferir (vt)	վիրավորել	[viravorél]
ferida (f)	վերք	[verkʰ]
ferido (m)	վիրավոր	[viravór]
ficar ferido	վիրավորվել	[viravorvél]
grave (ferida ~)	ծանր	[tsanr]

185. Guerra. Ações militares. Parte 2

cativeiro (m)	գերություն	[gerutʰjún]
capturar (vt)	գերի վերցնել	[gerí vertsʰnél]
estar em cativeiro	գերի լինել	[gerí linél]
ser aprisionado	գերի ընկնել	[gerí ənknél]
campo (m) de concentração	համակենտրոնացման ճամբար	[hamakentronatsʰmán čambár]
prisioneiro (m) de guerra	գերի	[gerí]
escapar (vi)	փախչել	[pʰaχčél]
trair (vt)	դավաճանել	[davačanél]
traidor (m)	դավաճան	[davačán]
traição (f)	դավաճանություն	[davačanutʰjún]
fuzilar, executar (vt)	գնդակահարել	[gndakaharél]
fuzilamento (m)	գնդակահարություն	[gndakaharutʰjún]
equipamento (m)	հանդերձանք	[handerdzánkʰ]
insígnia (f) de ombro	ուսադիր	[usadír]
máscara (f) de gás	հակագազ	[hakagáz]
rádio (m)	ռադիոկայան	[radiokaján]
cifra (f), código (m)	գաղտնագիր	[gaġtnagír]
conspiração (f)	կոնսպիրացիա	[konspirátsʰia]
senha (f)	նշանաբառ	[nšanabár]
mina (f)	ական	[akán]
minar (vt)	ականապատել	[akanapatél]
campo (m) minado	ականային դաշտ	[akanajín dášt]
alarme (m) aéreo	օդային տագնապ	[odajín tagnáp]
alarme (m)	տագնապ	[tagnáp]

sinal (m)	ազդանշան	[azdanšán]
sinalizador (m)	ազդանշանային հրթիռ	[azdanšanajín hrtʰir]
quartel-general (m)	շտաբ	[štab]
reconhecimento (m)	հետախուզություն	[hetaχuzutʰjún]
situação (f)	իրադրություն	[iradrutʰjún]
relatório (m)	զեկուցագիր	[zekuʦʰagír]
emboscada (f)	դարան	[darán]
reforço (m)	օգնություն	[ognutʰjún]
alvo (m)	նշանակետ	[nšanakét]
campo (m) de tiro	հրաձգարան	[hraʣgarán]
manobras (f pl)	զորավարժություններ	[zoravarʒutʰjunnér]
pânico (m)	խուճապ	[χučáp]
devastação (f)	ավերմունք	[avermúnkʰ]
ruínas (f pl)	ավիրածություններ	[avirvaʦutʰjunnér]
destruir (vt)	ավիրել	[avirél]
sobreviver (vi)	կենդանի մնալ	[kendaní mnal]
desarmar (vt)	զինաթափել	[zinatʰapʰél]
manusear (vt)	վարվել	[varvél]
Sentido!	Զգա՛ստ	[zgast!]
Descansar!	Ազա՛տ	[azát!]
façanha (f)	հերոսագործություն	[herosagorʦutʰjún]
juramento (m)	երդում	[erdúm]
jurar (vi)	երդվել	[erdvél]
condecoração (f)	պարգևանշան	[pargevanšán]
condecorar (vt)	պարգևատրել	[pargevatrél]
medalha (f)	մեդալ	[medál]
ordem (f)	շքանշան	[škʰanšán]
vitória (f)	հաղթանակ	[haġtʰanák]
derrota (f)	պարտություն	[partutʰjún]
armistício (m)	զինադադար	[zinadadár]
bandeira (f)	դրոշ	[droš]
glória (f)	փառք	[pʰarkʰ]
parada (f)	զորահանդես	[zorahandés]
marchar (vi)	երթաքայլել	[ertʰakʰajlél]

186. Armas

arma (f)	զենք	[zenkʰ]
arma (f) de fogo	հրազեն	[hrazén]
arma (f) branca	սառը զենք	[sárə zenkʰ]
arma (f) química	քիմիական զենք	[kimiakán zénkʰ]
nuclear (adj)	միջուկային	[miʤukajín]
arma (f) nuclear	միջուկային զենք	[miʤukajín zénkʰ]
bomba (f)	ռումբ	[rumb]

bomba (f) atômica	ատոմային ռումբ	[atomajín rúmb]
pistola (f)	ատրճանակ	[atrčanák]
rifle (m)	հրացան	[hratsʰán]
semi-automática (f)	ավտոմատ	[avtomát]
metralhadora (f)	գնդացիր	[gndatsʰír]
boca (f)	փողաբերան	[pʰoġaberán]
cano (m)	փող	[pʰoġ]
calibre (m)	տրամաչափ	[tramačápʰ]
gatilho (m)	հրահան	[hrahán]
mira (f)	նշան	[nšan]
carregador (m)	պահեստատուփ	[pahestatúpʰ]
coronha (f)	կոթ	[kotʰ]
granada (f) de mão	նռնակ	[nrnak]
explosivo (m)	պայթուցիկ	[pajtʰutsʰík]
bala (f)	գնդակ	[gndak]
cartucho (m)	փամփուշտ	[pʰampúšt]
carga (f)	լից	[litsʰ]
munições (f pl)	զինամթերք	[zinamtʰérkʰ]
bombardeiro (m)	ռմբակոծիչ	[rmbakotsíč]
avião (m) de caça	կործանիչ	[kortsaníč]
helicóptero (m)	ուղղաթիռ	[uġatʰír]
canhão (m) antiaéreo	զենիթային թնդանոթ	[zenitʰajín tʰndanótʰ]
tanque (m)	տանկ	[tank]
canhão (de um tanque)	թնդանոթ	[tʰndanótʰ]
artilharia (f)	հրետանի	[hretaní]
fazer a pontaria	ուղղել	[uġġél]
projétil (m)	արկ	[ark]
granada (f) de morteiro	ական	[akán]
morteiro (m)	ականանետ	[akananét]
estilhaço (m)	բեկոր	[bekór]
submarino (m)	սուզանավ	[suzanáv]
torpedo (m)	տորպեդ	[torpéd]
míssil (m)	հրթիռ	[hrtʰir]
carregar (uma arma)	լցնել	[ltsʰnel]
disparar, atirar (vi)	կրակել	[krakél]
apontar para ...	նշան բռնել	[nšán brnel]
baioneta (f)	սվին	[svin]
espada (f)	սուսեր	[susér]
sabre (m)	սուր	[sur]
lança (f)	նիզակ	[nizák]
arco (m)	աղեղ	[aġéġ]
flecha (f)	նետ	[net]
mosquete (m)	մուշկետ	[muškét]
besta (f)	աղեղնազեն	[aġeġnazén]

187. Povos da antiguidade

primitivo (adj)	նախնադարյան	[naχnadarján]
pré-histórico (adj)	նախապատմական	[naχapatmakán]
antigo (adj)	հին	[hin]
Idade (f) da Pedra	քարե դար	[kʰaré dár]
Idade (f) do Bronze	բրոնզե դար	[bronzé dár]
Era (f) do Gelo	սառցե դարաշրջան	[sarʦʰé darašrʤán]
tribo (f)	ցեղ	[ʦʰeġ]
canibal (m)	մարդակեր	[mardakér]
caçador (m)	որսորդ	[vorsórd]
caçar (vi)	որս անել	[vors anél]
mamute (m)	մամոնտ	[mamónt]
caverna (f)	քարանձավ	[kʰaranʣáv]
fogo (m)	կրակ	[krak]
fogueira (f)	խարույկ	[χarújk]
pintura (f) rupestre	ժայռանկար	[ʒajrapatkér]
ferramenta (f)	աշխատանքի գործիք	[ašχatankí gorʦíkʰ]
lança (f)	նիզակ	[nizák]
machado (m) de pedra	քարե կացին	[kʰaré kaʦʰín]
guerrear (vt)	պատերազմել	[paterazmél]
domesticar (vt)	ընտելացնել	[əntelaʦʰnél]
ídolo (m)	կուռք	[kurkʰ]
adorar, venerar (vt)	պաշտել	[paštél]
superstição (f)	սնապաշտություն	[snapaštutʰjún]
evolução (f)	էվոլյուցիա	[ēvoljúʦʰia]
desenvolvimento (m)	զարգացում	[zargaʦʰúm]
extinção (f)	անհետացում	[anhetaʦʰúm]
adaptar-se (vr)	ընտելանալ	[əntelanál]
arqueologia (f)	հնէաբանություն	[hnēabanutʰjún]
arqueólogo (m)	հնագետ	[hnagét]
arqueológico (adj)	հնէաբանական	[hnēabanakán]
escavação (sítio)	պեղումներ	[peġumnér]
escavações (f pl)	պեղումներ	[peġumnér]
achado (m)	գտածո	[gtaʦó]
fragmento (m)	բեկոր	[bekór]

188. Idade média

povo (m)	ժողովուրդ	[ʒoġovúrd]
povos (m pl)	ժողովուրդներ	[ʒoġovurdnér]
tribo (f)	ցեղ	[ʦʰeġ]
tribos (f pl)	ցեղեր	[ʦʰeġér]
bárbaros (pl)	բարբարոսներ	[barbarosnér]
galeses (pl)	գալլեր	[gallér]

godos (pl)	գոտեր	[gotér]
eslavos (pl)	սլավոններ	[slavonnér]
viquingues (pl)	վիկինգներ	[vikingnér]
romanos (pl)	հռոմեացիներ	[hromeatsʰinér]
romano (adj)	հռոմեական	[hromeakán]
bizantinos (pl)	բաբելոնացիներ	[babelonatsʰinér]
Bizâncio	Բաբելոն	[babelón]
bizantino (adj)	բաբելոնյան	[babelonakán]
imperador (m)	կայսր	[kajsr]
líder (m)	առաջնորդ	[araʤnórd]
poderoso (adj)	հզոր	[hzor]
rei (m)	թագավոր	[tʰagavór]
governante (m)	ղեկավար	[ġekavár]
cavaleiro (m)	ասպետ	[aspét]
senhor feudal (m)	ավատատեր	[avatatér]
feudal (adj)	ավատատիրական	[avatatirakán]
vassalo (m)	վասսալ	[vassál]
duque (m)	դուքս	[dukʰs]
conde (m)	կոմս	[koms]
barão (m)	բարոն	[barón]
bispo (m)	եպիսկոպոս	[episkopós]
armadura (f)	զենք ու զրահ	[zenkʰ u zrah]
escudo (m)	վահան	[vahán]
espada (f)	թուր	[tʰur]
viseira (f)	երեսկալ	[ereskál]
cota (f) de malha	օղազրահ	[oġazráh]
cruzada (f)	խաչակրաց արշավանք	[χačakrátsʰ aršavánkʰ]
cruzado (m)	խաչակիր	[χačakír]
território (m)	տարածք	[tarátskʰ]
atacar (vt)	հարձակվել	[hardzakvél]
conquistar (vt)	գրավել	[gravél]
ocupar, invadir (vt)	զավթել	[zavtʰél]
assédio, sítio (m)	պաշարում	[pašarúm]
sitiado (adj)	պաշարված	[pašarváts]
assediar, sitiar (vt)	պաշարել	[pašarél]
inquisição (f)	հավատաքննություն	[havatakʰnnutʰjún]
inquisidor (m)	հավատաքննիչ	[havatakʰnníč]
tortura (f)	խոշտանգում	[χoštangúm]
cruel (adj)	դաժան	[daʒán]
herege (m)	հերետիկոս	[heretikós]
heresia (f)	հերետիկոսություն	[heretikutʰjún]
navegação (f) marítima	ծովագնացություն	[tsovagnatsʰutʰjún]
pirata (m)	ծովահեն	[tsovahén]
pirataria (f)	ծովահենություն	[tsovahenutʰjún]
abordagem (f)	նավազգեռում	[navagzerúm]

presa (f), butim (m)	որս	[vors]
tesouros (m pl)	գանձեր	[gandzér]
descobrimento (m)	հայտնագործություն	[hajtnagortsutʰjún]
descobrir (novas terras)	հայտնագործել	[hajtnagortsél]
expedição (f)	արշավ	[aršáv]
mosqueteiro (m)	հրացանակիր	[hratsʰanakír]
cardeal (m)	կարդինալ	[kardinál]
heráldica (f)	զինանիշագիտություն	[zinanišagitutʰjún]
heráldico (adj)	զինանիշագիտական	[zinanišagitakán]

189. Líder. Chefe. Autoridades

rei (m)	թագավոր	[tʰagavór]
rainha (f)	թագուհի	[tʰaguhí]
real (adj)	թագավորական	[tʰagavorakán]
reino (m)	թագավորություն	[tʰagavorutʰjún]
príncipe (m)	արքայազն	[arkʰajázn]
princesa (f)	արքայադուստր	[arkʰajadústr]
presidente (m)	նախագահ	[naχagáh]
vice-presidente (m)	փոխնախագահ	[pʰoχnaχagáh]
senador (m)	սենատոր	[senatór]
monarca (m)	միապետ	[marzpét]
governante (m)	ղեկավար	[ġekavár]
ditador (m)	դիկտատոր	[diktatór]
tirano (m)	բռնապետ	[brnapét]
magnata (m)	մագնատ	[magnát]
diretor (m)	տնօրեն	[tnorén]
chefe (m)	շեֆ	[šef]
gerente (m)	կառավարիչ	[karavaríč]
patrão (m)	պետ	[pet]
dono (m)	տեր	[ter]
chefe (m)	գլուխ	[gluχ]
autoridades (f pl)	իշխանություններ	[išχanutʰjunnér]
superiores (m pl)	ղեկավարություն	[ġekavarutʰjún]
governador (m)	գուբերնատոր	[gubernátor]
cônsul (m)	հյուպատոս	[hjupatós]
diplomata (m)	դիվանագետ	[divanagét]
Presidente (m) da Câmara	քաղաքապետ	[kʰaġakapét]
xerife (m)	ոստիկանապետ	[vostikanapét]
imperador (m)	կայսր	[kajsr]
czar (m)	թագավոր	[tʰagavór]
faraó (m)	փարավոն	[pʰaravón]
cã, khan (m)	խան	[χan]

190. Estrada. Caminho. Direções

estrada (f)	ճանապարհ	[čanapárh]
via (f)	ուղի	[uġí]
rodovia (f)	խճուղի	[χčuġí]
autoestrada (f)	մայրուղի	[majruġí]
estrada (f) nacional	ազգային ճանապարհ	[azgajín čanapárh]
estrada (f) principal	գլխավոր ճանապարհ	[glχavór čanapárh]
estrada (f) de terra	գյուղական ճանապարհ	[gjuġakán čanapárh]
trilha (f)	արահետ	[arahét]
pequena trilha (f)	կածան	[katsán]
Onde?	Որտե՞ղ	[vortéġ?]
Para onde?	Ո՞ւր	[ur?]
De onde?	Որտեղի՞ց	[vorteġítsʰ?]
direção (f)	ուղղություն	[uġutʰjún]
indicar (~ o caminho)	ցույց տալ	[tsʰújtsʰ tal]
para a esquerda	ձախ	[dzaχ]
para a direita	աջ	[adʒ]
em frente	ուղիղ	[uġíġ]
para trás	ետ	[et]
curva (f)	ոլորան	[volorán]
virar (~ para a direita)	թեքվել	[tʰekʰvél]
dar retorno	ետ դառնալ	[et darnál]
estar visível	երևալ	[ereválˈ]
aparecer (vi)	երևալ	[ereválˈ]
paragem (pausa)	կանգ	[kang]
descansar (vi)	հանգստանալ	[hangstanál]
descanso, repouso (m)	հանգիստ	[hangíst]
perder-se (vr)	մոլորվել	[molorvél]
conduzir a ... (caminho)	տանել դեպի ...	[tanél depí ...]
chegar a ...	դուրս գալ ... մոտ	[durs gal ... mot]
trecho (m)	հատված	[hatváts]
asfalto (m)	ասֆալտ	[asfált]
meio-fio (m)	մայթեզր	[majtʰézr]
valeta (f)	առու	[arú]
tampa (f) de esgoto	լյուկ	[ljuk]
acostamento (m)	ճամփեզր	[čampʰézr]
buraco (m)	փոս	[pʰos]
ir (a pé)	գնալ	[gnal]
ultrapassar (vt)	առաջ անցնել	[arádʒ antsʰnél]
passo (m)	քայլ	[kʰajl]
a pé	ոտքով	[votkʰóv]

bloquear (vt)	անջատել	[andʒatél]
cancela (f)	արգելափակոց	[argelapʰakótsʰ]
beco (m) sem saída	փակուղի	[pʰakuġí]

191. Violação da lei. Criminosos. Parte 1

bandido (m)	ավազակ	[avazák]
crime (m)	հանցագործություն	[hantsʰagortsutʰjún]
criminoso (m)	հանցագործ	[hantsʰagórts]
ladrão (m)	գող	[goġ]
roubar (vt)	գողանալ	[goġanál]
furto, roubo (m)	գողություն	[goġutʰjún]
raptar, sequestrar (vt)	առևանգել	[arevangél]
sequestro (m)	առևանգում	[arevangúm]
sequestrador (m)	առևանգող	[arevangóġ]
resgate (m)	փրկագին	[pʰrkagín]
pedir resgate	փրկագին պահանջել	[pʰrkagín pahandʒél]
roubar (vt)	կողոպտել	[koġoptél]
assaltante (m)	կողոպտիչ	[koġoptíč]
extorquir (vt)	շորթել	[šortʰél]
extorsionário (m)	շորթիչ	[šortʰíč]
extorsão (f)	շորթում	[šortʰúm]
matar, assassinar (vt)	սպանել	[spanél]
homicídio (m)	սպանություն	[spanutʰjún]
homicida, assassino (m)	մարդասպան	[mardaspán]
tiro (m)	կրակոց	[krakótsʰ]
dar um tiro	կրակել	[krakél]
matar a tiro	կրակել	[krakél]
disparar, atirar (vi)	կրակել	[krakél]
tiroteio (m)	հրաձգություն	[hradzgutʰjún]
incidente (m)	պատահար	[patahár]
briga (~ de rua)	կռիվ	[kriv]
vítima (f)	զոհ	[zoh]
danificar (vt)	վնաս հասցնել	[vnas hastsʰnél]
dano (m)	վնաս	[vnas]
cadáver (m)	դիակ	[diák]
grave (adj)	ծանր	[tsanr]
atacar (vt)	հարձակում կատարել	[hardzakúm katarél]
bater (espancar)	հարվածել	[harvatsél]
espancar (vt)	ծեծել	[tsetsél]
tirar, roubar (dinheiro)	խլել	[χlel]
esfaquear (vt)	մորթել	[mortʰél]
mutilar (vt)	խեղանդամացնել	[χeġandamatsʰnél]
ferir (vt)	վիրավորել	[viravorél]

chantagem (f)	շորթում	[šort^{h}úm]
chantagear (vt)	շորթել	[šort^{h}él]
chantagista (m)	շորթումնագործ	[šort^{h}umnagórts]
extorsão (f)	դրամաշորթություն	[dramašhort^{h}ut^{h}jún]
extorsionário (m)	դրամաշորթ	[dramašórt^h]
gângster (m)	ավազակ	[avazák]
máfia (f)	մաֆիա	[máfia]
punguista (m)	գրպանահատ	[grpanahát]
assaltante, ladrão (m)	կոտրանք կատարող	[kotránk^h kataróġ]
contrabando (m)	մաքսանենգություն	[mak^{h}sanengut^{h}jún]
contrabandista (m)	մաքսանենգ	[mak^{h}sanéng]
falsificação (f)	կեղծիք	[keġtsík^h]
falsificar (vt)	կեղծել	[keġtsél]
falsificado (adj)	կեղծ	[keġts]

192. Violação da lei. Criminosos. Parte 2

estupro (m)	բռնաբարություն	[brnabarut^{h}jún]
estuprar (vt)	բռնաբարել	[brnabarél]
estuprador (m)	բռնաբարող	[brnabaróġ]
maníaco (m)	մոլագար	[molagár]
prostituta (f)	պոռնիկ	[porník]
prostituição (f)	պոռնկություն	[pornkut^{h}jún]
cafetão (m)	կավատ	[kavát]
drogado (m)	թմրամոլ	[t^{h}mramól]
traficante (m)	թմրավաճառ	[t^{h}mravačár]
explodir (vt)	պայթեցնել	[pajt^{h}ets^{h}nél]
explosão (f)	պայթյուն	[pajt^{h}jún]
incendiar (vt)	հրկիզել	[hrkizél]
incendiário (m)	հրկիզող	[hrkizóġ]
terrorismo (m)	ահաբեկչություն	[ahabekčut^{h}jún]
terrorista (m)	ահաբեկիչ	[ahabekíč]
refém (m)	պատանդ	[patánd]
enganar (vt)	խաբել	[χabél]
engano (m)	խաբեություն	[χabeut^{h}jún]
vigarista (m)	խարդախ	[χardáχ]
subornar (vt)	կաշառել	[kašarél]
suborno (atividade)	կաշառք	[kašárk^h]
suborno (dinheiro)	կաշառք	[kašárk^h]
veneno (m)	թույն	[t^{h}ujn]
envenenar (vt)	թունավորել	[t^{h}unavorél]
envenenar-se (vr)	թունավորվել	[t^{h}unavorél]
suicídio (m)	ինքնասպանություն	[ink^{h}naspanut^{h}jún]
suicida (m)	ինքնասպան	[ink^{h}naspán]

ameaçar (vt)	սպառնալ	[sparnál]
ameaça (f)	սպառնալիք	[sparnalík^{h}]
atentar contra a vida de ...	մահափորձ կատարել	[mahap^{h}órdz katarél]
atentado (m)	մահափորձ	[mahap^{h}órdz]
roubar (um carro)	առևանգել	[arevangél]
sequestrar (um avião)	առևանգել	[arevangél]
vingança (f)	վրեժ	[vreʒ]
vingar (vt)	վրեժ լուծել	[vreʒ lutsél]
torturar (vt)	խոշտանգել	[χoštangél]
tortura (f)	խոշտանգում	[χoštangúm]
atormentar (vt)	խոշտանգել	[χoštangél]
pirata (m)	ծովահեն	[tsovahén]
desordeiro (m)	խուլիգան	[χuligán]
armado (adj)	զինված	[zinváts]
violência (f)	բռնություն	[brnut^{h}jún]
espionagem (f)	լրտեսություն	[lrtesut^{h}jún]
espionar (vi)	լրտեսել	[lrtesél]

193. Polícia. Lei. Parte 1

justiça (sistema de ~)	դատ	[dat]
tribunal (m)	դատարան	[datarán]
juiz (m)	դատավոր	[datavór]
jurados (m pl)	ատենակալ	[atenakál]
tribunal (m) do júri	ատենակալների դատարան	[atenakalnerí datarán]
julgar (vt)	դատել	[datél]
advogado (m)	փաստաբան	[p^{h}astabán]
réu (m)	ամբաստանյալ	[ambastanjál]
banco (m) dos réus	ամբաստանյալների աթոռ	[ambastanjalnerí at^{h}ór]
acusação (f)	մեղադրանք	[meġadránk^{h}]
acusado (m)	մեղադրյալ	[meġadrjál]
sentença (f)	դատավճիռ	[datavčír]
sentenciar (vt)	դատապարտել	[datapartél]
culpado (m)	հանցավոր	[hants^{h}avór]
punir (vt)	պատժել	[patʒél]
punição (f)	պատժամիջոց	[patʒamidʒóts^{h}]
multa (f)	տուգանք	[tugánk^{h}]
prisão (f) perpétua	ցմահ բանտարկություն	[ts^{h}máh bantarkut^{h}jún]
pena (f) de morte	մահապատիժ	[mahapatíʒ]
cadeira (f) elétrica	էլեկտրական աթոռ	[ēlektrakán at^{h}ór]
forca (f)	կախաղան	[kaχaġán]
executar (vt)	մահապատժի ենթարկել	[mahapatʒí ent^{h}arkél]
execução (f)	մահապատիժ	[mahapatíʒ]

prisão (f)	բանտ	[bant]
cela (f) de prisão	բանտախցիկ	[bantaχtsʰík]
escolta (f)	պահակախումբ	[pahakaχúmb]
guarda (m) prisional	հսկիչ	[hskič]
preso, prisioneiro (m)	բանտարկյալ	[bantarkjál]
algemas (f pl)	ձեռնաշղթաներ	[dzernašġtʰanér]
algemar (vt)	ձեռնաշղթաներ հագցնել	[dzernašġtʰanér hagtsʰnél]
fuga, evasão (f)	փախուստ	[pʰaχúst]
fugir (vi)	փախչել	[pʰaχčél]
desaparecer (vi)	անհայտանալ	[anhajtanál]
soltar, libertar (vt)	ազատել	[azatél]
anistia (f)	ներում	[nerúm]
polícia (instituição)	ոստիկանություն	[vostikanutʰjún]
polícia (m)	ոստիկան	[vostikán]
delegacia (f) de polícia	ոստիկանության բաժանմունք	[vostikanutʰján baʒanmúnkʰ]
cassetete (m)	ռետինե մահակ	[retiné mahák]
megafone (m)	խոսափող	[χosapʰóġ]
carro (m) de patrulha	պարեկային ավտոմեքենա	[parekajín avtomekʰená]
sirene (f)	շչակ	[ščak]
ligar a sirene	շչակը միացնել	[ščákə miatsʰnél]
toque (m) da sirene	շչակի ոռնոց	[ščakí vornótsʰ]
cena (f) do crime	դեպքի վայր	[depkʰí vajr]
testemunha (f)	վկա	[vka]
liberdade (f)	ազատություն	[azatutʰjún]
cúmplice (m)	հանցակից	[hantsʰakítsʰ]
escapar (vi)	փախչել	[pʰaχčél]
traço (não deixar ~s)	հետք	[hetkʰ]

194. Polícia. Lei. Parte 2

procura (f)	հետաքննություն	[hetakʰnnutʰjún]
procurar (vt)	փնտրել	[pʰntrel]
suspeita (f)	կասկած	[kaskáts]
suspeito (adj)	կասկածելի	[kaskatselí]
parar (veículo, etc.)	կանգնեցնել	[kangnetsʰnél]
deter (fazer parar)	ձերբակալել	[dzerbakalél]
caso (~ criminal)	գործ	[gorts]
investigação (f)	հետաքննություն	[hetakʰnnutʰjún]
detetive (m)	խուզարկու	[χuzarkú]
investigador (m)	քննիչ	[kʰnnič]
versão (f)	վարկած	[varkáts]
motivo (m)	շարժառիթ	[šarʒarítʰ]
interrogatório (m)	հարցաքննություն	[hartsʰakʰnnutʰjún]
interrogar (vt)	հարվաքննել	[hartsakʰnnél]
questionar (vt)	հարցաքննել	[hartsʰakʰnnél]

verificação (f)	ստուգում	[stugúm]
batida (f) policial	շուրջկալ	[šurdʒkál]
busca (f)	խուզարկություն	[χuzarkutʰjún]
perseguição (f)	հետապնդում	[hetapndúm]
perseguir (vt)	հետապնդել	[hetapndél]
seguir, rastrear (vt)	հետևել	[hetevél]
prisão (f)	ձերբակալություն	[dzerbakalutʰjún]
prender (vt)	ձերբակալել	[dzerbakalél]
pegar, capturar (vt)	բռնել	[brnel]
captura (f)	բռնելը	[brnelə]
documento (m)	փաստաթուղթ	[pʰastatʰúġtʰ]
prova (f)	ապացույց	[apatsʰújtsʰ]
provar (vt)	ապացուցել	[apatsʰutsʰél]
pegada (f)	հետք	[hetkʰ]
impressões (f pl) digitais	մատնահետքեր	[matnahetkʰér]
prova (f)	հանցանշան	[hantsʰanšán]
álibi (m)	ալիբի	[álibi]
inocente (adj)	անմեղ	[anméġ]
injustiça (f)	անարդարություն	[anardarutʰjún]
injusto (adj)	անարդար	[anardár]
criminal (adj)	քրեական	[kʰreakán]
confiscar (vt)	բռնագրավել	[brnagravél]
droga (f)	թմրանյութ	[tʰmranjútʰ]
arma (f)	զենք	[zenkʰ]
desarmar (vt)	զինաթափել	[zinatʰapʰél]
ordenar (vt)	հրամայել	[hramajél]
desaparecer (vi)	անհետանալ	[anhetanál]
lei (f)	օրենք	[orénkʰ]
legal (adj)	օրինական	[orinakán]
ilegal (adj)	անօրինական	[anorinakán]
responsabilidade (f)	պատասխանատվություն	[patasχanatvutʰjún]
responsável (adj)	պատասխանատու	[patasχanatú]

NATUREZA

A Terra. Parte 1

195. Espaço sideral

espaço, cosmo (m)	տիեզերք	[tiezérkʰ]
espacial, cósmico (adj)	տիեզերական	[tiezerakán]
espaço (m) cósmico	տիեզերական տարածություն	[tiezerakán taraʦutʰjún]
mundo (m)	աշխարհ	[ašχárh]
universo (m)	տիեզերք	[tiezérkʰ]
galáxia (f)	գալակտիկա	[galáktika]
estrela (f)	աստղ	[astġ]
constelação (f)	համաստեղություն	[hamasteġutʰjún]
planeta (m)	մոլորակ	[molorák]
satélite (m)	արբանյակ	[arbanják]
meteorito (m)	երկնաքար	[erknakʰár]
cometa (m)	գիսաստղ	[gisástġ]
asteroide (m)	աստղակերպ	[astġakérp]
órbita (f)	ուղեծիր	[uġeʦír]
girar (vi)	պտտվել	[ptətvél]
atmosfera (f)	մթնոլորտ	[mtʰnolórt]
Sol (m)	արեգակ	[aregák]
Sistema (m) Solar	արեգակնային համակարգ	[aregaknajín hamakárg]
eclipse (m) solar	արևի խավարում	[areví χavarúm]
Terra (f)	Երկիր	[erkír]
Lua (f)	Լուսին	[lusín]
Marte (m)	Մարս	[mars]
Vênus (f)	Վեներա	[venéra]
Júpiter (m)	Յուպիտեր	[jupíter]
Saturno (m)	Սատուրն	[satúrn]
Mercúrio (m)	Մերկուրի	[merkúri]
Urano (m)	Ուրան	[urán]
Netuno (m)	Նեպտուն	[neptún]
Plutão (m)	Պլուտոն	[plutón]
Via Láctea (f)	Կաթնածիր	[katʰnaʦír]
Ursa Maior (f)	Մեծ Արջ	[meʦ arʤ]
Estrela Polar (f)	Բևեռային Աստղ	[beverajín ástġ]
marciano (m)	Մարսի բնակիչ	[marsí bnakíč]

extraterrestre (m)	այլմոլորակային	[ajlmolorakajín]
alienígena (m)	եկվոր	[ekvór]
disco (m) voador	թռչող ափսե	[tʰrčóġ apʰsé]
espaçonave (f)	տիեզերանավ	[tiezeragnáts]
estação (f) orbital	ուղեծրային կայան	[uġetsrajín kaján]
lançamento (m)	մեկնարկ	[meknatʰríčkʰ]
motor (m)	շարժիչ	[šarʒíč]
bocal (m)	փողելք	[pʰoġélkʰ]
combustível (m)	վառելիք	[varelíkʰ]
cabine (f)	խցիկ	[χtsʰik]
antena (f)	ալեհավաք	[alehavákʰ]
vigia (f)	իլյումինատոր	[iljuminátor]
bateria (f) solar	արևային մարտկոց	[arevajín martkótsʰ]
traje (m) espacial	սկաֆանդր	[skafándr]
imponderabilidade (f)	անկշռություն	[ankšrutʰjún]
oxigênio (m)	թթվածին	[tʰtʰvatsín]
acoplagem (f)	միակցում	[miaktsʰúm]
fazer uma acoplagem	միակցում կատարել	[miaktsʰúm katarél]
observatório (m)	աստղադիտարան	[astġaditarán]
telescópio (m)	աստղադիտակ	[astġaditák]
observar (vt)	հետևել	[hetevél]
explorar (vt)	հետազոտել	[hetazotél]

196. A Terra

Terra (f)	Երկիր	[erkír]
globo terrestre (Terra)	երկրագունդ	[erkragúnd]
planeta (m)	մոլորակ	[molorák]
atmosfera (f)	մթնոլորտ	[mtʰnolórt]
geografia (f)	աշխարհագրություն	[ašχarhagrutʰjún]
natureza (f)	բնություն	[bnutʰjún]
globo (mapa esférico)	գլոբուս	[globús]
mapa (m)	քարտեզ	[kʰartéz]
atlas (m)	ատլաս	[atlás]
Europa (f)	Եվրոպա	[evrópa]
Ásia (f)	Ասիա	[ásia]
África (f)	Աֆրիկա	[áfrika]
Austrália (f)	Ավստրալիա	[avstrália]
América (f)	Ամերիկա	[amérika]
América (f) do Norte	Հյուսիսային Ամերիկա	[hjusisajín amérika]
América (f) do Sul	Հարավային Ամերիկա	[haravajín amérika]
Antártida (f)	Անտարկտիդա	[antarktída]
Ártico (m)	Արկտիկա	[árktika]

197. Pontos cardeais

norte (m)	հյուսիս	[hjusís]
para norte	դեպի հյուսիս	[depí hjusís]
no norte	հյուսիսում	[hjusisúm]
do norte (adj)	հյուսիսային	[hjusisajín]
sul (m)	հարավ	[haráv]
para sul	դեպի հարավ	[depí haráv]
no sul	հարավում	[haravúm]
do sul (adj)	հարավային	[haravajín]
oeste, ocidente (m)	արևմուտք	[arevmútkʰ]
para oeste	դեպի արևմուտք	[depí arevmútkʰ]
no oeste	արևմուտքում	[arevmutkʰúm]
ocidental (adj)	արևմտյան	[arevmtján]
leste, oriente (m)	արևելք	[arevélkʰ]
para leste	դեպի արևելք	[depí arevélkʰ]
no leste	արևելքում	[arevelkʰúm]
oriental (adj)	արևելյան	[arevelján]

198. Mar. Oceano

mar (m)	ծով	[ʦov]
oceano (m)	օվկիանոս	[ovkianós]
golfo (m)	ծոց	[ʦoʦʰ]
estreito (m)	նեղուց	[neġúʦʰ]
terra (f) firme	ցամաք	[ʦʰamákʰ]
continente (m)	մայրցամաք	[majrʦʰamákʰ]
ilha (f)	կղզի	[kġzi]
península (f)	թերակղզի	[tʰerakġzí]
arquipélago (m)	արշիպելագ	[aršipelág]
baía (f)	ծովախորշ	[ʦovaχórš]
porto (m)	նավահանգիստ	[navahangíst]
lagoa (f)	ծովալճակ	[ʦovalčák]
cabo (m)	հրվանդան	[hrvandán]
atol (m)	ատոլ	[atól]
recife (m)	խութ	[χutʰ]
coral (m)	մարջան	[marʤán]
recife (m) de coral	մարջանախութ	[marʤanaχútʰ]
profundo (adj)	խորը	[χórə]
profundidade (f)	խորություն	[χorutʰjún]
abismo (m)	անդունդ	[andúnd]
fossa (f) oceânica	ծովախորշ	[ʦovaχórš]
corrente (f)	հոսանք	[hosánkʰ]
banhar (vt)	ողողել	[voġoġél]
litoral (m)	ափ	[apʰ]

costa (f)	ծովափ	[ʦovápʰ]
maré (f) alta	մակընթացություն	[makentʰaʦʰutʰjún]
refluxo (m)	տեղատվություն	[teġatvutʰjún]
restinga (f)	առափնյա ծանծաղուտ	[arapʰnjá ʦanʦaġút]
fundo (m)	հատակ	[haták]
onda (f)	ալիք	[alíkʰ]
crista (f) da onda	ալիքի կատար	[alikʰí katár]
espuma (f)	փրփուր	[pʰrpʰur]
tempestade (f)	փոթորիկ	[pʰotʰorík]
furacão (m)	մրրիկ	[mrrik]
tsunami (m)	ցունամի	[ʦʰunámi]
calmaria (f)	խաղաղություն	[χaġaġutʰjún]
calmo (adj)	հանգիստ	[hangíst]
polo (m)	բևեռ	[bevér]
polar (adj)	բևեռային	[beverajín]
latitude (f)	լայնություն	[lajnutʰjún]
longitude (f)	երկարություն	[erkarutʰjún]
paralela (f)	զուգահեռական	[zugaherakán]
equador (m)	հասարակած	[hasarakáʦ]
céu (m)	երկինք	[erkínkʰ]
horizonte (m)	հորիզոն	[horizón]
ar (m)	օդ	[od]
farol (m)	փարոս	[pʰarós]
mergulhar (vi)	սուզվել	[suzvél]
afundar-se (vr)	խորտակվել	[χortakvél]
tesouros (m pl)	գանձեր	[ganʣér]

199. Nomes de Mares e Oceanos

Oceano (m) Atlântico	Ատլանտյան օվկիանոս	[atlantján ovkianós]
Oceano (m) Índico	Հնդկական օվկիանոս	[hndkakán ovkianós]
Oceano (m) Pacífico	Խաղաղ օվկիանոս	[χaġáġ ovkianós]
Oceano (m) Ártico	Հյուսիսային Սառուցյալ օվկիանոս	[hjusisajín saruʦʰjál ovkianós]
Mar (m) Negro	Սև ծով	[sev ʦov]
Mar (m) Vermelho	Կարմիր ծով	[karmír ʦóv]
Mar (m) Amarelo	Դեղին ծով	[deġín ʦov]
Mar (m) Branco	Սպիտակ ծով	[spiták ʦóv]
Mar (m) Cáspio	Կասպից ծով	[kaspíʦʰ ʦov]
Mar (m) Morto	Մեռյալ ծով	[merjál ʦov]
Mar (m) Mediterrâneo	Միջերկրական ծով	[miʤerkrakán ʦov]
Mar (m) Egeu	Էգեյան ծով	[ēgeján ʦov]
Mar (m) Adriático	Ադրիատիկ ծով	[adriatík ʦov]
Mar (m) Arábico	Արաբական ծով	[arabakán ʦov]
Mar (m) do Japão	Ճապոնական ծով	[čaponakán ʦov]

Mar (m) de Bering	Բերինգի ծով	[beringí tsóv]
Mar (m) da China Meridional	Արևելա-Չինական ծով	[arevelá činakán tsov]
Mar (m) de Coral	Կորալյան ծով	[koralján tsov]
Mar (m) de Tasman	Տասմանյան ծով	[tasmanján tsov]
Mar (m) do Caribe	Կարիբյան ծով	[karibján tsóv]
Mar (m) de Barents	Բարենցյան ծով	[barentsʰján tsóv]
Mar (m) de Kara	Կարսի ծով	[karsí tsóv]
Mar (m) do Norte	Հյուսիսային ծով	[hjusisajín tsóv]
Mar (m) Báltico	Բալթիկ ծով	[baltʰík tsov]
Mar (m) da Noruega	Նորվեգյան ծով	[norvegján tsóv]

200. Montanhas

montanha (f)	լեռ	[ler]
cordilheira (f)	լեռնաշղթա	[lernašġtʰá]
serra (f)	լեռնագագաթ	[lernagagátʰ]
cume (m)	գագաթ	[gagátʰ]
pico (m)	լեռնագագաթ	[lernagagátʰ]
pé (m)	ստորոտ	[storót]
declive (m)	սարալանջ	[saralándʒ]
vulcão (m)	հրաբուխ	[hrabúχ]
vulcão (m) ativo	գործող հրաբուխ	[gortsóġ hrabúχ]
vulcão (m) extinto	հանգած հրաբուխ	[hangáts hrabúχ]
erupção (f)	ժայթքում	[ʒajtʰkʰúm]
cratera (f)	խառնարան	[χarnarán]
magma (m)	մագմա	[mágma]
lava (f)	լավա	[láva]
fundido (lava ~a)	շիկացած	[šikatsʰáts]
cânion, desfiladeiro (m)	խնձահովիտ	[χndzahovít]
garganta (f)	կիրճ	[kirč]
fenda (f)	նեղ կիրճ	[neġ kirč]
passo, colo (m)	լեռնանցք	[lernántsʰkʰ]
planalto (m)	սարահարթ	[sarahártʰ]
falésia (f)	ժայռ	[ʒajr]
colina (f)	բլուր	[blur]
geleira (f)	սառցադաշտ	[sartsʰadášt]
cachoeira (f)	ջրվեժ	[dʒrveʒ]
gêiser (m)	գեյզեր	[géjzer]
lago (m)	լիճ	[lič]
planície (f)	հարթավայր	[hartʰavájr]
paisagem (f)	բնատեսարան	[bnatesarán]
eco (m)	արձագանք	[ardzagánkʰ]
alpinista (m)	լեռնագնաց	[lernagnátsʰ]
escalador (m)	ժայռամագլցող	[ʒajramagltsʰóġ]

conquistar (vt)	գերել	[gerél]
subida, escalada (f)	վերելք	[verélkʰ]

201. Nomes de montanhas

Alpes (m pl)	Ալպեր	[alpér]
Monte Branco (m)	Մոնբլան	[monblán]
Pirineus (m pl)	Պիրինեյներ	[pirinejnér]
Cárpatos (m pl)	Կարպատներ	[karpatnér]
Urais (m pl)	Ուրալյան լեռներ	[uralján lernér]
Cáucaso (m)	Կովկաս	[kovkás]
Elbrus (m)	Էլբրուս	[ēlbrús]
Altai (m)	Ալտայ	[altáj]
Tian Shan (m)	Տյան Շան	[tjan šan]
Pamir (m)	Պամիր	[pamír]
Himalaia (m)	Հիմալայներ	[himalajnér]
monte Everest (m)	Էվերեստ	[ēverést]
Cordilheira (f) dos Andes	Անդեր	[andér]
Kilimanjaro (m)	Կիլիմանջարո	[kilimandʒáro]

202. Rios

rio (m)	գետ	[get]
fonte, nascente (f)	աղբյուր	[aġbjúr]
leito (m) de rio	հուն	[hun]
bacia (f)	ջրավազան	[dʒravazán]
desaguar no ...	թափվել	[tʰapʰvél]
afluente (m)	վտակ	[vtak]
margem (do rio)	ափ	[apʰ]
corrente (f)	հոսանք	[hosánkʰ]
rio abaixo	հոսանքն ի վայր	[hosánkʰn í vájr]
rio acima	հոսանքն ի վեր	[hosánkʰn í vér]
inundação (f)	հեղեղում	[heġeġúm]
cheia (f)	վարարություն	[vararutʰjún]
transbordar (vi)	վարարել	[vararél]
inundar (vt)	հեղեղել	[heġeġél]
banco (m) de areia	ծանծաղուտ	[ʦanʦaġút]
corredeira (f)	սահանք	[sahánkʰ]
barragem (f)	ամբարտակ	[ambarták]
canal (m)	ջրանցք	[dʒránʦʰkʰ]
reservatório (m) de água	ջրամբար	[dʒrambár]
eclusa (f)	ջրագելակ	[dʒragelák]
corpo (m) de água	ջրավազան	[dʒravazán]
pântano (m)	ճահիճ	[čahíč]

lamaçal (m)	ճահճուտ	[čahčút]
redemoinho (m)	հորձանուտ	[hordzanút]
riacho (m)	առու	[arú]
potável (adj)	խմելու	[χmelú]
doce (água)	քաղցրահամ	[kʰaġtsʰrahám]
gelo (m)	սառույց	[sarújtsʰ]
congelar-se (vr)	սառչել	[sarčél]

203. Nomes de rios

rio Sena (m)	Սենա	[séna]
rio Loire (m)	Լուարա	[luára]
rio Tâmisa (m)	Թեմզա	[tʰémza]
rio Reno (m)	Ռեյն	[rejn]
rio Danúbio (m)	Դունայ	[dunáj]
rio Volga (m)	Վոլգա	[vólga]
rio Don (m)	Դոն	[don]
rio Lena (m)	Լենա	[léna]
rio Amarelo (m)	Խուանխե	[χuanχé]
rio Yangtzé (m)	Յանցզի	[jantsʰzə]
rio Mekong (m)	Մեկոնգ	[mekóng]
rio Ganges (m)	Գանգես	[gangés]
rio Nilo (m)	Նեղոս	[neġós]
rio Congo (m)	Կոնգո	[kóngo]
rio Cubango (m)	Օկավանգո	[okavángo]
rio Zambeze (m)	Զամբեզի	[zambézi]
rio Limpopo (m)	Լիմպոպո	[limpopó]
rio Mississippi (m)	Միսիսիպի	[misisipí]

204. Floresta

floresta (f), bosque (m)	անտառ	[antár]
florestal (adj)	անտառային	[antarajín]
mata (f) fechada	թավուտ	[tʰavút]
arvoredo (m)	պուրակ	[purák]
clareira (f)	բացատ	[batsʰát]
matagal (m)	մացառուտ	[matsʰarút]
mato (m), caatinga (f)	թփուտ	[tʰpʰut]
pequena trilha (f)	կածան	[katsán]
ravina (f)	ձորակ	[dzorák]
árvore (f)	ծառ	[tsar]
folha (f)	տերև	[terév]

folhagem (f)	տերևներ	[terevnér]
queda (f) das folhas	տերևաթափ	[terevat^{h}áp^{h}]
cair (vi)	թափվել	[t^{h}ap^{h}vél]
topo (m)	կատար	[katár]

ramo (m)	ճյուղ	[čjuġ]
galho (m)	ոստ	[vost]
botão (m)	բողբոջ	[boġbóʤ]
agulha (f)	փուշ	[p^{h}uš]
pinha (f)	ելունդ	[elúnd]

buraco (m) de árvore	փչակ	[p^{h}čak]
ninho (m)	բույն	[bujn]
toca (f)	որջ	[vorʤ]

tronco (m)	բուն	[bun]
raiz (f)	արմատ	[armát]
casca (f) de árvore	կեղև	[keġév]
musgo (m)	մամուռ	[mamúr]

arrancar pela raiz	արմատախիլ անել	[armataχíl anél]
cortar (vt)	հատել	[hatél]
desflorestar (vt)	անտառահատել	[antarahatél]
toco, cepo (m)	կոճղ	[kočġ]

fogueira (f)	խարույկ	[χarújk]
incêndio (m) florestal	հրդեհ	[hrdeh]
apagar (vt)	հանգցնել	[hangʦ^{h}nél]

guarda-parque (m)	անտառապահ	[antarapáh]
proteção (f)	պահպանություն	[pahpanut^{h}jún]
proteger (a natureza)	պահպանել	[pahpanél]
caçador (m) furtivo	որսագող	[vorsagóġ]
armadilha (f)	թակարդ	[t^{h}akárd]

colher (cogumelos, bagas)	հավաքել	[havak^{h}él]
perder-se (vr)	մոլորվել	[molorvél]

205. Recursos naturais

recursos (m pl) naturais	բնական ռեսուրսներ	[bnakán resursnér]
minerais (m pl)	օգտակար հանածոներ	[ogtakár hanaʦonér]
depósitos (m pl)	հանքաշերտ	[hank^{h}ašért]
jazida (f)	հանքավայր	[hank^{h}avájr]

extrair (vt)	արդյունահանել	[ardjunahanél]
extração (f)	արդյունահանում	[ardjunahanúm]
minério (m)	հանքաքար	[hank^{h}ak^{h}ár]
mina (f)	հանք	[hank^{h}]
poço (m) de mina	հորան	[horán]
mineiro (m)	հանքափոր	[hank^{h}ap^{h}ór]

gás (m)	գազ	[gaz]
gasoduto (m)	գազատար	[gazatár]

petróleo (m)	նավթ	[navtʰ]
oleoduto (m)	նավթատար	[navtʰatár]
poço (m) de petróleo	նավթային աշտարակ	[navtʰajín aštarák]
torre (f) petrolífera	հորատման աշտարակ	[horatmán aštarák]
petroleiro (m)	լցանավ	[lʦʰanáv]
areia (f)	ավազ	[aváz]
calcário (m)	կրաքար	[krakʰár]
cascalho (m)	խիճ	[χič]
turfa (f)	տորֆ	[torf]
argila (f)	կավ	[kav]
carvão (m)	ածուխ	[aʦúχ]
ferro (m)	երկաթ	[erkátʰ]
ouro (m)	ոսկի	[voskí]
prata (f)	արծաթ	[arʦátʰ]
níquel (m)	նիկել	[nikél]
cobre (m)	պղինձ	[pġindz]
zinco (m)	ցինկ	[ʦʰink]
manganês (m)	մանգան	[mangán]
mercúrio (m)	սնդիկ	[sndik]
chumbo (m)	արճիճ	[arčíč]
mineral (m)	հանքանյութ	[hankʰanjútʰ]
cristal (m)	բյուրեղ	[bjuréġ]
mármore (m)	մարմար	[marmár]
urânio (m)	ուրան	[urán]

A Terra. Parte 2

206. Tempo

tempo (m)	եղանակ	[eġanák]
previsão (f) do tempo	եղանակի տեսություն	[eġanakí tesutʰjún]
temperatura (f)	ջերմաստիճան	[dʒermastičán]
termômetro (m)	ջերմաչափ	[dʒermačápʰ]
barômetro (m)	ծանրաչափ	[ʦanračápʰ]
umidade (f)	խոնավություն	[χonavutʰjún]
calor (m)	տապ	[tap]
tórrido (adj)	շոգ	[šog]
está muito calor	շոգ է	[šog ē]
está calor	տաք է	[takʰ ē]
quente (morno)	տաք	[takʰ]
está frio	ցուրտ է	[ʦʰúrt ē]
frio (adj)	սառը	[sárə]
sol (m)	արև	[arév]
brilhar (vi)	շողալ	[šoġál]
de sol, ensolarado	արևային	[arevajín]
nascer (vi)	ծագել	[ʦagél]
pôr-se (vr)	մայր մտնել	[majr mtnel]
nuvem (f)	ամպ	[amp]
nublado (adj)	ամպամած	[ampamáʦ]
nuvem (f) preta	թուխպ	[tʰuχp]
escuro, cinzento (adj)	ամպամած	[ampamáʦ]
chuva (f)	անձրև	[anʣrév]
está a chover	անձրև է գալիս	[anʣrév ē galís]
chuvoso (adj)	անձրևային	[anʣrevajín]
chuviscar (vi)	մաղել	[maġél]
chuva (f) torrencial	տեղատարափ անձրև	[teġatarápʰ anʣrév]
aguaceiro (m)	տեղատարափ անձրև	[teġatarápʰ anʣrév]
forte (chuva, etc.)	տարափ	[tarápʰ]
poça (f)	ջրակույտ	[dʒrakújt]
molhar-se (vr)	թրջվել	[tʰrdʒvel]
nevoeiro (m)	մառախուղ	[maraχúġ]
de nevoeiro	մառախլապատ	[maraχlapát]
neve (f)	ձյուն	[ʣjun]
está nevando	ձյուն է գալիս	[ʣjún ē galís]

207. Tempo extremo. Catástrofes naturais

trovoada (f)	փոթորիկ	[pʰotʰoríkʲ]
relâmpago (m)	կայծակ	[kajtsák]
relampejar (vi)	փայլատակել	[pʰajlatakél]
trovão (m)	որոտ	[vorót]
trovejar (vi)	որոտալ	[vorotál]
está trovejando	ամպերը որոտում են	[ampérə vorotúm én]
granizo (m)	կարկուտ	[karkút]
está caindo granizo	կարկուտ է գալիս	[karkút ē galís]
inundar (vt)	հեղեղել	[heġeġél]
inundação (f)	հեղեղում	[heġeġúm]
terremoto (m)	երկրաշարժ	[erkrašárʒ]
abalo, tremor (m)	ցնցում	[tsʰntsʰum]
epicentro (m)	էպիկենտրոն	[ēpikentrón]
erupção (f)	ժայթքում	[ʒajtʰkʰúm]
lava (f)	լավա	[láva]
tornado (m)	մրրկասյուն	[mrrkasjún]
tornado (m)	տորնադո	[tornádo]
tufão (m)	տայֆուն	[tajfún]
furacão (m)	մրրիկ	[mrrik]
tempestade (f)	փոթորիկ	[pʰotʰorík]
tsunami (m)	ցունամի	[tsʰunámi]
ciclone (m)	ցիկլոն	[tsʰiklón]
mau tempo (m)	վատ եղանակ	[vat eġanák]
incêndio (m)	հրդեհ	[hrdeh]
catástrofe (f)	աղետ	[aġét]
meteorito (m)	երկնաքար	[erknakʰár]
avalanche (f)	հուսին	[husín]
deslizamento (m) de neve	ձնահյուս	[dznahjús]
nevasca (f)	բուք	[bukʰ]
tempestade (f) de neve	բորան	[borán]

208. Ruídos. Sons

silêncio (m)	լռություն	[lrutʰjún]
som (m)	ձայն	[dzajn]
ruído, barulho (m)	աղմուկ	[aġmúk]
fazer barulho	աղմկել	[aġmkél]
ruidoso, barulhento (adj)	աղմկոտ	[aġmkót]
alto	բարձր	[bardzr]
alto (ex. voz ~a)	բարձր	[bardzr]
constante (ruído, etc.)	անընդմեջ	[anəndmédʒ]

grito (m)	ճիչ	[čič]
gritar (vi)	ճչալ	[čəčál]
sussurro (m)	շշուկ	[šəšúk]
sussurrar (vi, vt)	փսփսալ	[pʰəspʰəsál]
latido (m)	հաչոց	[hačótsʰ]
latir (vi)	հաչել	[hačél]
gemido (m)	տնքոց	[tnkʰotsʰ]
gemer (vi)	տնքալ	[tnkʰal]
tosse (f)	հազ	[haz]
tossir (vi)	հազալ	[hazál]
assobio (m)	սուլոց	[sulótsʰ]
assobiar (vi)	սուլել	[sulél]
batida (f)	թխկոց	[tʰχkotsʰ]
bater (à porta)	թակել	[tʰakél]
estalar (vi)	ճարճատել	[čarčatél]
estalido (m)	ճարճատյուն	[čarčatjún]
sirene (f)	շչակ	[ščak]
apito (m)	սուլիչ	[sulíč]
apitar (vi)	սուլել	[sulél]
buzina (f)	ազդանշան	[azdanšán]
buzinar (vi)	ազդանշանել	[azdanšanél]

209. Inverno

inverno (m)	ձմեռ	[dzmer]
de inverno	ձմեռային	[dzmerajín]
no inverno	ձմռանը	[dzmránə]
neve (f)	ձյուն	[dzjun]
está nevando	ձյուն է գալիս	[dzjún ē galís]
queda (f) de neve	ձյունատեղում	[dzjunateġúm]
amontoado (m) de neve	ձյունակույտ	[dzjunakújt]
floco (m) de neve	փաթիլ	[pʰatʰíl]
bola (f) de neve	ձյունիկ	[dzjuník]
boneco (m) de neve	ձնե մարդ	[dzne mard]
sincelo (m)	սառցալեզվակ	[sartsʰalezvák]
dezembro (m)	դեկտեմբեր	[dektembér]
janeiro (m)	հունվար	[hunvár]
fevereiro (m)	փետրվար	[pʰetrvár]
gelo (m)	սառնամանիք	[sarnamaníkʰ]
gelado (tempo ~)	սառնամանիքային	[sarnamanikʰajín]
abaixo de zero	զրոից ցածր	[zrojítsʰ tsʰátsr]
primeira geada (f)	ցրտահարություն	[tsʰrtaharutʰjún]
geada (f) branca	եղյամ	[eġjám]
frio (m)	ցուրտ	[tsʰurt]

está frio	ցուրտ է	[tsʰúrt ē]
casaco (m) de pele	մուշտակ	[mušták]
mitenes (f pl)	ձեռնոց	[dzernótsʰ]
adoecer (vi)	հիվանդանալ	[hivandanál]
resfriado (m)	մրսածություն	[mrsatsutʰjún]
ficar resfriado	մրսել	[mrsel]
gelo (m)	սառույց	[sarújtsʰ]
gelo (m) na estrada	սառցածածկ	[sartsʰatsátsk]
congelar-se (vr)	սառչել	[sarčél]
bloco (m) de gelo	սառցաբեկոր	[sartsʰabekór]
esqui (m)	դահուկներ	[dahuknér]
esquiador (m)	դահուկորդ	[dahukórd]
esquiar (vi)	դահուկներով սահել	[dahuknerόv sahél]
patinar (vi)	չմուշկներով սահել	[čmušknerόv sahél]

Fauna

210. Mamíferos. Predadores

predador (m)	գիշատիչ	[gišatíč]
tigre (m)	վագր	[vagr]
leão (m)	առյուծ	[arjúʦ]
lobo (m)	գայլ	[gajl]
raposa (f)	աղվես	[aġvés]
jaguar (m)	հովազ	[hováz]
leopardo (m)	ընձառյուծ	[əndzarjúʦ]
chita (f)	շնակատու	[šnakatú]
pantera (f)	հովազ	[hováz]
puma (m)	կուգուար	[kuguár]
leopardo-das-neves (m)	ձյունաճերմակ հովազ	[dzjunačermák hováz]
lince (m)	լուսան	[lusán]
coiote (m)	կոյոտ	[kojót]
chacal (m)	շնագայլ	[šnagájl]
hiena (f)	բորենի	[borení]

211. Animais selvagens

animal (m)	կենդանի	[kendaní]
besta (f)	գազան	[gazán]
esquilo (m)	սկյուռ	[skjur]
ouriço (m)	ոզնի	[vozní]
lebre (f)	նապաստակ	[napasták]
coelho (m)	ճագար	[čagár]
texugo (m)	փորսուղ	[pʰorsúġ]
guaxinim (m)	ջրարջ	[ʤrarʤ]
hamster (m)	գերմանամուկ	[germanamúk]
marmota (f)	արջամուկ	[arʤamúk]
toupeira (f)	խլուրդ	[χlurd]
rato (m)	մուկ	[muk]
ratazana (f)	առնետ	[arnét]
morcego (m)	չղջիկ	[čġʤik]
arminho (m)	կնգում	[kngum]
zibelina (f)	սամույր	[samújr]
marta (f)	կզաքիս	[kzakʰís]
doninha (f)	աքիս	[akʰís]
visom (m)	ջրաքիս	[ʤrakʰís]

castor (m)	կուղբ	[kuġb]
lontra (f)	ջրասամույր	[ʤrasamújr]
cavalo (m)	ձի	[ʣi]
alce (m)	որմզդեղն	[vormzdéġn]
veado (m)	եղջերու	[eġʤerú]
camelo (m)	ուղտ	[uġt]
bisão (m)	բիզոն	[bizón]
auroque (m)	վայրի ցուլ	[vajrí ʦʰul]
búfalo (m)	գոմեշ	[goméš]
zebra (f)	զեբր	[zebr]
antílope (m)	այծեղջերու	[ajʦeġʤerú]
corça (f)	այծյամ	[ajʦjám]
gamo (m)	եղնիկ	[eġník]
camurça (f)	քարայծ	[kʰarájʦ]
javali (m)	վարազ	[varáz]
baleia (f)	կետ	[ket]
foca (f)	փոկ	[pʰok]
morsa (f)	ծովափիղ	[ʦovapʰíġ]
urso-marinho (m)	ծովարջ	[ʦovárʤ]
golfinho (m)	դելֆին	[delfín]
urso (m)	արջ	[arʤ]
urso (m) polar	սպիտակ արջ	[spiták árʤ]
panda (m)	պանդա	[pánda]
macaco (m)	կապիկ	[kapík]
chimpanzé (m)	շիմպանզե	[šimpanzé]
orangotango (m)	օրանգուտանգ	[orangutáng]
gorila (m)	գորիլլա	[gorílla]
macaco (m)	մակակա	[makáka]
gibão (m)	գիբբոն	[gibbón]
elefante (m)	փիղ	[pʰiġ]
rinoceronte (m)	ռնգեղջյուր	[rngeġʤjúr]
girafa (f)	ընձուղտ	[ənʣúġt]
hipopótamo (m)	գետաձի	[getaʣí]
canguru (m)	ագևազ	[ageváz]
coala (m)	կոալա	[koála]
mangusto (m)	մանգուստ	[mangúst]
chinchila (f)	շինշիլա	[šinšíla]
cangambá (f)	սկունս	[skuns]
porco-espinho (m)	խոզուկ	[χozúk]

212. Animais domésticos

gata (f)	կատու	[katú]
gato (m) macho	կատու	[katú]
cão (m)	շուն	[šun]

cavalo (m)	ձի	[ʣi]
garanhão (m)	հովատակ	[hovaták]
égua (f)	զամբիկ	[zambík]
vaca (f)	կով	[kov]
touro (m)	ցուլ	[ʦʰul]
boi (m)	եզ	[ez]
ovelha (f)	ոչխար	[vočχár]
carneiro (m)	խոյ	[χoj]
cabra (f)	այծ	[ajʦ]
bode (m)	այծ	[ajʦ]
burro (m)	ավանակ	[avanák]
mula (f)	ջորի	[ʤorí]
porco (m)	խոզ	[χoz]
leitão (m)	գոճի	[gočí]
coelho (m)	ճագար	[čagár]
galinha (f)	հավ	[hav]
galo (m)	աքլոր	[akʰlór]
pata (f), pato (m)	բադ	[bad]
pato (m)	բադաքլոր	[badakʰlór]
ganso (m)	սագ	[sag]
peru (m)	հնդկահավ	[hndkaháv]
perua (f)	հնդկահավ	[hndkaháv]
animais (m pl) domésticos	ընտանի կենդանիներ	[əntaní kendaninér]
domesticado (adj)	ձեռնասուն	[ʣernasún]
domesticar (vt)	ընտելացնել	[əntelaʦʰnél]
criar (vt)	բուծել	[buʦél]
fazenda (f)	ֆերմա	[férma]
aves (f pl) domésticas	ընտանի թռչուններ	[əntaní tʰrčunnér]
gado (m)	անասուն	[anasún]
rebanho (m), manada (f)	նախիր	[naχír]
estábulo (m)	ախոռ	[aχór]
chiqueiro (m)	խոզանոց	[χozanóʦʰ]
estábulo (m)	գոմ	[gom]
coelheira (f)	ճագարանոց	[čagaranóʦʰ]
galinheiro (m)	հավանոց	[havanóʦʰ]

213. Cães. Raças de cães

cão (m)	շուն	[šun]
cão pastor (m)	հովվաշուն	[hovvašún]
poodle (m)	պուդել	[pudél]
linguicinha (m)	տաքսա	[tákʰsa]
buldogue (m)	բուլդոգ	[buldóg]
boxer (m)	բոքսյոր	[bokʰsjor]

mastim (m)	մաստիֆ	[mastíf]
rottweiler (m)	ռոտվեյլեր	[rotvéjler]
dóberman (m)	դոբերման	[dobermán]
basset (m)	բասսեթ	[bássetʰ]
pastor inglês (m)	բոբտեյլ	[bobtéjl]
dálmata (m)	դալմատինեց	[dalmatínetsʰ]
cocker spaniel (m)	կոկեր-սպանիել	[kokér spaniél]
terra-nova (m)	նյուֆաունդլենդ	[njufáundlend]
são-bernardo (m)	սենբերնար	[senbernár]
husky (m) siberiano	խասկի	[χáski]
Chow-chow (m)	չաու-չաու	[čáu čáu]
spitz alemão (m)	շպից	[špitsʰ]
pug (m)	մոպս	[mops]

214. Sons produzidos pelos animais

latido (m)	հաչոց	[hačótsʰ]
latir (vi)	հաչել	[hačél]
miar (vi)	մլավել	[mlavél]
ronronar (vi)	մլավոց	[mlavótsʰ]
mugir (vaca)	բառաչել	[baračél]
bramir (touro)	մռնչալ	[mrnčal]
rosnar (vi)	գռմռալ	[grmral]
uivo (m)	ոռնոց	[vornótsʰ]
uivar (vi)	ոռնալ	[vornál]
ganir (vi)	վնգստալ	[vngstal]
balir (vi)	մկկալ	[mkəkál]
grunhir (vi)	խռնչալ	[χrnčal]
guinchar (vi)	կաղկանձել	[kaġkandzél]
coaxar (sapo)	կռկռալ	[krkral]
zumbir (inseto)	բզզալ	[bzzal]
ziziar (vi)	ճռճռալ	[črčral]

215. Animais jovens

cria (f), filhote (m)	ձագ	[dzag]
gatinho (m)	կատվի ձագ	[katví dzag]
ratinho (m)	մկան ձագ	[mkan dzag]
cachorro (m)	թուլա	[tʰulá]
filhote (m) de lebre	նապաստակի ձագ	[napastakí dzag]
coelhinho (m)	ճագարի ձագ	[čagarí dzag]
lobinho (m)	գայլի ձագ	[gajlí dzág]
filhote (m) de raposa	աղվեսի ձուտ	[aġvesí dzág]
filhote (m) de urso	արջի քոթոթ	[ardʒí kʰotʰótʰ]

filhote (m) de leão	առյուծի ձագ	[arjutsí dzág]
filhote (m) de tigre	վագրի ձագ	[vagrí dzag]
filhote (m) de elefante	փղի ձագ	[pʰġi dzág]
leitão (m)	գոճի	[gočí]
bezerro (m)	հորթ	[hortʰ]
cabrito (m)	ուլիկ	[ulík]
cordeiro (m)	գառ	[gar]
filhote (m) de veado	եղջերվաձագ	[eġdʒervadzág]
cria (f) de camelo	ուղտի ձագ	[uġtí dzág]
filhote (m) de serpente	օձի ձագ	[odzí dzág]
filhote (m) de rã	գորտի ձագ	[gortí dzag]
cria (f) de ave	թռչնի ձագ	[tʰrčni dzág]
pinto (m)	ճուտիկ	[čutík]
patinho (m)	բադի ճուտ	[badí čút]

216. Pássaros

pássaro (m), ave (f)	թռչուն	[tʰrčun]
pombo (m)	աղավնի	[aġavní]
pardal (m)	ճնճղուկ	[čnčġuk]
chapim-real (m)	երաշտահավ	[eraštaháv]
pega-rabuda (f)	կաչաղակ	[kačaġák]
corvo (m)	ագռավ	[agráv]
gralha-cinzenta (f)	ագռավ	[agráv]
gralha-de-nuca-cinzenta (f)	ճայակ	[čaják]
gralha-calva (f)	սերմնագռավ	[sermnagráv]
pato (m)	բադ	[bad]
ganso (m)	սագ	[sag]
faisão (m)	փասիան	[pʰasián]
águia (f)	արծիվ	[artsív]
açor (m)	շահեն	[šahén]
falcão (m)	բազե	[bazé]
abutre (m)	անգղ	[angġ]
condor (m)	պասկուճ	[paskúč]
cisne (m)	կարապ	[karáp]
grou (m)	կռունկ	[krunk]
cegonha (f)	արագիլ	[aragíl]
papagaio (m)	թութակ	[tʰutʰák]
beija-flor (m)	կոլիբրի	[kolíbri]
pavão (m)	սիրամարգ	[siramárg]
avestruz (m)	ջայլամ	[dʒajlám]
garça (f)	ձկնկուլ	[dzknkul]
flamingo (m)	վարդաթևիկ	[vardatʰevík]
pelicano (m)	հավալուսն	[havalúsn]
rouxinol (m)	սոխակ	[soχák]

andorinha (f)	ծիծեռնակ	[tsitsernák]
tordo-zornal (m)	կեռնեխ	[kernéχ]
tordo-músico (m)	երգող կեռնեխ	[ergóġ kernéχ]
melro-preto (m)	սև կեռնեխ	[sév kernéχ]
andorinhão (m)	ջրածիծառ	[dʒratsitsár]
cotovia (f)	արտույտ	[artújt]
codorna (f)	լոր	[lor]
pica-pau (m)	փայտփորիկ	[pʰajtpʰorík]
cuco (m)	կկու	[kəkú]
coruja (f)	բու	[bu]
bufo-real (m)	բվեճ	[bveč]
tetraz-grande (m)	խլահավ	[χlaháv]
tetraz-lira (m)	ցախաքլոր	[tsʰaχakʰlór]
perdiz-cinzenta (f)	կաքավ	[kakʰáv]
estorninho (m)	սարյակ	[sarják]
canário (m)	դեղձանիկ	[deġdzaník]
galinha-do-mato (f)	աքար	[akʰár]
tentilhão (m)	սերինոս	[serinós]
dom-fafe (m)	խածկտիկ	[χatsktík]
gaivota (f)	ճայ	[čaj]
albatroz (m)	ալբատրոս	[albatrós]
pinguim (m)	պինգվին	[pingvín]

217. Pássaros. Canto e sons

cantar (vi)	դայլայլել	[dajlajlél]
gritar, chamar (vi)	կանչել	[kančél]
cantar (o galo)	ծուղրուղու կանչել	[tsuġruġú kančél]
cocorocó (m)	ծուղրուղու	[tsuġruġú]
cacarejar (vi)	կրթկրթալ	[krtʰkrtʰal]
crocitar (vi)	կրկռալ	[krkral]
grasnar (vi)	կռնչալ	[krnčal]
piar (vi)	ծվծվալ	[tsvtsval]
chilrear, gorjear (vi)	ճռվողել	[črvoġél]

218. Peixes. Animais marinhos

brema (f)	բրամ	[bram]
carpa (f)	գետածածան	[getatsatsán]
perca (f)	պերկես	[perkés]
siluro (m)	լոքո	[lokʰó]
lúcio (m)	գայլաձուկ	[gajladzúk]
salmão (m)	սաղման	[saġmán]
esturjão (m)	թառափ	[tʰarápʰ]
arenque (m)	ծովատառեխ	[tsovataréχ]
salmão (m) do Atlântico	սաղման ձուկ	[saġmán dzuk]

cavala, sarda (f)	թյունիկ	[tʰjuník]
solha (f), linguado (m)	տափակաձուկ	[tapʰakadzúk]
lúcio perca (m)	շիղաձուկ	[šiġadzúk]
bacalhau (m)	ձողաձուկ	[dzoġadzúk]
atum (m)	թյուննոս	[tʰjunnós]
truta (f)	իշխան	[išχán]
enguia (f)	օձաձուկ	[odzadzúk]
raia (f) elétrica	էլեկտրավոր կատվաձուկ	[ēlektravór katvadzúk]
moreia (f)	մուրենա	[muréna]
piranha (f)	պիրանյա	[piránja]
tubarão (m)	շնաձուկ	[šnadzúk]
golfinho (m)	դելֆին	[delfín]
baleia (f)	կետ	[ket]
caranguejo (m)	ծովախեցգետին	[tsovaχetsʰgetín]
água-viva (f)	մեդուզա	[medúza]
polvo (m)	ութոտնուկ	[utʰotnúk]
estrela-do-mar (f)	ծովաստղ	[tsovástġ]
ouriço-do-mar (m)	ծովոզնի	[tsovozní]
cavalo-marinho (m)	ծովաձի	[tsovadzí]
ostra (f)	ոստրե	[vostré]
camarão (m)	մանր ծովախեցգետին	[mánr tsovaχetsʰgetín]
lagosta (f)	օմար	[omár]
lagosta (f)	լանգուստ	[langúst]

219. Anfíbios. Répteis

cobra (f)	օձ	[odz]
venenoso (adj)	թունավոր	[tʰunavór]
víbora (f)	իժ	[iʒ]
naja (f)	կոբրա	[kóbra]
píton (m)	պիթոն	[pitʰón]
jiboia (f)	վիշապօձ	[višapódz]
cobra-de-água (f)	լորտու	[lortú]
cascavel (f)	խարամանի	[χaramaní]
anaconda (f)	անակոնդա	[anakónda]
lagarto (m)	մողես	[moġés]
iguana (f)	իգուանա	[iguána]
varano (m)	վարան	[varán]
salamandra (f)	սալամանդր	[salamándr]
camaleão (m)	քամելեոն	[kʰameleón]
escorpião (m)	կարիճ	[karíč]
tartaruga (f)	կրիա	[kriá]
rã (f)	գորտ	[gort]
sapo (m)	դոդոշ	[dodóš]
crocodilo (m)	կոկորդիլոս	[kokordilós]

220. Insetos

inseto (m)	միջատ	[midʒát]
borboleta (f)	թիթեռ	[tʰitʰér]
formiga (f)	մրջյուն	[mrdʒun]
mosca (f)	ճանճ	[čanč]
mosquito (m)	մոծակ	[motsák]
escaravelho (m)	բզեզ	[bzez]
vespa (f)	իշամեղու	[išameġú]
abelha (f)	մեղու	[meġú]
mamangaba (f)	կրետ	[kret]
moscardo (m)	բոռ	[bor]
aranha (f)	սարդ	[sard]
teia (f) de aranha	սարդոստայն	[sardostájn]
libélula (f)	ճպուռ	[čpur]
gafanhoto (m)	մորեխ	[moréχ]
traça (f)	թիթեռնիկ	[tʰitʰerník]
barata (f)	ուտիճ	[utič]
carrapato (m)	տիզ	[tiz]
pulga (f)	լու	[lu]
borrachudo (m)	մլակ	[mlak]
gafanhoto (m)	մարախ	[maráχ]
caracol (m)	խխունջ	[χəχúndʒ]
grilo (m)	ծղրիդ	[tsġrid]
pirilampo, vaga-lume (m)	լուսատտիկ	[lusatitík]
joaninha (f)	զատիկ	[zatík]
besouro (m)	մայիսյան բզեզ	[majisján bzez]
sanguessuga (f)	տզրուկ	[tzruk]
lagarta (f)	թրթուր	[tʰrtʰur]
minhoca (f)	որդ	[vord]
larva (f)	թրթուր	[tʰrtʰur]

221. Animais. Partes do corpo

bico (m)	կտուց	[ktutsʰ]
asas (f pl)	թևեր	[tʰevér]
pata (f)	տոտիկ	[totík]
plumagem (f)	փետրավորություն	[pʰetravorutʰjún]
pena, pluma (f)	փետուր	[pʰetúr]
crista (f)	փոմփոլ	[pʰompʰól]
brânquias, guelras (f pl)	խռիկներ	[χriknér]
ovas (f pl)	ձկնկիթ	[dzknkitʰ]
larva (f)	թրթուր	[tʰrtʰur]
barbatana (f)	լողաթև	[loġatʰév]
escama (f)	թեփուկ	[tʰepʰúk]
presa (f)	ժանիք	[ʒaníkʰ]

pata (f)	թաթ	[tʰatʰ]
focinho (m)	մռութ	[mrutʰ]
boca (f)	երախ	[eráχ]
cauda (f), rabo (m)	պոչ	[poč]
bigodes (m pl)	բեղեր	[beġér]
casco (m)	սմբակ	[smbak]
corno (m)	կոտոշ	[kotóš]
carapaça (f)	վահան	[vahán]
concha (f)	խեցեմորթ	[χetsʰemórtʰ]
casca (f) de ovo	կեղև	[keġév]
pelo (m)	բուրդ	[burd]
pele (f), couro (m)	մորթի	[mortʰí]

222. Ações dos animais

voar (vi)	թռչել	[tʰrčel]
dar voltas	պտույտներ տալ	[ptujtnér tal]
voar (para longe)	թռչել	[tʰrčel]
bater as asas	թափահարել	[tʰapʰaharél]
bicar (vi)	կտցել	[ktsʰel]
incubar (vt)	թուխս նստել	[tʰuχs nstel]
sair do ovo	ձվից դուրս գալ	[dzvitsʰ durs gal]
fazer o ninho	հյուսել	[hjusél]
rastejar (vi)	սողալ	[soġál]
picar (vt)	խայթել	[χajtʰél]
morder (cachorro, etc.)	կծել	[ktsel]
cheirar (vt)	հոտոտել	[hototél]
latir (vi)	հաչել	[hačél]
silvar (vi)	ֆշշացնել	[fššatsʰnél]
assustar (vt)	վախեցնել	[vaχetsʰnél]
atacar (vt)	հարձակվել	[hardzakvél]
roer (vt)	կրծել	[krtsel]
arranhar (vt)	ճանկռել	[čankrél]
esconder-se (vr)	թաքնվել	[tʰakʰnvél]
brincar (vi)	խաղալ	[χaġál]
caçar (vi)	որս անել	[vors anél]
hibernar (vi)	քնափության մեջ լինել	[kʰnatapʰutʰján médʒ linél]
extinguir-se (vr)	վերանալ	[veranál]

223. Animais. Habitats

hábitat (m)	միջավայր	[midʒavájr]
migração (f)	միգրացիա	[migrátsʰia]
montanha (f)	լեռ	[ler]

recife (m)	խութ	[χutʰ]
falésia (f)	ժայռ	[ʒajr]
floresta (f)	անտառ	[antár]
selva (f)	ջունգլի	[ʤunglí]
savana (f)	սավաննա	[savánna]
tundra (f)	տունդրա	[túndra]
estepe (f)	տափաստան	[tapʰastán]
deserto (m)	անապատ	[anapát]
oásis (m)	օազիս	[oázis]
mar (m)	ծով	[ʦov]
lago (m)	լիճ	[lič]
oceano (m)	օվկիանոս	[ovkianós]
pântano (m)	ճահիճ	[čahíč]
de água doce	քաղցրահամ	[kʰaġʦʰrahám]
lagoa (f)	լճակ	[lčak]
rio (m)	գետ	[get]
toca (f) do urso	որջ	[vorʤ]
ninho (m)	բույն	[bujn]
buraco (m) de árvore	փչակ	[pʰčak]
toca (f)	որջ	[vorʤ]
formigueiro (m)	մրջնաբույն	[mrʤnabújn]

224. Cuidados com os animais

jardim (m) zoológico	կենդանաբանական այգի	[kendanabanakán ajgí]
reserva (f) natural	արգելանոց	[argelanóʦʰ]
viveiro (m)	բուծարան	[buʦarán]
jaula (f) de ar livre	մեծավանդակ	[meʦavandák]
jaula, gaiola (f)	վանդակ	[vandák]
casinha (f) de cachorro	շնաբույն	[šnabújn]
pombal (m)	աղավնատուն	[aġavnatún]
aquário (m)	ակվարիում	[akvárium]
delfinário (m)	դելֆինարիում	[delfinariúm]
criar (vt)	բուծել	[buʦél]
cria (f)	սերունդ	[serúnd]
domesticar (vt)	ընտելացնել	[əntelaʦʰnél]
adestrar (vt)	վարժեցնել	[varʒeʦʰnél]
ração (f)	կեր	[ker]
alimentar (vt)	կերակրել	[kerakrél]
loja (f) de animais	կենդանաբանական խանութ	[kendanabanakán χanútʰ]
focinheira (m)	դնչակալ	[dnčakál]
coleira (f)	վզակապ	[vzakáp]
nome (do animal)	մականուն	[makanún]
pedigree (m)	տոհմածառ	[tohmaʦár]

225. Animais. Diversos

alcateia (f)	ոհմակ	[vohmák]
bando (pássaros)	երամ	[erám]
cardume (peixes)	վտառ	[vtar]
manada (cavalos)	երամակ	[eramák]
macho (m)	արու	[arú]
fêmea (f)	էգ	[ēg]
faminto (adj)	քաղցած	[kʰaġtsʰáts]
selvagem (adj)	վայրի	[vajrí]
perigoso (adj)	վտանգավոր	[vtangavór]

226. Cavalos

raça (f)	ցեղատեսակ	[tsʰeġatesák]
potro (m)	քուռակ	[kʰurák]
égua (f)	զամբիկ	[zambík]
mustangue (m)	մուստանգ	[mustáng]
pônei (m)	պոնի	[póni]
cavalo (m) de tiro	ծանրաքարշ	[tsanrakʰárš]
crina (f)	բաշ	[baš]
rabo (m)	պոչ	[poč]
casco (m)	սմբակ	[smbak]
ferradura (f)	պայտ	[pajt]
ferrar (vt)	պայտել	[pajtél]
ferreiro (m)	դարբին	[darbín]
sela (f)	թամբ	[tʰamb]
estribo (m)	ասպանդակ	[aspandák]
brida (f)	սանձ	[sandz]
rédeas (f pl)	երասանակ	[erasanák]
chicote (m)	մտրակ	[mtrak]
cavaleiro (m)	հեծյալ	[hetsjál]
colocar sela	թամբել	[tʰambél]
montar no cavalo	թամբին նստել	[tʰambín nstel]
galope (m)	քառասմբակ վազք	[karasmbák vazkʰ]
galopar (vi)	քառարշավ սլանալ	[kʰararšáv slanál]
trote (m)	վարգ	[varg]
a trote	վարգով	[vargóv]
cavalo (m) de corrida	արշավաձի	[aršavadzí]
corridas (f pl)	մրցարշավ	[mrtsʰaršáv]
estábulo (m)	ախոռ	[aχór]
alimentar (vt)	կերակրել	[kerakrél]
feno (m)	խոտ	[χot]

dar água	ջուր տալ	[dʒur tal]
limpar (vt)	մաքրել	[makʰrél]
pastar (vi)	արածել	[aratsél]
relinchar (vi)	վրնջալ	[vrndʒal]
dar um coice	աքացել	[akʰatsʰél]

Flora

227. Árvores

árvore (f)	ծառ	[tsar]
decídua (adj)	սաղարթավոր	[saġartʰavór]
conífera (adj)	փշատերև	[pʰšaterév]
perene (adj)	մշտադալար	[mštadalár]
macieira (f)	խնձորենի	[χndzorení]
pereira (f)	տանձենի	[tandzení]
cerejeira (f)	կեռասենի	[kerasení]
ginjeira (f)	բալենի	[balení]
ameixeira (f)	սալորենի	[salorení]
bétula (f)	կեչի	[kečí]
carvalho (m)	կաղնի	[kaġní]
tília (f)	լորի	[lorí]
choupo-tremedor (m)	կաղամախի	[kaġamaχí]
bordo (m)	թխկի	[tʰχki]
espruce (m)	եղևնի	[eġevní]
pinheiro (m)	սոճի	[soční]
alerce, lariço (m)	կուենի	[kuení]
abeto (m)	բրգաձև սոճի	[brgadzév sočí]
cedro (m)	մայրի	[majrí]
choupo, álamo (m)	բարդի	[bardí]
tramazeira (f)	սնձենի	[sndzení]
salgueiro (m)	ուռենի	[urení]
amieiro (m)	լաստենի	[lastení]
faia (f)	հաճարենի	[hačarení]
ulmeiro, olmo (m)	ծփի	[tspʰi]
freixo (m)	հացենի	[hatsʰení]
castanheiro (m)	շագանակենի	[šaganakení]
magnólia (f)	կղբի	[kġbi]
palmeira (f)	արմավենի	[armavení]
cipreste (m)	նոճի	[nočí]
mangue (m)	մանգրածառ	[mangratsár]
embondeiro, baobá (m)	բաոբաբ	[baobáb]
eucalipto (m)	էվկալիպտ	[ēvkalípt]
sequoia (f)	սեկվոյա	[sekvója]

228. Arbustos

arbusto (m)	թուփ	[tʰupʰ]
arbusto (m), moita (f)	թփուտ	[tʰpʰut]

videira (f)	խաղող	[χaġóġ]
vinhedo (m)	խաղողի այգի	[χaġoġí ajgí]
framboeseira (f)	մորի	[morí]
groselheira-vermelha (f)	կարմիր հաղարջ	[karmír haġárʤ]
groselheira (f) espinhosa	հաղարջ	[haġárʤ]
acácia (f)	ակացիա	[akáʦʰia]
bérberis (f)	ծորենի	[ʦorení]
jasmim (m)	հասմիկ	[hasmík]
junípero (m)	գիհի	[gihí]
roseira (f)	վարդենի	[vardení]
roseira (f) brava	մասուր	[masúr]

229. Cogumelos

cogumelo (m)	սունկ	[sunk]
cogumelo (m) comestível	ուտելու սունկ	[utelú súnk]
cogumelo (m) venenoso	թունավոր սունկ	[tʰunavór sunk]
chapéu (m)	գլխարկ	[glχark]
pé, caule (m)	տոտիկ	[totík]
boleto, porcino (m)	սպիտակ սունկ	[spiták súnk]
boleto (m) alaranjado	կարմրագլուխ սունկ	[karmraglúχ súnk]
boleto (m) de bétula	ժանտասունկ	[ʒantasúnk]
cantarelo (m)	ձվասունկ	[ʣvasúnk]
rússula (f)	դառնամատիտեղ	[darnamatitéġ]
morchella (f)	մորխ	[morχ]
agário-das-moscas (m)	ճանճասպան	[čančaspán]
cicuta (f) verde	թունավոր սունկ	[tʰunavór sunk]

230. Frutos. Bagas

maçã (f)	խնձոր	[χnʣor]
pera (f)	տանձ	[tanʣ]
ameixa (f)	սալոր	[salór]
morango (m)	ելակ	[elák]
ginja (f)	բալ	[bal]
cereja (f)	կեռաս	[kerás]
uva (f)	խաղող	[χaġóġ]
framboesa (f)	մորի	[morí]
groselha (f) negra	սև հաղարջ	[sév haġárʤ]
groselha (f) vermelha	կարմիր հաղարջ	[karmír haġárʤ]
groselha (f) espinhosa	հաղարջ	[haġárʤ]
oxicoco (m)	լոռամրգի	[loramrgí]
laranja (f)	նարինջ	[naríndʒ]
tangerina (f)	մանդարին	[mandarín]

abacaxi (m)	արքայախնձոր	[arkʰajaχnʣór]
banana (f)	բանան	[banán]
tâmara (f)	արմավ	[armáv]
limão (m)	կիտրոն	[kitrón]
damasco (m)	ծիրան	[ʦirán]
pêssego (m)	դեղձ	[deġʣ]
quiuí (m)	կիվի	[kívi]
toranja (f)	գրեյպֆրուտ	[grejpfrút]
baga (f)	հատապտուղ	[hataptúġ]
bagas (f pl)	հատապտուղներ	[hataptuġnér]
arando (m) vermelho	հապալաս	[hapalás]
morango-silvestre (m)	վայրի ելակ	[vajrí elák]
mirtilo (m)	հապալաս	[hapalás]

231. Flores. Plantas

flor (f)	ծաղիկ	[ʦaġík]
buquê (m) de flores	ծաղկեփունջ	[ʦaġkepʰúnʤ]
rosa (f)	վարդ	[vard]
tulipa (f)	վարդակակաչ	[vardakakáč]
cravo (m)	մեխակ	[meχák]
gladíolo (m)	թրաշուշան	[tʰrašušán]
centáurea (f)	կապույտ տերեփուկ	[kapújt terepʰúk]
campainha (f)	զանգակ	[zangák]
dente-de-leão (m)	կաթնուկ	[katʰnúk]
camomila (f)	երիցուկ	[eriʦʰúk]
aloé (m)	ալոէ	[alóe]
cacto (m)	կակտուս	[káktus]
fícus (m)	ֆիկուս	[fíkus]
lírio (m)	շուշան	[šušán]
gerânio (m)	խորդենի	[χordení]
jacinto (m)	հակինթ	[hakíntʰ]
mimosa (f)	պատկառուկ	[patkarúk]
narciso (m)	նարգիզ	[nargíz]
capuchinha (f)	ջրկոտեմ	[ʤrkotém]
orquídea (f)	խոլորձ	[χolórʣ]
peônia (f)	քաջվարդ	[kʰaʤvárd]
violeta (f)	մանուշակ	[manušák]
amor-perfeito (m)	եռագույն մանուշակ	[eragújn manušák]
não-me-esqueças (m)	անմոռուկ	[anmorúk]
margarida (f)	մարգարտածաղիկ	[margartaʦaġík]
papoula (f)	կակաչ	[kakáč]
cânhamo (m)	կանեփ	[kanépʰ]
hortelã, menta (f)	անանուխ	[ananúχ]

lírio-do-vale (m)	հովտաշուշան	[hovtašušán]
campânula-branca (f)	ձնծաղիկ	[dzntsaġík]
urtiga (f)	եղինջ	[eġíndʒ]
azedinha (f)	թրթնջուկ	[tʰrtʰndʒuk]
nenúfar (m)	ջրաշուշան	[dʒrašušán]
samambaia (f)	ձարխոտ	[dzarχót]
líquen (m)	քարաքոս	[kʰarakʰós]
estufa (f)	ջերմոց	[dʒermótsʰ]
gramado (m)	գազոն	[gazón]
canteiro (m) de flores	ծաղկաթումբ	[tsaġkatʰúmb]
planta (f)	բույս	[bujs]
grama (f)	խոտ	[χot]
folha (f) de grama	խոտիկ	[χotík]
folha (f)	տերև	[terév]
pétala (f)	թերթիկ	[tʰertʰík]
talo (m)	ցողուն	[tsʰoġún]
tubérculo (m)	պալար	[palár]
broto, rebento (m)	ծիլ	[tsil]
espinho (m)	փուշ	[pʰuš]
florescer (vi)	ծաղկել	[tsaġkél]
murchar (vi)	թոշնել	[tʰršnel]
cheiro (m)	բուրմունք	[burmúnkʰ]
cortar (flores)	կտրել	[ktrel]
colher (uma flor)	պոկել	[pokél]

232. Cereais, grãos

grão (m)	հացահատիկ	[hatsʰahatík]
cereais (plantas)	հացահատիկային բույսեր	[hatsʰahatikajín bujsér]
espiga (f)	հասկ	[hask]
trigo (m)	ցորեն	[tsʰorén]
centeio (m)	տարեկան	[tarekán]
aveia (f)	վարսակ	[varsák]
painço (m)	կորեկ	[korék]
cevada (f)	գարի	[garí]
milho (m)	եգիպտացորեն	[egiptatsʰorén]
arroz (m)	բրինձ	[brindz]
trigo-sarraceno (m)	հնդկացորեն	[hndkatsʰorén]
ervilha (f)	սիսեռ	[sisér]
feijão (m) roxo	լոբի	[lobí]
soja (f)	սոյա	[sojá]
lentilha (f)	ոսպ	[vosp]
feijão (m)	լոբազգիներ	[lobazginér]

233. Vegetais. Verduras

vegetais (m pl)	բանջարեղեն	[bandʒareġén]
verdura (f)	կանաչի	[kanačí]
tomate (m)	լոլիկ	[lolík]
pepino (m)	վարունգ	[varúng]
cenoura (f)	գազար	[gazár]
batata (f)	կարտոֆիլ	[kartofíl]
cebola (f)	սոխ	[soχ]
alho (m)	սխտոր	[sχtor]
couve (f)	կաղամբ	[kaġámb]
couve-flor (f)	ծաղկակաղամբ	[ʦaġkakaġámb]
couve-de-bruxelas (f)	բրյուսելյան կաղամբ	[brjuselján kaġámb]
beterraba (f)	բազուկ	[bazúk]
berinjela (f)	բադրիջան	[badridʒán]
abobrinha (f)	դդմիկ	[ddmik]
abóbora (f)	դդում	[ddum]
nabo (m)	շաղգամ	[šaġgám]
salsa (f)	մաղադանոս	[maġadanós]
endro, aneto (m)	սամիթ	[samítʰ]
alface (f)	սալաթ	[salátʰ]
aipo (m)	նեխուր	[neχúr]
aspargo (m)	ծնեբեկ	[ʦnebék]
espinafre (m)	սպինատ	[spinát]
ervilha (f)	սիսեռ	[sisér]
feijão (~ soja, etc.)	լոբի	[lobí]
milho (m)	եգիպտացորեն	[egiptaʦʰorén]
feijão (m) roxo	լոբի	[lobí]
pimentão (m)	պղպեղ	[pġpeġ]
rabanete (m)	բողկ	[boġk]
alcachofra (f)	արտիճուկ	[artičúk]

GEOGRAFIA REGIONAL

Países. Nacionalidades

234. Europa Ocidental

Europa (f)	Եվրոպա	[evrópa]
União (f) Europeia	Եվրոմիություն	[evromiut^hjún]
europeu (m)	եվրոպացի	[evropats^hí]
europeu (adj)	եվրոպական	[evropakán]
Áustria (f)	Ավստրիա	[avstria]
austríaco (m)	ավստրիացի	[avstriats^hí]
austríaca (f)	ավստրուհի	[avstruhí]
austríaco (adj)	ավստրիական	[avstriakán]
Grã-Bretanha (f)	Մեծ Բրիտանիա	[mets británia]
Inglaterra (f)	Անգլիա	[ánglia]
inglês (m)	անգլիացի	[angliats^hí]
inglesa (f)	անգլուհի	[angluhí]
inglês (adj)	անգլիական	[angliakán]
Bélgica (f)	Բելգիա	[bélgia]
belga (m)	բելգիացի	[belgiats^hí]
belga (f)	բելգիացի կին	[belgiats^hí kín]
belga (adj)	բելգիական	[belgiakán]
Alemanha (f)	Գերմանիա	[germánia]
alemão (m)	գերմանացի	[germanats^hí]
alemã (f)	գերմանուհի	[germanuhí]
alemão (adj)	գերմանական	[germanakán]
Países Baixos (m pl)	Նիդեռլանդներ	[niderlandnér]
Holanda (f)	Հոլանդիա	[holándia]
holandês (m)	հոլանդացի	[holandats^hí]
holandesa (f)	հոլանդուհի	[holanduhí]
holandês (adj)	հոլանդական	[holandakán]
Grécia (f)	Հունաստան	[hunastán]
grego (m)	հույն	[hujn]
grega (f)	հույնուհի	[hujnuhí]
grego (adj)	հունական	[hunakán]
Dinamarca (f)	Դանիա	[dánia]
dinamarquês (m)	դանիացի	[daniats^hí]
dinamarquesa (f)	դանուհի	[daniuhí]
dinamarquês (adj)	դանիական	[daniakán]
Irlanda (f)	Իռլանդիա	[irlándia]
irlandês (m)	իռլանդացի	[irlandats^hí]

irlandesa (f)	իռլանդուհի	[irlanduhí]
irlandês (adj)	իռլանդական	[irlandakán]
Islândia (f)	Իսլանդիա	[islándia]
islandês (m)	իսլանդացի	[islandats^{h}í]
islandesa (f)	իսլանդուհի	[islanduhí]
islandês (adj)	իսլանդական	[islandakán]
Espanha (f)	Իսպանիա	[ispánia]
espanhol (m)	իսպանացի	[ispanats^{h}í]
espanhola (f)	իսպանուհի	[ispanuhí]
espanhol (adj)	իսպանական	[ispanakán]
Itália (f)	Իտալիա	[itália]
italiano (m)	իտալացի	[italats^{h}í]
italiana (f)	իտալուհի	[italuhí]
italiano (adj)	իտալական	[italakán]
Chipre (m)	Կիպրոս	[kiprós]
cipriota (m)	կիպրոսցի	[kiprosts^{h}í]
cipriota (f)	կիպրոսուհի	[kiprosuhí]
cipriota (adj)	կիպրոսական	[kiprosakán]
Malta (f)	Մալթա	[máltʰa]
maltês (m)	մալթացի	[malt^{h}ats^{h}í]
maltesa (f)	մալթուհի	[malt^{h}uhí]
maltês (adj)	մալթական	[malt^{h}akán]
Noruega (f)	Նորվեգիա	[norvégia]
norueguês (m)	նորվեգացի	[norvegats^{h}í]
norueguesa (f)	նորվեգուհի	[norveguhí]
norueguês (adj)	նորվեգիական	[norvegakán]
Portugal (m)	Պորտուգալիա	[portugália]
português (m)	պորտուգալացի	[portugalats^{h}í]
portuguesa (f)	պորտուգալուհի	[portugaluhí]
português (adj)	պորտուգալական	[portugalakán]
Finlândia (f)	Ֆինլանդիա	[finlándia]
finlandês (m)	ֆինլանդացի	[finlandats^{h}í]
finlandesa (f)	ֆինլանդուհի	[finlanduhí]
finlandês (adj)	ֆինլանդական	[finlandakán]
França (f)	Ֆրանսիա	[fránsia]
francês (m)	ֆրանսիացի	[fransiats^{h}í]
francesa (f)	ֆրանսուհի	[fransuhí]
francês (adj)	ֆրանսիական	[fransiakán]
Suécia (f)	Շվեդիա	[švédia]
sueco (m)	շվեդացի	[švedats^{h}í]
sueca (f)	շվեդուհի	[šveduhí]
sueco (adj)	շվեդական	[švedakán]
Suíça (f)	Շվեյցարիա	[švejts^{h}ária]
suíço (m)	շվեյցարացի	[švejts^{h}arats^{h}í]
suíça (f)	շվեյցարուհի	[švejts^{h}aruhí]

suíço (adj)	շվեյցարական	[švejtsʰarakán]
Escócia (f)	Շոտլանդիա	[šotlándia]
escocês (m)	շոտլանդացի	[šotlandatsʰí]
escocesa (f)	շոտլանդուհի	[šotlanduhí]
escocês (adj)	շոտլանդական	[šotlandakán]
Vaticano (m)	Վատիկան	[vatikán]
Liechtenstein (m)	Լիխտենշտայն	[lixtenštájn]
Luxemburgo (m)	Լյուքսեմբուրգ	[ljukʰsembúrg]
Mônaco (m)	Մոնակո	[monáko]

235. Europa Central e de Leste

Albânia (f)	Ալբանիա	[albánia]
albanês (m)	ալբանացի	[albanatsʰí]
albanesa (f)	ալբանուհի	[albanuhí]
albanês (adj)	ալբանական	[albanakán]
Bulgária (f)	Բուլղարիա	[bulġária]
búlgaro (m)	բուլղարացի	[bulġaratsʰí]
búlgara (f)	բուլղարուհի	[bulġaruhí]
búlgaro (adj)	բուլղարական	[bulġarakán]
Hungria (f)	Վենգրիա	[véngria]
húngaro (m)	վենգրացի	[vengratsʰí]
húngara (f)	վենգրուհի	[vengruhí]
húngaro (adj)	վենգրական	[vengrakán]
Letônia (f)	Լատվիա	[látvia]
letão (m)	լատվիացի	[latviatsʰí]
letã (f)	լատվուհի	[latvuhí]
letão (adj)	լատվիական	[latviakán]
Lituânia (f)	Լիտվա	[litvá]
lituano (m)	լիտվացի	[litvatsʰí]
lituana (f)	լիտվուհի	[litvuhí]
lituano (adj)	լիտվական	[litvakán]
Polônia (f)	Լեհաստան	[lehastán]
polonês (m)	լեհ	[leh]
polonesa (f)	լեհուհի	[lehuhí]
polonês (adj)	լեհական	[lehakán]
Romênia (f)	Ռումինիա	[rumínia]
romeno (m)	ռումինացի	[ruminatsʰí]
romena (f)	ռումինուհի	[ruminuhí]
romeno (adj)	ռումինական	[ruminakán]
Sérvia (f)	Սերբիա	[sérbia]
sérvio (m)	սերբ	[serb]
sérvia (f)	սերբուհի	[serbuhí]
sérvio (adj)	սերբական	[serbakán]
Eslováquia (f)	Սլովակիա	[slovákia]
eslovaco (m)	սլովակ	[slovák]

eslovaca (f)	սլովաչկա	[slováčka]
eslovaco (adj)	սլովակյան	[slovakán]
Croácia (f)	Խորվաթիա	[χorvátia]
croata (m)	խորվաթ	[χorvát]
croata (f)	խորվաթուհի	[χorvatuhí]
croata (adj)	խորվաթական	[χorvatakán]
República (f) Checa	Չեխիա	[čéχia]
checo (m)	չեխ	[čeχ]
checa (f)	չեխուհի	[čeχuhí]
checo (adj)	չեխական	[čeχakán]
Estônia (f)	Էստոնիա	[ēstónia]
estônio (m)	էստոնացի	[ēstonatsʰí]
estônia (f)	էստոնուհի	[ēstonuhí]
estônio (adj)	էստոնական	[ēstonakán]
Bósnia e Herzegovina (f)	Բոսնիա և Հերցեգովինա	[bósnia év hertsʰegovína]
Macedônia (f)	Մակեդոնիա	[makedónia]
Eslovênia (f)	Սլովենիա	[slovénia]
Montenegro (m)	Չեռնոգորիա	[černogória]

236. Países da ex-URSS

Azerbaijão (m)	Ադրբեջան	[adrbedʒán]
azeri (m)	ադրբեջանացի	[adrbedʒanatsʰí]
azeri (f)	ադրբեջանուհի	[adrbedʒanuhí]
azeri, azerbaijano (adj)	ադրբեջանական	[adrbedʒanakán]
Armênia (f)	Հայաստան	[hajastán]
armênio (m)	հայ	[haj]
armênia (f)	հայուհի	[hajuhí]
armênio (adj)	հայկական	[hajkakán]
Belarus	Բելառուս	[belarús]
bielorrusso (m)	բելոռուս	[belorús]
bielorrussa (f)	բելոռուսկա	[belorúska]
bielorrusso (adj)	բելոռուսական	[belorusakán]
Geórgia (f)	Վրաստան	[vrastán]
georgiano (m)	վրացի	[vratsʰí]
georgiana (f)	վրացուհի	[vratsʰuhí]
georgiano (adj)	վրացական	[vratsʰakán]
Cazaquistão (m)	Ղազախստան	[ġazaχstán]
cazaque (m)	ղազախ	[ġazáχ]
cazaque (f)	ղազախուհի	[ġazaχuhí]
cazaque (adj)	ղազախական	[ġazaχakán]
Quirguistão (m)	Ղրղզստան	[ġrġzstan]
quirguiz (m)	ղրղզ	[ġrġz]
quirguiz (f)	ղրղզուհի	[ġrġzuhí]
quirguiz (adj)	ղրղզական	[ġrġzakán]

Moldávia (f)	Մոլդովա	[moldóva]
moldavo (m)	մոլդովացի	[moldovatsʰí]
moldava (f)	մոլդովուհի	[moldovuhí]
moldavo (adj)	մոլդովական	[moldovakán]
Rússia (f)	Ռուսաստան	[rusastán]
russo (m)	ռուս	[rus]
russa (f)	ռուս կին	[rus kin]
russo (adj)	ռուսական	[rusakán]
Tajiquistão (m)	Տաջիկստան	[tadʒikstán]
tajique (m)	տաջիկ	[tadʒík]
tajique (f)	տաջիկուհի	[tadʒikuhí]
tajique (adj)	տաջիկական	[tadʒikakán]
Turquemenistão (m)	Թուրքմենստան	[tʰurkʰmenstán]
turcomeno (m)	թուրքմեն	[tʰurkʰmén]
turcomena (f)	թուրքմենուհի	[tʰurkʰmenuhí]
turcomeno (adj)	թուրքմենական	[tʰurkʰmenakán]
Uzbequistão (f)	Ուզբեկստան	[uzbekstán]
uzbeque (m)	ուզբեկ	[uzbék]
uzbeque (f)	ուզբեկուհի	[uzbekuhí]
uzbeque (adj)	ուզբեկական	[uzbekakán]
Ucrânia (f)	Ուկրաինա	[ukraína]
ucraniano (m)	ուկրաինացի	[ukrainatsʰí]
ucraniana (f)	ուկրաինուհի	[ukrainuhí]
ucraniano (adj)	ուկրաինական	[ukrainakán]

237. Asia

Ásia (f)	Ասիա	[ásia]
asiático (adj)	ասիական	[asiakán]
Vietnã (m)	Վիետնամ	[vjetnám]
vietnamita (m)	վիետնամացի	[vjetnamatsʰí]
vietnamita (f)	վիետնամուհի	[vjetnamuhí]
vietnamita (adj)	վիետնամական	[vjetnamakán]
Índia (f)	Հնդկաստան	[hndkastán]
indiano (m)	հնդիկ	[hndík]
indiana (f)	հնդկուհի	[hndkuhí]
indiano (adj)	հնդկական	[hndkakán]
Israel (m)	Իսրայել	[israjél]
israelense (m)	իսրայելացի	[irajelatsʰí]
israelita (f)	իսրայելուհի	[israjeluhí]
israelense (adj)	իսրայելական	[israjelakán]
judeu (m)	հրեա	[hreá]
judia (f)	հրեուհի	[hreuhí]
judeu (adj)	հրեական	[hreakán]
China (f)	Չինաստան	[činastán]

chinês (m)	չինացի	[činatsʰí]
chinesa (f)	չինուհի	[činuhí]
chinês (adj)	չինական	[činakán]
coreano (m)	կորեացի	[koreatsʰí]
coreana (f)	կորեուհի	[koreuhí]
coreano (adj)	կորեական	[koreakán]
Líbano (m)	Լիբանան	[libanán]
libanês (m)	լիբանանցի	[libanantsʰí]
libanesa (f)	լիբանանուհի	[libananuhí]
libanês (adj)	լիբանանյան	[libananján]
Mongólia (f)	Մոնղոլիա	[monġólia]
mongol (m)	մոնղոլ	[monġól]
mongol (f)	մոնղոլուհի	[monġoluhí]
mongol (adj)	մոնղոլակամ	[monġolakán]
Malásia (f)	Մալայզիա	[malájzia]
malaio (m)	մալայզիացի	[malajziatsʰí]
malaia (f)	մալայզուհի	[malajzuhí]
malaio (adj)	մալայզիական	[malajziakán]
Paquistão (m)	Պակիստան	[pakistán]
paquistanês (m)	պակիստանցի	[pakistantsʰí]
paquistanesa (f)	պակիստանուհի	[pakistanuhí]
paquistanês (adj)	պակիստանական	[pakistanakán]
Arábia (f) Saudita	Սաուդյան Արաբիա	[saudján arábia]
árabe (m)	արաբ	[aráb]
árabe (f)	արաբուհի	[arabuhí]
árabe (adj)	արաբական	[arabakán]
Tailândia (f)	Թաիլանդ	[tʰailánd]
tailandês (m)	թաիլանդացի	[tʰailandatsʰí]
tailandesa (f)	թաիլանդուհի	[tʰailanduhí]
tailandês (adj)	թաիլանդական	[tʰailandakán]
Taiwan (m)	Թայվան	[tʰajván]
taiwanês (m)	թայվանացի	[tʰajvanatsʰí]
taiwanesa (f)	թայվանուհի	[tʰajvanuhí]
taiwanês (adj)	թայվանական	[tʰajvanakán]
Turquia (f)	Թուրքիա	[tʰúrkʰia]
turco (m)	թուրք	[tʰurkʰ]
turca (f)	թրքուհի	[tʰrkʰuhí]
turco (adj)	թուրքական	[tʰurkʰakán]
Japão (m)	Ճապոնիա	[čapónia]
japonês (m)	ճապոնացի	[čaponatsʰí]
japonesa (f)	ճապոնուհի	[čaponuhí]
japonês (adj)	ճապոնական	[čaponakán]
Afeganistão (m)	Աֆղանստան	[afġanstán]
Bangladesh (m)	Բանգլադեշ	[bangladéš]
Indonésia (f)	Ինդոնեզիա	[indonézia]

Jordânia (f)	Հորդանան	[hordanán]
Iraque (m)	Իրաք	[irák^{h}]
Irã (m)	Պարսկաստան	[parskastán]
Camboja (f)	Կամպուչիա	[kampučía]
Kuwait (m)	Քուվեյթ	[k^{h}uvéjt^{h}]
Laos (m)	Լաոս	[laós]
Birmânia (f)	Մյանմար	[mjanmár]
Nepal (m)	Նեպալ	[nepál]
Emirados Árabes Unidos	Միավորված Արաբական Էմիրություններ	[miavorváts arabakán ēmirut^{h}junnér]
Síria (f)	Սիրիա	[síria]
Palestina (f)	Պաղեստինյան ինքնավարություն	[paġestinján ink^{h}navarut^{h}jún]
Coreia (f) do Sul	Հարավային Կորեա	[haravajín koréa]
Coreia (f) do Norte	Հյուսիսային Կորեա	[hjusisajín koréa]

238. América do Norte

Estados Unidos da América	Ամերիկայի Միացյալ Նահանգներ	[amerikají miats^{h}jál nahangnér]
americano (m)	ամերիկացի	[amerikats^{h}í]
americana (f)	ամերիկուհի	[amerikuhí]
americano (adj)	ամերիկական	[amerikakán]
Canadá (m)	Կանադա	[kanáda]
canadense (m)	կանադացի	[kanadats^{h}í]
canadense (f)	կանադուհի	[kanaduhí]
canadense (adj)	կանադական	[kanadakán]
México (m)	Մեքսիկա	[mék^{h}sika]
mexicano (m)	մեքսիկացի	[mek^{h}sikats^{h}í]
mexicana (f)	մեքսիկուհի	[mek^{h}sikuhí]
mexicano (adj)	մեքսիկական	[mek^{h}sikakán]

239. América Central do Sul

Argentina (f)	Արգենտինա	[argentína]
argentino (m)	արգենտինացի	[argentinats^{h}í]
argentina (f)	արգենտինուհի	[argentinuhí]
argentino (adj)	արգենտինական	[argentinakán]
Brasil (m)	Բրազիլիա	[brazília]
brasileiro (m)	բրազիլացի	[braziliats^{h}í]
brasileira (f)	բրազիլուհի	[braziluhí]
brasileiro (adj)	բրազիլիական	[braziliakán]
Colômbia (f)	Կոլումբիա	[kolúmbia]
colombiano (m)	կոլումբացի	[kolumbats^{h}í]
colombiana (f)	կոլումբացի կին	[kolumbats^{h}í kin]
colombiano (adj)	կոլումբիական	[kolumbiakán]

Cuba (f)	Կուբա	[kúba]
cubano (m)	կուբացի	[kubatsʰí]
cubana (f)	կուբացի կին	[kubatsʰí kin]
cubano (adj)	կուբական	[kubakán]
Chile (m)	Չիլի	[číli]
chileno (m)	չիլիացի	[čiliatsʰí]
chilena (f)	չիլիացի կին	[čiliatsʰí kin]
chileno (adj)	չիլիական	[čiliakán]
Bolívia (f)	Բոլիվիա	[bolívia]
Venezuela (f)	Վենեսուելա	[venesuéla]
Paraguai (m)	Պարագվայ	[paragváj]
Peru (m)	Պերու	[perú]
Suriname (m)	Սուրինամ	[surinám]
Uruguai (m)	Ուրուգվայ	[urugváj]
Equador (m)	Էկվադոր	[ēkvadór]
Bahamas (f pl)	Բահամյան կղզիներ	[bahamján kġzinér]
Haiti (m)	Հաիթի	[haitʰí]
República Dominicana	Դոմինիկյան հանրապետություն	[dominikján hanrapetutʰjún]
Panamá (m)	Պանամա	[panáma]
Jamaica (f)	Ցամայկա	[jamájka]

240. Africa

Egito (m)	Եգիպտոս	[egiptós]
egípcio (m)	եգիպտացի	[egiptatsʰí]
egípcia (f)	եգիպտուհի	[egiptuhí]
egípcio (adj)	եգիպտական	[egiptakán]
Marrocos	Մարոկկո	[marókko]
marroquino (m)	մարոկկացի	[marokatsʰí]
marroquina (f)	մարոկկուհի	[marokuhí]
marroquino (adj)	մարոկկական	[marokakán]
Tunísia (f)	Թունիս	[tʰunís]
tunisiano (m)	թունիսցի	[tʰunistsʰí]
tunisiana (f)	թունիսուհի	[tʰunisuhí]
tunisiano (adj)	թունիսական	[tʰunisakán]
Gana (f)	Գանա	[gána]
Zanzibar (m)	Զանզիբար	[zanzibár]
Quênia (f)	Քենիա	[kʰénia]
Líbia (f)	Լիբիա	[líbia]
Madagascar (m)	Մադագասկար	[madagaskár]
Namíbia (f)	Նամիբիա	[namíbia]
Senegal (m)	Սենեգալ	[senegál]
Tanzânia (f)	Տանզանիա	[tanzánia]
África (f) do Sul	Հարավ-Աֆրիկյան հանրապետություն	[haráv afrikján hanrapetutʰjún]

africano (m)	աֆրիկացի	[afrikatsʰí]
africana (f)	աֆրիկուհի	[afrikuhí]
africano (adj)	աֆրիկական	[afrikakán]

241. Austrália. Oceania

Austrália (f)	Ավստրալիա	[avstrália]
australiano (m)	ավստրալիացի	[avstraliatsʰí]
australiana (f)	ավստրալուհի	[avstraluhí]
australiano (adj)	ավստրալիական	[avstraliakán]
Nova Zelândia (f)	Նոր Զելանդիա	[nor zelándia]
neozelandês (m)	նորզելանդացի	[norzelandatsʰí]
neozelandesa (f)	նորզելանդուհի	[norzelanduhí]
neozelandês (adj)	նորզելանդական	[norzelandakán]
Tasmânia (f)	Տասմանիա	[tasmánia]
Polinésia (f) Francesa	Ֆրանսիական Պոլինեզիա	[fransiakán polinézia]

242. Cidades

Amesterdã, Amsterdã	Ամստերդամ	[amsterdám]
Ancara	Անկարա	[ankará]
Atenas	Աթենք	[atʰénkʰ]
Bagdade	Բաղդադ	[baġdád]
Bancoque	Բանգկոկ	[bangkók]
Barcelona	Բարսելոնա	[barselóna]
Beirute	Բեյրութ	[bejrútʰ]
Berlim	Բեռլին	[berlín]
Bonn	Բոնն	[bonn]
Bordéus	Բորդո	[bordó]
Bratislava	Բրատիսլավա	[bratislàva]
Bruxelas	Բրյուսել	[brjusél]
Bucareste	Բուխարեստ	[buχarést]
Budapeste	Բուդապեշտ	[budapéšt]
Cairo	Կահիրե	[kahiré]
Calcutá	Կալկաթա	[kalkátʰa]
Chicago	Չիկագո	[čikágo]
Cidade do México	Մեխիկո	[méχiko]
Copenhague	Կոպենհագեն	[kopenhágen]
Dar es Salaam	Դար Էս Սալամ	[dár ēs salám]
Deli	Դելի	[déli]
Dubai	Դուբայ	[dubáj]
Dublim	Դուբլին	[dúblin]
Düsseldorf	Դյուսելդորֆ	[djuseldórf]
Estocolmo	Ստոքհոլմ	[stokʰhólm]
Florença	Ֆլորենցիա	[floréntsʰia]
Frankfurt	Ֆրանկֆուրտ	[fránkfurt]

Genebra	Ժնև	[ʒnev]
Haia	Հաագա	[hahága]
Hamburgo	Համբուրգ	[hámburg]
Hanói	Հանոյ	[hanój]
Havana	Հավանա	[havána]
Helsinque	Հելսինկի	[hélsinki]
Hiroshima	Հիրոսիմա	[hirosíma]
Hong Kong	Հոնկոնգ	[honkóng]
Istambul	Սթամբուլ	[stʰambúl]
Jerusalém	Երուսաղեմ	[erusaġém]
Kiev, Quieve	Կիև	[kíev]
Kuala Lumpur	Կուալա Լումպուր	[kualá lumpúr]
Lion	Լիոն	[lión]
Lisboa	Լիսաբոն	[lisabón]
Londres	Լոնդոն	[londón]
Los Angeles	Լոս Անջելոս	[los anʒelós]
Madrid	Մադրիդ	[madríd]
Marselha	Մարսել	[marsél]
Miami	Մայամի	[majámi]
Montreal	Մոնրեալ	[monreál]
Moscou	Մոսկվա	[moskvá]
Mumbai	Բոմբեյ	[bombéj]
Munique	Մյունխեն	[mjúnχen]
Nairóbi	Նայրոբի	[najróbi]
Nápoles	Նեապոլ	[neápol]
Nice	Նիցցա	[nítsʰa]
Nova York	Նյու-Յորք	[nju jórkʰ]
Oslo	Օսլո	[óslo]
Ottawa	Օտտավա	[ottáva]
Paris	Փարիզ	[pʰaríz]
Pequim	Պեկին	[pekín]
Praga	Պրահա	[prahá]
Rio de Janeiro	Ռիո դե Ժանեյրո	[rio de ʒanéjro]
Roma	Հռոմ	[hrom]
São Petersburgo	Սանկտ Պետերբուրգ	[sánkt peterbúrg]
Seul	Սեուլ	[seúl]
Singapura	Սինգապուր	[singapúr]
Sydney	Սիդնեյ	[sidnéj]
Taipé	Տայպեյ	[tajpéj]
Tóquio	Տոկիո	[tókio]
Toronto	Տորոնտո	[torónto]
Varsóvia	Վարշավա	[varšáva]
Veneza	Վենետիկ	[venétsia]
Viena	Վիեննա	[viénna]
Washington	Վաշինգտոն	[vašingtón]
Xangai	Շանհայ	[šanháj]

243. Política. Governo. Parte 1

política (f)	քաղաքականություն	[kʰaġakakanutʰjún]
político (adj)	քաղաքական	[kʰaġakʰakán]
político (m)	քաղաքական գործիչ	[kʰaġakʰakán gortsíč]
estado (m)	պետություն	[petutʰjún]
cidadão (m)	քաղաքացի	[kʰaġakatsʰí]
cidadania (f)	քաղաքացիություն	[kʰaġakatsʰiutʰjún]
brasão (m) de armas	ազգային զինանշան	[azgajín zinanšán]
hino (m) nacional	պետական օրհներգ	[petakán orhnérg]
governo (m)	ղեկավարություն	[ġekavarutʰjún]
Chefe (m) de Estado	երկրի ղեկավար	[erkrí ġekavár]
parlamento (m)	խորհրդարան	[χorhrdarán]
partido (m)	կուսակցություն	[kusaktsʰutʰjún]
capitalismo (m)	կապիտալիզմ	[kapitalízm]
capitalista (adj)	կապիտալիստական	[kapitalistakán]
socialismo (m)	սոցիալիզմ	[sotsʰialízm]
socialista (adj)	սոցիալիստական	[sotsʰialistakán]
comunismo (m)	կոմունիզմ	[komunízm]
comunista (adj)	կոմունիստական	[komunistakán]
comunista (m)	կոմունիստ	[komuníst]
democracia (f)	ժողովրդավարություն	[ʒoġovrdavarutʰjún]
democrata (m)	դեմոկրատ	[demokrát]
democrático (adj)	ժողովրդավարական	[ʒoġovrdavarakán]
Partido (m) Democrático	ժողովրդավարական կուսակցություն	[ʒoġovrdavarakán kusaktsʰutʰjún]
liberal (m)	լիբերալ	[liberál]
liberal (adj)	լիբերալ	[liberál]
conservador (m)	պահպանողական	[pahpanoġakán]
conservador (adj)	պահպանողական	[pahpanoġakán]
república (f)	հանրապետություն	[hanrapetutʰjún]
republicano (m)	հանրապետական	[hanrapetakán]
Partido (m) Republicano	հանրապետական կուսակցություն	[hanrapetakán kusaktsʰutʰjún]
eleições (f pl)	ընտրություններ	[əntrutʰjunnér]
eleger (vt)	ընտրել	[əntrél]
eleitor (m)	ընտրող	[əntróġ]
campanha (f) eleitoral	ընտրարշավ	[əntraršáv]
votação (f)	քվեարկություն	[kʰvearkutʰjún]
votar (vi)	քվեարկել	[kʰvearkél]
sufrágio (m)	քվեարկության իրավունք	[kvearkutʰján iravúnkʰ]
candidato (m)	թեկնածու	[tʰeknatsú]
candidatar-se (vi)	թեկնածությունը դնել քվեարկության	[tʰeknatsutʰjunə dnél kʰvearkutʰján]

campanha (f)	արշավ	[aršáv]
da oposição	ընդդիմական	[ənddimakán]
oposição (f)	ընդդիմություն	[ənddimutʰjún]
visita (f)	այց	[ajtsʰ]
visita (f) oficial	պաշտոնական այց	[paštonakán ajtsʰ]
internacional (adj)	միջազգային	[midʒazgajín]
negociações (f pl)	բանակցություններ	[banaktsʰutʰjunnér]
negociar (vi)	բանակցություններ վարել	[banaktsʰutʰjunnér varél]

244. Política. Governo. Parte 2

sociedade (f)	հասարակություն	[hasarakutʰjún]
constituição (f)	սահմանադրություն	[sahmanadrutʰjún]
poder (ir para o ~)	իշխանություն	[išχanutʰjún]
corrupção (f)	կոռուպցիա	[korúptsʰia]
lei (f)	օրենք	[orénkʰ]
legal (adj)	օրինական	[orinakán]
justeza (f)	արդարություն	[ardarutʰjún]
justo (adj)	արդար	[ardár]
comitê (m)	կոմիտե	[komité]
projeto-lei (m)	օրինագիծ	[orinagíts]
orçamento (m)	բյուջե	[bjudʒé]
política (f)	քաղաքականություն	[kʰaġakakanutʰjún]
reforma (f)	բարեփոխում	[barepʰoχúm]
radical (adj)	արմատական	[armatakán]
força (f)	հզորություն	[hzorutʰjún]
poderoso (adj)	հզոր	[hzor]
partidário (m)	կողմնակից	[koġmnakítsʰ]
influência (f)	ազդեցություն	[azdetsʰutʰjún]
regime (m)	ռեժիմ	[reʒím]
conflito (m)	ընդհարում	[əndharúm]
conspiração (f)	դավադրություն	[davadrutʰjún]
provocação (f)	պրովոկացիա	[provokátsʰia]
derrubar (vt)	տապալել	[tapalél]
derrube (m), queda (f)	տապալում	[tapalúm]
revolução (f)	հեղափոխություն	[heġapʰoχutʰjún]
golpe (m) de Estado	հեղաշրջում	[heġašrdʒúm]
golpe (m) militar	ռազմական հեղաշրջում	[razmakán heġašrdʒúm]
crise (f)	ճգնաժամ	[čgnaʒám]
recessão (f) econômica	տնտեսական անկում	[tntesakán ankúm]
manifestante (m)	ցուցարար	[tsʰutsʰarár]
manifestação (f)	ցույց	[tsʰujtsʰ]
lei (f) marcial	ռազմական դրություն	[razmakán drutʰjún]
base (f) militar	բազա	[báza]

estabilidade (f)	կայունություն	[kajunutʰjún]
estável (adj)	կայուն	[kajún]
exploração (f)	շահագործում	[šahagortsúm]
explorar (vt)	շահագործել	[šahagortsél]
racismo (m)	ռասիզմ	[rasízm]
racista (m)	ռասիստ	[rasíst]
fascismo (m)	ֆաշիզմ	[fašízm]
fascista (m)	ֆաշիստ	[fašíst]

245. Países. Diversos

estrangeiro (m)	օտարերկրացի	[otarjerkartsʰí]
estrangeiro (adj)	օտարերկրյա	[otarerkrjá]
no estrangeiro	արտասահմանում	[artasahmanúm]
emigrante (m)	էմիգրանտ	[ēmigránt]
emigração (f)	արտագաղթ	[artagáġtʰ]
emigrar (vi)	արտագաղթել	[artagaġtʰél]
Ocidente (m)	Արևմուտք	[arevmútkʰ]
Oriente (m)	Արևելք	[arevélkʰ]
Extremo Oriente (m)	Հեռավոր Արևելք	[heravór arevélkʰ]
civilização (f)	քաղաքակրթություն	[kʰaġakakanutʰjún]
humanidade (f)	մարդկություն	[mardkutʰjún]
mundo (m)	աշխարհ	[ašχárh]
paz (f)	խաղաղություն	[χaġaġutʰjún]
mundial (adj)	համաշխարհային	[hamašχarhajín]
pátria (f)	հայրենիք	[hajreníkʰ]
povo (população)	ժողովուրդ	[ʒoġovúrd]
população (f)	բնակչություն	[bnakčutʰjún]
gente (f)	մարդիկ	[mardík]
nação (f)	ազգ	[azg]
geração (f)	սերունդ	[serúnd]
território (m)	տարածք	[tarátskʰ]
região (f)	շրջան	[šrdʒan]
estado (m)	նահանգ	[naháng]
tradição (f)	ավանդույթ	[avandújtʰ]
costume (m)	սովորույթ	[sovorújtʰ]
ecologia (f)	բնապահպանություն	[bnapahpanutʰjún]
índio (m)	հնդիկ	[hndík]
cigano (m)	գնչու	[gnču]
cigana (f)	գնչուհի	[gnčuhí]
cigano (adj)	գնչուական	[gnčuakán]
império (m)	կայսրություն	[kajsrutʰjún]
colônia (f)	գաղութ	[gaġútʰ]
escravidão (f)	ստրկություն	[strkutʰjún]

invasão (f)	արշավանք	[aršavánk^h]
fome (f)	սով	[sov]

246. Grupos religiosos mais importantes. Confissões

religião (f)	կրոն	[kron]
religioso (adj)	կրոնական	[kronakán]
crença (f)	հավատք	[havátk^h]
crer (vt)	հավատալ	[havatál]
crente (m)	հավատացյալ	[havatats^{h}jál]
ateísmo (m)	աթեիզմ	[at^{h}eízm]
ateu (m)	աթեիստ	[at^{h}eíst]
cristianismo (m)	քրիստոնեություն	[k^{h}ristoneut^{h}jún]
cristão (m)	քրիստոնյա	[k^{h}ristonjá]
cristão (adj)	քրիստոնեական	[k^{h}ristoneakán]
catolicismo (m)	Կաթոլիկություն	[kat^{h}olikut^{h}jún]
católico (m)	կաթոլիկ	[kat^{h}olík]
católico (adj)	կաթոլիկական	[kat^{h}olikakán]
protestantismo (m)	Բողոքականություն	[boġok^{h}akanut^{h}jún]
Igreja (f) Protestante	Բողոքական եկեղեցի	[boġok^{h}akán ekeġets^{h}í]
protestante (m)	բողոքական	[boġok^{h}akán]
ortodoxia (f)	Ուղղափառություն	[uġġap^{h}arut^{h}jún]
Igreja (f) Ortodoxa	Ուղղափառ եկեղեցի	[uġġap^{h}ár ekeġets^{h}í]
ortodoxo (m)	ուղղափառ	[uġġap^{h}ár]
presbiterianismo (m)	Պրեսբիտերականություն	[presbiterakanut^{h}jún]
Igreja (f) Presbiteriana	Պրեսբիտերական եկեղեցի	[presbiterakán ekeġets^{h}í]
presbiteriano (m)	պրեսբիտեր	[presbitér]
luteranismo (m)	Լյութերական եկեղեցի	[ljut^{h}erakán ekeġets^{h}í]
luterano (m)	լյութերական	[ljut^{h}erakán]
Igreja (f) Batista	Բապտիզմ	[baptízm]
batista (m)	բապտիստ	[baptíst]
Igreja (f) Anglicana	Անգլիական եկեղեցի	[angliakán ekeġets^{h}í]
anglicano (m)	անգլիկանացի	[angliakanats^{h}i]
mormonismo (m)	Մորմոնական կրոն	[mormonakán krón]
mórmon (m)	մորմոն	[mormón]
Judaísmo (m)	Հուդայականություն	[hudajakanut^{h}jún]
judeu (m)	հուդայական	[hudajakán]
budismo (m)	Բուդդայականություն	[buddajakanut^{h}jún]
budista (m)	բուդդայական	[buddajakán]
hinduísmo (m)	Հինդուիզմ	[hinduhízm]
hindu (m)	հինդուիստ	[hinduhíst]

Islã (m)	Մահմեդականություն	[mahmedakanutʰjún]
muçulmano (m)	մուսուլման	[musulmán]
muçulmano (adj)	մուսուլմանական	[musulmanakán]
xiismo (m)	Շիա	[šía]
xiita (m)	շիա	[šía]
sunismo (m)	Սուննի	[súnni]
sunita (m)	սուննիտ	[súnnit]

247. Religiões. Padres

padre (m)	հոգևորական	[hogevorakán]
Papa (m)	Հռոմի պապ	[hromí páp]
monge (m)	վանական	[vanakán]
freira (f)	միանձնուհի	[miandznuhí]
pastor (m)	պաստոր	[pástor]
abade (m)	աբբատ	[abbát]
vigário (m)	քահանա	[kʰahaná]
bispo (m)	եպիսկոպոս	[episkopós]
cardeal (m)	կարդինալ	[kardinál]
pregador (m)	քարոզիչ	[kʰarozíč]
sermão (m)	քարոզ	[kʰaróz]
paroquianos (pl)	ծխականներ	[tsχakannér]
crente (m)	հավատացյալ	[havatatsʰjál]
ateu (m)	աթեիստ	[atʰeíst]

248. Fé. Cristianismo. Islão

Adão	Ադամ	[adám]
Eva	Եվա	[éva]
Deus (m)	Աստված	[astváts]
Senhor (m)	Տեր	[ter]
Todo Poderoso (m)	Ամենազոր	[amenazór]
pecado (m)	մեղք	[meġkʰ]
pecar (vi)	մեղք գործել	[meġkʰ gortsél]
pecador (m)	մեղսագործ	[meġsagórts]
pecadora (f)	մեղսագործ	[meġsagórts]
inferno (m)	դժոխք	[dʒoχkʰ]
paraíso (m)	դրախտ	[draχt]
Jesus	Հիսուս	[hisús]
Jesus Cristo	Հիսուս Քրիստոս	[hisús kʰristós]
Espírito (m) Santo	Սուրբ Հոգի	[surb hogí]
Salvador (m)	Փրկիչ	[pʰrkič]

Virgem Maria (f)	Աստվածածին	[astvatsatsín]
Diabo (m)	Սատանա	[sataná]
diabólico (adj)	սատանայական	[satanajakán]
Satanás (m)	Սատանա	[sataná]
satânico (adj)	սատանայական	[satanajakán]
anjo (m)	հրեշտակ	[hrešták]
anjo (m) da guarda	պահապան հրեշտակ	[pahapán hrešták]
angelical	հրեշտակային	[hreštakajín]
apóstolo (m)	առաքյալ	[arakʰjál]
arcanjo (m)	հրեշտակապետ	[hreštakapét]
anticristo (m)	հակաքրիստոս	[hakakʰristós]
Igreja (f)	եկեղեցի	[ekeġetsʰí]
Bíblia (f)	աստվածաշունչ	[astvatsašúnč]
bíblico (adj)	աստվածաշնչական	[astvatsašnčakán]
Velho Testamento (m)	Հին Կտակարան	[hin ktakarán]
Novo Testamento (m)	Նոր Կտակարան	[nor ktakarán]
Evangelho (m)	Ավետարան	[avetarán]
Sagradas Escrituras (f pl)	Սուրբ Գիրք	[surb girkʰ]
Céu (sete céus)	Երկնային թագավորություն	[erknajín tʰagavorutʰjún]
mandamento (m)	պատվիրան	[patvirán]
profeta (m)	մարգարե	[margaré]
profecia (f)	մարգարեություն	[margareutʰjún]
Alá (m)	Ալլահ	[alláh]
Maomé (m)	Մուհամեդ	[muhaméd]
Alcorão (m)	Ղուրան	[ġurán]
mesquita (f)	մզկիթ	[mzkitʰ]
mulá (m)	մոլլա	[mollá]
oração (f)	աղոթք	[aġótʰkʰ]
rezar, orar (vi)	աղոթել	[aġotʰél]
peregrinação (f)	ուխտագնացություն	[uχtagnatsʰutʰjún]
peregrino (m)	ուխտագնաց	[uχtagnátsʰ]
Meca (f)	Մեքքա	[mékʰkʰa]
igreja (f)	եկեղեցի	[ekeġetsʰí]
templo (m)	տաճար	[tačár]
catedral (f)	տաճար	[tačár]
gótico (adj)	գոթական	[gotʰakán]
sinagoga (f)	սինագոգ	[sinagóg]
mesquita (f)	մզկիթ	[mzkitʰ]
capela (f)	մատուռ	[matúr]
abadia (f)	աբբայություն	[abbajutʰjún]
convento (m)	վանք	[vankʰ]
monastério (m)	վանք	[vankʰ]
sino (m)	զանգ	[zang]
campanário (m)	զանգակատուն	[zangakatún]
repicar (vi)	զանգել	[zangél]

cruz (f)	խաչ	[χač]
cúpula (f)	գմբեթ	[gmbetʰ]
ícone (m)	սրբապատկեր	[srbapatkér]
alma (f)	հոգի	[hogí]
destino (m)	ճակատագիր	[čakatagír]
mal (m)	չարիք	[čaríkʰ]
bem (m)	բարություն	[barutʰjún]
vampiro (m)	սատակ	[saták]
bruxa (f)	կախարդ	[kaχárd]
demônio (m)	դև	[dev]
espírito (m)	հոգի	[hogí]
redenção (f)	քավություն	[kʰavutʰjún]
redimir (vt)	քավել	[kʰavél]
missa (f)	արարողություն	[araroġutʰjún]
celebrar a missa	մատուցել	[matuʦʰél]
confissão (f)	խոստովանություն	[χostovanutʰjún]
confessar-se (vr)	խոստովանել	[χostovanél]
santo (m)	սուրբ	[surb]
sagrado (adj)	սուրբ	[surb]
água (f) benta	սուրբ ջուր	[surb ʤur]
ritual (m)	արարողություն	[araroġutʰjún]
ritual (adj)	արարողական	[araroġakán]
sacrifício (m)	զոհաբերություն	[zohaberutʰjún]
superstição (f)	սնապաշտություն	[snapaštutʰjún]
supersticioso (adj)	սնապաշտ	[snapášt]
vida (f) após a morte	հանդերձյալ կյանք	[handerʣjál kjankʰ]
vida (f) eterna	հավերժ կյանք	[havérʒ kjánkʰ]

TEMAS DIVERSOS

249. Várias palavras úteis

ajuda (f)	օգնություն	[ognut^{h}jún]
barreira (f)	արգելք	[argélk^h]
base (f)	հիմք	[himk^h]
categoria (f)	տեսակ	[tesák]
causa (f)	պատճառ	[patčár]
coincidência (f)	համընկնում	[hamənknúm]
coisa (f)	իր	[ir]
começo, início (m)	սկիզբ	[skizb]
cômodo (ex. poltrona ~a)	հարմար	[hamár]
comparação (f)	համեմատություն	[hamematut^{h}jún]
compensação (f)	փոխհատուցում	[p^{h}oχhatuʦ^{h}úm]
crescimento (m)	աճ	[ač]
desenvolvimento (m)	զարգացում	[zargaʦ^{h}úm]
diferença (f)	տարբերություն	[tarberut^{h}jún]
efeito (m)	արդյունք	[ardjúnk^h]
elemento (m)	տարր	[tarr]
equilíbrio (m)	հավասարակշռություն	[havasarakšrut^{h}jún]
erro (m)	սխալմունք	[sχalmúnk^h]
esforço (m)	ջանք	[ʤank^h]
estilo (m)	ոճ	[voč]
exemplo (m)	օրինակ	[orinák]
fato (m)	փաստ	[p^{h}ast]
fim (m)	վերջ	[verʤ]
forma (f)	տեսք	[tesk^h]
frequente (adj)	խիտ	[χit]
fundo (ex. ~ verde)	ֆոն	[fon]
gênero (tipo)	ձև	[ʣev]
grau (m)	աստիճան	[astičán]
ideal (m)	իդեալ	[ideál]
labirinto (m)	լաբիրինթոս	[labirint^{h}ós]
modo (m)	միջոց	[miʤóʦ^h]
momento (m)	պահ	[pah]
objeto (m)	առարկա	[ararká]
obstáculo (m)	խոչընդոտ	[χočəndót]
original (m)	բնօրինակ	[bnorinák]
padrão (adj)	ստանդարտային	[standartajín]
padrão (m)	ստանդարտ	[standárt]
paragem (pausa)	ընդմիջում	[əndmiʤúm]
parte (f)	մաս	[mas]

partícula (f)	մասնիկ	[masník]
pausa (f)	դադար	[dadár]
posição (f)	դիրք	[dirkʰ]
princípio (m)	սկզբունք	[skzbúnkʰ]
problema (m)	խնդիր	[χndir]
processo (m)	ընթացք	[əntʰátsʰkʰ]
progresso (m)	առաջադիմություն	[aradʒadimutʰjún]
propriedade (qualidade)	հատկություն	[hatkutʰjún]
reação (f)	ռեակցիա	[reáktsʰia]
risco (m)	ռիսկ	[risk]
ritmo (m)	տեմպ	[temp]
segredo (m)	գաղտնիք	[gaġtníkʰ]
série (f)	շարք	[šarkʰ]
sistema (m)	համակարգ	[hamakárg]
situação (f)	իրադրություն	[iradrutʰjún]
solução (f)	լուծում	[lutsúm]
tabela (f)	աղյուսակ	[aġjusák]
termo (ex. ~ técnico)	տերմին	[termín]
tipo (m)	տիպ	[tip]
urgente (adj)	շտապ	[štap]
urgentemente	շտապ	[štap]
utilidade (f)	օգուտ	[ogút]
variante (f)	տարբերակ	[tarberák]
variedade (f)	ընտրություն	[əntrutʰjún]
verdade (f)	ճշմարտություն	[čšmartutʰjún]
vez (f)	հերթականություն	[hertʰakanutʰjún]
zona (f)	հատված	[hatváts]

250. Modificadores. Adjetivos. Parte 1

aberto (adj)	բաց	[batsʰ]
afetuoso (adj)	քնքուշ	[kʰnkʰuš]
afiado (adj)	սուր	[sur]
agradável (adj)	հաճելի	[hačelí]
agradecido (adj)	երախտապարտ	[eraχtapárt]
alegre (adj)	ուրախ	[uráχ]
alto (ex. voz ~a)	բարձր	[bardzr]
amargo (adj)	դառը	[dárə]
amplo (adj)	ընդարձակ	[əndardzák]
antigo (adj)	հնամյա	[hnamjá]
apropriado (adj)	պիտանի	[pitaní]
arriscado (adj)	ռիսկային	[riskajín]
artificial (adj)	արհեստական	[arhestakán]
azedo (adj)	թթու	[tʰtʰu]
baixo (voz ~a)	ցածր	[tsʰatsr]
barato (adj)	էժան	[ēʒán]

belo (adj)	հիասքանչ	[hiaskʰánč]
bom (adj)	լավ	[lav]
bondoso (adj)	բարի	[barí]
bonito (adj)	գեղեցիկ	[geġetsʰík]
bronzeado (adj)	արևառ	[arevár]
burro, estúpido (adj)	հիմար	[himár]
calmo (adj)	հանգիստ	[hangíst]
cansado (adj)	հոգնած	[hognáts]
cansativo (adj)	հոգնեցուցիչ	[hognetsʰutsʰíč]
carinhoso (adj)	հոգատար	[hogatár]
caro (adj)	թանկ	[tʰank]
cego (adj)	կույր	[kujr]
central (adj)	կենտրոնական	[kentronakán]
cerrado (ex. nevoeiro ~)	թանձր	[tʰandzr]
cheio (xícara ~a)	լի	[li]
civil (adj)	քաղաքացիական	[kʰaġakatsʰiakán]
clandestino (adj)	ընդհատակյա	[əndhatakjá]
claro (explicação ~a)	ըմբռնելի	[əmbrnelí]
claro (pálido)	լուսավոր	[lusavór]
compatível (adj)	համատեղելի	[hamateġelí]
comum, normal (adj)	հասարակ	[hasarák]
congelado (adj)	սառեցված	[saretsʰváts]
conjunto (adj)	համատեղ	[hamatéġ]
considerável (adj)	նշանավոր	[nšanavór]
contente (adj)	գոհ	[goh]
contínuo (adj)	տևական	[tevakán]
contrário (ex. o efeito ~)	հակառակ	[hakarák]
correto (resposta ~a)	ճիշտ	[čišt]
cru (não cozinhado)	հում	[hum]
curto (adj)	կարճ	[karč]
de curta duração	կարճատև	[karčatév]
de sol, ensolarado	արևոտ	[arevót]
de trás	հետին	[hetín]
denso (fumaça ~a)	թանձր	[tʰandzr]
desanuviado (adj)	անամպ	[anámp]
descuidado (adj)	անփույթ	[anpʰújtʰ]
difícil (decisão)	բարդ	[bard]
difícil, complexo (adj)	բարդ	[bard]
direito (lado ~)	աջ	[adʒ]
distante (adj)	հեռու	[herú]
doce (açucarado)	քաղցր	[kʰaġtsʰr]
doce (água)	քաղցրահամ	[kʰaġtsʰrahám]
doente (adj)	հիվանդ	[hivánd]
duro (material ~)	կոշտ	[košt]
educado (adj)	հարգալից	[hargalítsʰ]
encantador (agradável)	սիրալիր	[siralír]
enigmático (adj)	հանելուկային	[hanelukajín]

enorme (adj)	հսկա	[hska]
escuro (quarto ~)	մութ	[mutʰ]
especial (adj)	հատուկ	[hatúk]
esquerdo (lado ~)	ձախ	[ʣaχ]
estrangeiro (adj)	օտարերկրյա	[otarerkrjá]
estreito (adj)	նեղ	[neġ]
exato (montante ~)	ճշգրիտ	[čšgrit]
excelente (adj)	հիանալի	[hianalí]
excessivo (adj)	գեր	[ger]
externo (adj)	արտաքին	[artakʰín]
fácil (adj)	հեշտ	[hešt]
faminto (adj)	քաղցած	[kʰaġʦʰáʦ]
fechado (adj)	փակ	[pʰak]
feliz (adj)	երջանիկ	[erʤaník]
fértil (terreno ~)	բերքառատ	[berkʰarát]
forte (pessoa ~)	ուժեղ	[uʒéġ]
fraco (luz ~a)	խավար	[χavár]
frágil (adj)	փխրուն	[pʰχrun]
fresco (pão ~)	թարմ	[tʰarm]
fresco (tempo ~)	զով	[zov]
frio (adj)	սառը	[sárə]
gordo (alimentos ~s)	յուղալի	[juġalí]
gostoso, saboroso (adj)	համեղ	[haméġ]
grande (adj)	մեծ	[meʦ]
gratuito, grátis (adj)	անվճար	[anvčár]
grosso (camada ~a)	հաստ	[hast]
hostil (adj)	թշնամական	[tʰšnamakán]

251. Modificadores. Adjetivos. Parte 2

igual (adj)	միանման	[mianmán]
imóvel (adj)	անշարժ	[anšárʒ]
importante (adj)	կարևոր	[karevór]
impossível (adj)	անտանելի	[antanelí]
incompreensível (adj)	անհասկանալի	[anhaskanalí]
indigente (muito pobre)	աղքատ	[aġkʰát]
indispensável (adj)	անհրաժեշտ	[anhraʒéšt]
inexperiente (adj)	անփորձ	[anpʰórʣ]
infantil (adj)	մանկական	[mankakán]
ininterrupto (adj)	անընդհատ	[anəndhát]
insignificante (adj)	աննշան	[annšán]
inteiro (completo)	ամբողջական	[amboġʤakán]
inteligente (adj)	խելացի	[χelaʦʰí]
interno (adj)	ներքին	[nerkʰín]
jovem (adj)	երիտասարդ	[eritasárd]
largo (caminho ~)	լայն	[lajn]

legal (adj)	օրինական	[orinakán]
leve (adj)	թեթև	[t^{h}et^{h}év]
limitado (adj)	սահմանափակ	[sahmanap^{h}ák]
limpo (adj)	մաքուր	[mak^{h}úr]
líquido (adj)	ջրալի	[ʤráli]
liso (adj)	հարթ	[hart^h]
liso (superfície ~a)	հարթ	[hart^h]
livre (adj)	ազատ	[azát]
longo (ex. cabelo ~)	երկար	[erkár]
maduro (ex. fruto ~)	հասած	[hasáʦ]
magro (adj)	նիհար	[nihár]
mais próximo (adj)	մոտակա	[motaká]
mais recente (adj)	անցյալ	[anʦ^{h}jál]
mate (adj)	փայլատ	[p^{h}ajlát]
mau (adj)	վատ	[vat]
meticuloso (adj)	ճշտակատար	[čštakatár]
míope (adj)	կարճատես	[karčatés]
mole (adj)	փափուկ	[p^{h}apúk]
molhado (adj)	թրջված	[t^{h}rʤvaʦ]
moreno (adj)	թուխ	[t^{h}uχ]
morto (adj)	մեռած	[meráʦ]
muito magro (adj)	վտիտ	[vtit]
não difícil (adj)	դյուրին	[djurín]
não é clara (adj)	ոչ պարզ	[voč parz]
não muito grande (adj)	ոչ մեծ	[voč meʦ]
natal (país ~)	հայրենի	[hajrení]
necessário (adj)	պիտանի	[pitaní]
negativo (resposta ~a)	բացասական	[baʦ^{h}asakán]
nervoso (adj)	նյարդային	[njardajín]
normal (adj)	նորմալ	[normál]
novo (adj)	նոր	[nor]
o mais importante (adj)	կարևորագույն	[karevoragújn]
obrigatório (adj)	պարտադիր	[partadír]
original (incomum)	յուրօրինակ	[jurorinák]
passado (adj)	անցյալ	[anʦ^{h}jál]
pequeno (adj)	փոքր	[p^{h}ok^{h}r]
perigoso (adj)	վտանգավոր	[vtangavór]
permanente (adj)	մշտական	[mštakán]
perto (adj)	մոտիկ	[motík]
pesado (adj)	ծանր	[ʦanr]
pessoal (adj)	անձնական	[anʣnakán]
plano (ex. ecrã ~ a)	տափակ	[tap^{h}ák]
pobre (adj)	աղքատ	[aġk^{h}át]
pontual (adj)	ճշտապահ	[čštapáh]
possível (adj)	հնարավոր	[hnaravór]
pouco fundo (adj)	ծանծաղ	[ʦanʦáġ]
presente (ex. momento ~)	ներկայիս	[nerkajís]

primeiro (principal)	հիմնական	[himnakán]
principal (adj)	գլխավոր	[glχavór]
privado (adj)	անձնական	[andznakán]
provável (adj)	հավանական	[havanakán]
próximo (adj)	մոտ	[mot]
público (adj)	հասարակական	[hasarakakán]
quente (cálido)	տաք	[takʰ]
quente (morno)	տաք	[takʰ]
rápido (adj)	արագ	[arág]
raro (adj)	հազվագյուտ	[hazvagjút]
remoto, longínquo (adj)	հեռավոր	[heravór]
reto (linha ~a)	ուղիղ	[uġíġ]
salgado (adj)	աղի	[aġí]
satisfeito (adj)	բավարարված	[bavararváts]
seco (roupa ~a)	չոր	[čor]
seguinte (adj)	հաջորդ	[hadʒórd]
seguro (não perigoso)	անվտանգ	[anvtáng]
similar (adj)	նման	[nman]
simples (fácil)	հասարակ	[hasarák]
soberbo, perfeito (adj)	գերազանց	[gerazántsʰ]
sólido (parede ~a)	ամուր	[amúr]
sombrio (adj)	մռայլ	[mrajl]
sujo (adj)	կեղտոտ	[keġtót]
superior (adj)	բարձրագույն	[bardzragújn]
suplementar (adj)	լրացուցիչ	[lratsʰutsʰíč]
tranquilo (adj)	հանգիստ	[hangíst]
transparente (adj)	թափանցիկ	[tʰapʰantsʰík]
triste (pessoa)	տխուր	[tχur]
triste (um ar ~)	տխուր	[tχur]
último (adj)	վերջին	[verdʒín]
úmido (adj)	խոնավ	[χonáv]
único (adj)	յուրահատուկ	[jurahatúk]
usado (adj)	օգտագործված	[ogtagortsváts]
vazio (meio ~)	դատարկ	[datárk]
velho (adj)	ծեր	[tser]
vizinho (adj)	հարևան	[hareván]

500 VERBOS PRINCIPAIS

252. Verbos A-B

abraçar (vt)	գրկել	[zrkel]
abrir (vt)	բացել	[batsʰél]
acalmar (vt)	հանգստացնել	[hangstatsʰnél]
acariciar (vt)	շոյել	[šojél]
acenar (com a mão)	թափահարել	[tʰapʰaharél]
acender (~ uma fogueira)	վառել	[varél]
achar (vt)	կարծել	[kartsél]
acompanhar (vt)	ուղեկցել	[uġektsʰél]
aconselhar (vt)	խորհուրդ տալ	[χorhúrd tal]
acordar, despertar (vt)	զարթնացնել	[zartʰnatsʰnél]
acrescentar (vt)	ավելացնել	[avelatsʰnél]
acusar (vt)	մեղադրել	[meġadrél]
adestrar (vt)	վարժեցնել	[varʒetsʰnél]
adivinhar (vt)	գուշակել	[gušakél]
admirar (vt)	հիանալ	[hianál]
adorar (~ fazer)	սիրել	[sirél]
advertir (vt)	զգուշացնել	[zgušatsʰnél]
afirmar (vt)	պնդել	[pndel]
afogar-se (vr)	խեղդվել	[χeġdvél]
afugentar (vt)	վռնդել	[vrndel]
agir (vi)	գործել	[gortsél]
agitar, sacudir (vt)	թափ տալ	[tʰápʰ tal]
agradecer (vt)	շնորհակալություն հայտնել	[šnorhakalutʰjún hajtnél]
ajudar (vt)	օգնել	[ognél]
alcançar (objetivos)	հասնել	[hasnél]
alimentar (dar comida)	կերակրել	[kerakrél]
almoçar (vi)	ճաշել	[čašél]
alugar (~ o barco, etc.)	վարձել	[vardzél]
alugar (~ um apartamento)	վարձել	[vardzél]
amar (pessoa)	սիրել	[sirél]
amarrar (vt)	կապել	[kapél]
ameaçar (vt)	սպառնալ	[sparnál]
amputar (vt)	անդամահատել	[andamahatél]
anotar (escrever)	նշագրել	[nšagrél]
anotar (escrever)	գրառել	[grarél]
anular, cancelar (vt)	չեղարկել	[čeġarkél]
apagar (com apagador, etc.)	ջնջել	[dʒndʒel]
apagar (um incêndio)	հանգցնել	[hangtsʰnél]

apaixonar-se ...	սիրահարվել	[siraharvél]
aparecer (vi)	հայտնվել	[hajtnvél]
aplaudir (vi)	ծափահարել	[ʦapʰaharél]
apoiar (vt)	համաձայնել	[hamaʣjnél]
apontar para ...	նշան բռնել	[nšán brnel]
apresentar (alguém a alguém)	ծանոթացնել	[ʦanotʰaʦʰnél]
apresentar (Gostaria de ~)	ներկայացնել	[nerkajaʦʰnél]
apressar (vt)	շտապեցնել	[štapeʦʰnél]
apressar-se (vr)	շտապել	[štapél]
aproximar-se (vr)	մոտենալ	[motenál]
aquecer (vt)	տաքացնել	[takʰaʦʰnél]
arrancar (vt)	պոկել	[pokél]
arranhar (vt)	ճանկռել	[čankrél]
arrepender-se (vr)	ափսոսալ	[apʰsosál]
arriscar (vt)	ռիսկի գնալ	[riskí gnál]
arrumar, limpar (vt)	մաքրել	[makʰrél]
aspirar a ...	ձգտել	[ʣgtel]
assinar (vt)	ստորագրել	[storagrél]
assistir (vt)	ընթերակայել	[əntʰerakajél]
atacar (vt)	հարձակվել	[harʣakvél]
atar (vt)	կապել	[kapél]
atracar (vi)	կառանել	[karanél]
aumentar (vi)	մեծանալ	[meʦaʦnál]
aumentar (vt)	մեծացնել	[meʦaʦʰnél]
avançar (vi)	առաջ գնալ	[aráʤ gnál]
avistar (vt)	տեսնել	[tesnél]
baixar (guindaste, etc.)	իջեցնել	[iʤeʦʰnél]
barbear-se (vr)	սափրվել	[sapʰrvél]
basear-se (vr)	հիմնվել	[himnvél]
bastar (vi)	հերիքել	[herikʰél]
bater (à porta)	թակել	[tʰakél]
bater (espancar)	հարվածել	[harvaʦél]
bater-se (vr)	կռվել	[krvel]
beber, tomar (vt)	ըմպել	[əmpél]
brilhar (vi)	շողալ	[šoġál]
brincar, jogar (vi, vt)	խաղալ	[χaġál]
buscar (vt)	փնտրել	[pʰntrel]

253. Verbos C-D

caçar (vi)	որս անել	[vors anél]
calar-se (parar de falar)	լռել	[lrel]
calcular (vt)	հաշվել	[hašvél]
carregar (o caminhão, etc.)	բարձել	[barʣél]
carregar (uma arma)	լցնել	[lʦʰnel]

casar-se (vr)	ամուսնանալ	[amusnanál]
causar (vt)	պատճառ հանդիսանալ	[patčár handisanál]
cavar (vt)	փորել	[pʰorél]
ceder (não resistir)	զիջել	[zidʒél]
cegar, ofuscar (vt)	կուրացնել	[kuratsʰnél]
censurar (vt)	նախատել	[naχatél]
chamar (~ por socorro)	կանչել	[kančél]
chamar (alguém para …)	կանչել	[kančél]
chegar (a algum lugar)	հասնել	[hasnél]
chegar (vi)	ժամանել	[ʒamanél]
cheirar (~ uma flor)	հոտ քաշել	[hot kʰašél]
cheirar (tem o cheiro)	բուրել	[burél]
chorar (vi)	լացել	[latsʰél]
citar (vt)	մեջբերել	[medʒberél]
colher (flores)	պոկել	[pokél]
colocar (vt)	դնել	[dnel]
combater (vi, vt)	մարտնչել	[martnčél]
começar (vt)	սկսել	[sksel]
comer (vt)	ուտել	[utél]
comparar (vt)	համեմատել	[hamematél]
compensar (vt)	փոխհատուցել	[pʰoχhatutsʰél]
competir (vi)	մրցակցել	[mrtsʰaktsʰél]
complicar (vt)	բարդացնել	[bardatsʰnél]
compor (~ música)	ստեղծել	[steġtsél]
comportar-se (vr)	պահել	[pahél]
comprar (vt)	գնել	[gnel]
comprometer (vt)	վարկաբեկել	[varkabekél]
concentrar-se (vr)	կենտրոնանալ	[kentronanál]
concordar (dizer "sim")	համաձայնվել	[hamadzajnvél]
condecorar (dar medalha)	պարգևատրել	[pargevatrél]
confessar-se (vr)	խոստովանել	[χostovanél]
confiar (vt)	վստահել	[vstahél]
confundir (equivocar-se)	շփոթել	[špʰotʰél]
conhecer (vt)	ճանաչել	[čanačél]
conhecer-se (vr)	ծանոթանալ	[tsanotʰanál]
consertar (vt)	կարգի բերել	[kargí berél]
consultar …	խորհրդակցել … հետ	[χorhrdaktsʰél … het]
contagiar-se com …	վարակվել ինչ-որ հիվանդությամբ	[varakvél inč vor hivandutʰjámb]
contar (vt)	պատմել	[patmél]
contar com …	հույս դնել … վրա	[hujs dnel … vra]
continuar (vt)	շարունակել	[šarunakél]
contratar (vt)	վարձել	[vardzél]
controlar (vt)	վերահսկել	[verahskél]
convencer (vt)	համոզել	[hamozél]
convidar (vt)	հրավիրել	[hravirél]

cooperar (vi)	համագործակցել	[hamagorʦaktsʰél]
coordenar (vt)	համակարգել	[hamakargél]
corar (vi)	կարմրել	[karmrél]
correr (vi)	վազել	[vazél]
corrigir (~ um erro)	ուղղել	[uġġél]

cortar (com um machado)	հատել	[hatél]
cortar (com uma faca)	կտրել	[ktrel]
cozinhar (vt)	պատրաստել	[patrastél]
crer (pensar)	հավատալ	[havatál]

criar (vt)	ստեղծել	[steġʦél]
cultivar (~ plantas)	աճեցնել	[ačeʦʰnél]
cuspir (vi)	թքել	[tʰkʰel]
custar (vt)	արժենալ	[arʒenál]

dar banho, lavar (vt)	լողացնել	[loġaʦʰnél]
datar (vi)	թվագրված լինել	[tʰvagrváʦ linél]
decidir (vt)	որոշել	[vorošél]
decorar (enfeitar)	զարդարել	[zardarél]

dedicar (vt)	նվիրել	[nvirél]
defender (vt)	պաշտպանել	[paštpanél]
defender-se (vr)	պաշտպանվել	[paštpanvél]
deixar (~ a mulher)	թողնել	[tʰoġnél]

deixar (esquecer)	թողնել	[tʰoġnél]
deixar (permitir)	թույլատրել	[tʰujlatrél]
deixar cair (vt)	վայր գցել	[vájr gʦʰel]
denominar (vt)	անվանել	[anvanél]

denunciar (vt)	մատնել	[matnél]
depender de ...	կախված լինել	[kaχváʦ linél]
derramar (~ líquido)	թափել	[tʰapʰél]

desaparecer (vi)	անհետանալ	[anhetanál]
desatar (vt)	արձակել	[arʣakél]
desatracar (vi)	մեկնել	[meknél]
descansar (um pouco)	հանգստանալ	[hangstanál]
descer (para baixo)	իջնել	[iʤnél]

descobrir (novas terras)	հայտնագործել	[hajtnagorʦél]
descolar (avião)	թռնել	[tʰrnel]
desculpar (vt)	ներել	[nerél]
desculpar-se (vr)	ներողություն խնդրել	[neroġutʰjún χndrél]

desejar (vt)	ցանկանալ	[ʦʰankanál]
desempenhar (papel)	խաղալ	[χaġál]
desligar (vt)	հանգցնել	[hangʦʰnél]
desprezar (vt)	արհամարհել	[arhamarhél]

destruir (documentos, etc.)	ոչնչացնել	[vočnčaʦʰnél]
dever (vi)	պարտք լինել	[pártkʰ linél]
devolver (vt)	ետ ուղարկել	[et uġarkél]
direcionar (vt)	ուղղել	[uġġél]
dirigir (~ um carro)	մեքենա վարել	[mekʰená varél]

dirigir (~ uma empresa)	ղեկավարել	[ġekavarél]
dirigir-se (a um auditório, etc.)	դիմել	[dimél]
discutir (notícias, etc.)	քննարկել	[k^{h}nnarkél]
disparar, atirar (vi)	կրակել	[krakél]
distribuir (folhetos, etc.)	տարածել	[taratsél]
distribuir (vt)	բաժանել	[baʒanél]
divertir (vt)	զվարճացնել	[zvarčats^{h}nél]
divertir-se (vr)	զվարճանալ	[zvarčanál]
dividir (mat.)	բաժանել	[baʒanél]
dizer (vt)	ասել	[asél]
dobrar (vt)	կրկնապատկել	[krknapatkél]
duvidar (vt)	կասկածել	[kaskatsél]

254. Verbos E-J

elaborar (uma lista)	կազմել	[kazmél]
elevar-se acima de ...	բարձրանալ	[bardzranál]
eliminar (um obstáculo)	հեռացնել	[herats^{h}nél]
embrulhar (com papel)	փաթաթել	[p^{h}at^{h}at^{h}él]
emergir (submarino)	դուրս գալ ջրի երես	[durs gal dʒri erés]
emitir (~ cheiro)	տարածել	[taratsél]
empreender (vt)	նախաձեռնել	[naχadzernél]
empurrar (vt)	հրել	[hrel]
encabeçar (vt)	գլխավորել	[glχavorél]
encher (~ a garrafa, etc.)	լցնել	[lts^{h}nel]
encontrar (achar)	գտնել	[gtnel]
enganar (vt)	խաբել	[χabél]
ensinar (vt)	սովորեցնել	[sovorets^{h}nél]
entediar-se (vr)	ձանձրանալ	[dzandzranál]
entender (vt)	հասկանալ	[haskanál]
entrar (na sala, etc.)	մտնել	[mtnel]
enviar (uma carta)	ուղարկել	[uġarkél]
equipar (vt)	սարքավորել	[sark^{h}avorél]
errar (enganar-se)	սխալվել	[sχalvél]
escolher (vt)	ընտրել	[əntrél]
esconder (vt)	թաքցնել	[t^{h}ak^{h}ts^{h}nél]
escrever (vt)	գրել	[grel]
escutar (vt)	լսել	[lsel]
escutar atrás da porta	թաքուն լսել	[t^{h}ak^{h}ún lsél]
esmagar (um inseto, etc.)	ճխլել	[čχlel]
esperar (aguardar)	սպասել	[spasél]
esperar (contar com)	սպասել	[spasél]
esperar (ter esperança)	հուսալ	[husál]
espreitar (vi)	պատահաբար տեսնել	[patahabár tesnél]
esquecer (vt)	մոռանալ	[moranál]

estar	դրված լինել	[drváʦ linél]
estar convencido	համոզվել	[hamozvél]
estar deitado	պառկել	[parkél]
estar perplexo	տարակուսել	[tarakusél]
estar preocupado	անհանգստանալ	[anhangstanál]
estar sentado	նստել	[nstel]
estremecer (vi)	ցնցվել	[ʦʰnʦʰvél]
estudar (vt)	ուսումնասիրել	[usumnasirél]
evitar (~ o perigo)	խուսափել	[χusapʰél]
examinar (~ uma proposta)	քննարկել	[kʰnnarkél]
exigir (vt)	պահանջել	[pahanʤél]
existir (vi)	գոյություն ունենալ	[gojutʰjún unenál]
explicar (vt)	բացատրել	[baʦʰatrél]
expressar (vt)	արտահայտել	[artahajtél]
expulsar (~ da escola, etc.)	վտարել	[vtarél]
facilitar (vt)	հեշտացնել	[heštaʦʰnél]
falar com ...	խոսել ... հետ	[χosél ... het]
faltar (a la escuela, etc.)	բաց թողնել	[baʦʰ tʰoġnél]
fascinar (vt)	հմայել	[hmajél]
fatigar (vt)	հոգնեցնել	[hogneʦʰnél]
fazer (vt)	անել	[anél]
fazer lembrar	հիշեցնել	[hišeʦʰnél]
fazer piadas	կատակել	[katakél]
fazer publicidade	գովազդել	[govazdél]
fazer uma tentativa	փորձել	[pʰorʣél]
fechar (vt)	փակել	[pʰakél]
felicitar (vt)	շնորհավորել	[šnorhavorél]
ficar cansado	հոգնել	[hognél]
ficar em silêncio	լռել	[lrel]
ficar pensativo	մտածմունքի մեջ ընկնել	[mtaʦmunkʰí méʤ ənknél]
forçar (vt)	պարտադրել	[partadrél]
formar (vt)	կրթել	[krtʰel]
gabar-se (vr)	պարծենալ	[parʦenál]
garantir (vt)	ոգեշնչել	[vogešnčél]
gostar (apreciar)	դուր գալ	[dur gal]
gritar (vi)	բղավել	[bġavél]
guardar (fotos, etc.)	պահել	[pahél]
guardar (no armário, etc.)	վերցնել	[verʦʰnél]
guerrear (vt)	պատերազմել	[paterazmél]
herdar (vt)	ժառանգել	[ʒarangél]
iluminar (vt)	լուսավորել	[lusavorél]
imaginar (vt)	պատկերացնել	[patkeraʦʰnél]
imitar (vt)	նմանակել	[nmanakél]
implorar (vt)	աղաչել	[aġačél]
importar (vt)	ներմուծել	[nermuʦél]
indicar (~ o caminho)	ցույց տալ	[ʦʰújʦʰ tal]

indignar-se (vr)	վրդովվել	[vrdovvél]
infetar, contagiar (vt)	վարակել	[varakél]
influenciar (vt)	ազդել	[azdél]
informar (~ a policia)	հայտնել	[hajtnél]
informar (vt)	տեղեկացնել	[teġekatsʰnél]
informar-se (~ sobre)	տեղեկանալ	[teġekanál]
inscrever (na lista)	ներգրել	[nergrél]
inserir (vt)	մտցնել	[mttsʰnel]
insinuar (vt)	ակնարկել	[aknarkél]
insistir (vi)	պնդել	[pndel]
inspirar (vt)	ոգեշնչել	[vogešnčél]
instruir (ensinar)	հրահանգել	[hrahangél]
insultar (vt)	վիրավորել	[viravorél]
interessar (vt)	հետաքրքրել	[hetakʰrkʰrél]
interessar-se (vr)	հետաքրքրվել	[hetakʰrkʰrvél]
intervir (vi)	խառնվել	[χarnvél]
invejar (vt)	նախանձել	[naχandzél]
inventar (vt)	հայտնագործել	[hajtnagortsél]
ir (a pé)	գնալ	[gnal]
ir (de carro, etc.)	ընթանալ	[əntʰanál]
ir nadar	լողանալ	[loġanál]
ir para a cama	պառկել քնելու	[parkél kʰnelú]
irritar (vt)	ջղայնացնել	[dʒġajnatsʰnél]
irritar-se (vr)	ջղայնանալ	[dʒġajnanál]
isolar (vt)	մեկուսացնել	[mekusatsʰnél]
jantar (vi)	ընթրել	[əntʰrél]
jogar, atirar (vt)	գցել	[gtsʰel]
juntar, unir (vt)	միավորել	[miavorél]
juntar-se a ...	միանալ	[mianál]

255. Verbos L-P

lançar (novo projeto, etc.)	գործի գցել	[gortsí gtsʰél]
lavar (vt)	լվանալ	[lvanál]
lavar a roupa	լվացք անել	[lvátsʰkʰ anél]
lavar-se (vr)	լվացվել	[lvatsʰvél]
lembrar (vt)	հիշել	[hišél]
ler (vt)	կարդալ	[kardál]
levantar-se (vr)	վեր կենալ	[ver kenál]
levar (ex. leva isso daqui)	տանել	[tanél]
libertar (cidade, etc.)	ազատագրել	[azatagrél]
ligar (~ o radio, etc.)	միացնել	[miatsʰnél]
limitar (vt)	սահմանափակել	[sahmanapʰakél]
limpar (eliminar sujeira)	սրբել	[srbel]
limpar (tirar o calcário, etc.)	մաքրել	[makʰrél]
lisonjear (vt)	շողոքորթել	[šoġokʰortʰél]

livrar-se de ...	ազատվել	[azatél]
lutar (combater)	պայքարել	[pajkʰarél]
lutar (esporte)	պայքարել	[pajkʰarél]
marcar (com lápis, etc.)	նշել	[nšel]
matar (vt)	սպանել	[spanél]
memorizar (vt)	հիշել	[hišél]
mencionar (vt)	հիշատակել	[hišatakél]
mentir (vi)	խաբել	[χabél]
merecer (vt)	արժանի լինել	[arʒaní linél]
mergulhar (vi)	սուզվել	[suzvél]
misturar (vt)	խառնել	[χarnél]
morar (vt)	ապրել	[aprél]
mostrar (vt)	ցույց տալ	[ʦʰújʦʰ tal]
mover (vt)	տեղափոխել	[teġapʰoχél]
mudar (modificar)	փոխել	[pʰoχél]
multiplicar (mat.)	բազմապատկել	[bazmapatkél]
nadar (vi)	լողալ	[loġál]
negar (vt)	ժխտել	[ʒχtel]
negociar (vi)	բանակցություններ վարել	[banakʦʰutʰjunnér varél]
nomear (função)	նշանակել	[nšanakél]
obedecer (vt)	ենթարկվել	[entʰarkvél]
objetar (vt)	հակաճառել	[hakačarél]
observar (vt)	հետևել	[hetevél]
ofender (vt)	վիրավորել	[viravorél]
olhar (vt)	նայել	[naél]
omitir (vt)	բաց թողնել	[baʦʰ tʰoġnél]
ordenar (mil.)	հրամայել	[hramajél]
organizar (evento, etc.)	կազմակերպել	[kazmakerpél]
ousar (vt)	համարձակվել	[hamardzakvél]
ouvir (vt)	լսել	[lsel]
pagar (vt)	վճարել	[včarél]
parar (para descansar)	կանգ առնել	[káng arnél]
parar, cessar (vt)	դադարեցնել	[dadareʦʰnél]
parecer-se (vr)	նման լինել	[nmán linél]
participar (vi)	մասնակցել	[masnakʦʰél]
partir (~ para o estrangeiro)	մեկնել	[meknél]
passar (vt)	անցնել	[anʦʰnél]
passar a ferro	արդուկել	[ardukél]
pecar (vi)	մեղք գործել	[meġkʰ gorʦél]
pedir (comida)	պատվիրել	[patvirél]
pedir (um favor, etc.)	խնդրել	[χndrel]
pegar (tomar com a mão)	բռնել	[brnel]
pegar (tomar)	վերցնել	[verʦʰnél]
pendurar (cortinas, etc.)	կախել	[kaχél]
penetrar (vt)	ներթափանցել	[nertʰapʰanʦʰél]
pensar (vi, vt)	մտածել	[mtaʦél]

pentear-se (vr)	սանրվել	[sanrvél]
perceber (ver)	նկատել	[nkatél]
perder (o guarda-chuva, etc.)	կորցնել	[korʦʰnél]
perdoar (vt)	ներել	[nerél]
permitir (vt)	թույլատրել	[tʰujlatrél]
pertencer a ...	պատկանել	[patkanél]
perturbar (vt)	անհանգստացնել	[anhangstaʦʰnél]
pesar (ter o peso)	կշռել	[kšrel]
pescar (vt)	ձուկ որսալ	[ʣuk vorsál]
planejar (vt)	պլանավորել	[planavorél]
poder (~ fazer algo)	կարողանալ	[karoġanál]
pôr (posicionar)	տեղավորել	[teġavorél]
possuir (uma casa, etc.)	ունենալ	[unenál]
predominar (vi, vt)	գերակշռել	[gerakšrél]
preferir (vt)	նախընտրել	[naχəntrél]
preocupar (vt)	անհանգստացնել	[anhangstaʦʰnél]
preocupar-se (vr)	անհանգստանալ	[anhangstanál]
preparar (vt)	պատրաստել	[patrastél]
preservar (ex. ~ a paz)	պահպանել	[pahpanél]
prever (vt)	կանխատեսել	[kanχatesél]
privar (vt)	զրկել	[zrkel]
proibir (vt)	արգելել	[argelél]
projetar, criar (vt)	նախագծել	[naχagʦél]
prometer (vt)	խոստանալ	[χostanál]
pronunciar (vt)	արտասանել	[artasanél]
propor (vt)	առաջարկել	[araʤarkél]
proteger (a natureza)	հսկել	[hskel]
protestar (vi)	բողոքարկել	[boġokʰarkél]
provar (~ a teoria, etc.)	ապացուցել	[apaʦʰuʦʰél]
provocar (vt)	հրահրել	[hrahrél]
punir, castigar (vt)	պատժել	[patʒél]
puxar (vt)	քաշել	[kʰašél]

256. Verbos Q-Z

quebrar (vt)	կոտրել	[kotrél]
queimar (vt)	հրկիզել	[hrkizél]
queixar-se (vr)	բողոքել	[boġokʰél]
querer (desejar)	ուզենալ	[uzenál]
rachar-se (vr)	ճաքել	[čakʰél]
ralhar, repreender (vt)	կշտամբել	[kštambél]
realizar (vt)	իրականացնել	[irakanaʦʰnél]
recomendar (vt)	երաշխավորել	[erašχavorél]
reconhecer (identificar)	ճանաչել	[čanačél]
reconhecer (o erro)	ճանաչել	[čanačél]

recordar, lembrar (vt)	հիշել	[hišél]
recuperar-se (vr)	ապաքինվել	[apak^{h}invél]
recusar (~ alguém)	մերժել	[merʒél]
reduzir (vt)	փոքրացնել	[p^{h}ok^{h}ratʦ^{h}nél]
refazer (vt)	ձևափոխել	[ʣevap^{h}oχél]
reforçar (vt)	ամրապնդել	[amrapndél]
refrear (vt)	ետ պահել	[et pahél]
regar (plantas)	ջրել	[ʤrel]
remover (~ uma mancha)	հեռացնել	[heratʦ^{h}nél]
reparar (vt)	նորոգել	[norogél]
repetir (dizer outra vez)	կրկնել	[krknel]
reportar (vt)	զեկուցել	[zekuʦ^{h}él]
reservar (~ um quarto)	ամրագրել	[amragrél]
resolver (o conflito)	կարգավորել	[kargavorél]
resolver (um problema)	լուծել	[luʦél]
respirar (vi)	շնչել	[šnčel]
responder (vt)	պատասխանել	[patasχanél]
rezar, orar (vi)	աղոթել	[aġot^{h}él]
rir (vi)	ծիծաղել	[ʦiʦaġél]
romper-se (corda, etc.)	պատռվել	[patrvél]
roubar (vt)	գողանալ	[goġanál]
saber (vt)	իմանալ	[imanál]
sair (~ de casa)	դուրս գալ	[durs gal]
sair (ser publicado)	լույս տեսնել	[lújs tesnél]
salvar (resgatar)	փրկել	[p^{h}rkel]
satisfazer (vt)	բավարարել	[bavararél]
saudar (vt)	ողջունել	[voġʤunél]
secar (vt)	չորացնել	[čoraʦ^{h}nél]
seguir (~ alguém)	հետևել	[hetevél]
selecionar (vt)	խլել	[χlel]
semear (vt)	ցանել	[ʦ^{h}anél]
sentar-se (vr)	նստել	[nstel]
sentenciar (vt)	դատապարտել	[datapartél]
sentir (vt)	զգալ	[zgal]
ser diferente	տարբերվել	[tarbervél]
ser indispensável	պահանջվել	[pahanʤvél]
ser necessário	պետք լինել	[pétk^h linél]
ser preservado	պահպանվել	[pahpanvél]
ser, estar	լինել	[linél]
servir (restaurant, etc.)	սպասարկել	[spasarkél]
servir (roupa, caber)	սազել	[sazél]
significar (palavra, etc.)	նշանակել	[nšanakél]
significar (vt)	նշանակել	[nšanakél]
simplificar (vt)	հեշտացնել	[heštaʦ^{h}nél]
sofrer (vt)	տառապել	[tarapél]
sonhar (~ com)	երազել	[erazél]

sonhar (ver sonhos)	երազներ տեսնել	[eraznér tesnél]
soprar (vi)	փչել	[p^{h}čel]
sorrir (vi)	ժպտալ	[ʒptal]
subestimar (vt)	թերագնահատել	[t^{h}eragnahatél]
sublinhar (vt)	ընդգծել	[əndgtsél]
sujar-se (vr)	կեղտոտվել	[keġtotvél]
superestimar (vt)	վերագնահատել	[veragnahatél]
supor (vt)	ենթադրել	[ent^{h}adrél]
suportar (as dores)	կրել	[krel]
surpreender (vt)	զարմացնել	[zarmats^{h}nél]
surpreender-se (vr)	զարմանալ	[zarmanál]
suspeitar (vt)	կասկածել	[kaskatsél]
suspirar (vi)	հոգոց հանել	[hogóts^{h} hanél]
tentar (~ fazer)	փորձել	[p^{h}ordzél]
ter (vt)	ունենալ	[unenál]
ter medo	վախենալ	[vaχenál]
terminar (vt)	ավարտել	[avartél]
tirar (vt)	հանել	[hanél]
tirar cópias	բազմացնել	[bazmats^{h}nél]
tirar fotos, fotografar	լուսանկարել	[lusankarél]
tirar uma conclusão	եզրակացություն անել	[ezrakats^{h}ut^{h}jún anél]
tocar (com as mãos)	դիպչել	[dipčél]
tomar café da manhã	նախաճաշել	[naχačašél]
tomar emprestado	պարտք անել	[pártk^{h} anél]
tornar-se (ex. ~ conhecido)	դառնալ	[darnál]
trabalhar (vi)	աշխատել	[ašχatél]
traduzir (vt)	թարգմանել	[t^{h}argmanél]
transformar (vt)	ձևափոխել	[dzevap^{h}oχél]
tratar (a doença)	բուժել	[buʒél]
trazer (vt)	բերել	[berél]
treinar (vt)	մարզել	[marzél]
treinar-se (vr)	մարզվել	[marzvél]
tremer (de frio)	դողալ	[doġál]
trocar (vt)	փոխանակել	[p^{h}oχanakél]
trocar, mudar (vt)	փոխել	[p^{h}oχél]
usar (uma palavra, etc.)	օգտագործել	[ogtagortsél]
utilizar (vt)	օգտվել	[ogtvél]
vacinar (vt)	պատվաստում անել	[patvastúm anél]
vender (vt)	վաճառել	[vačarél]
verter (encher)	լցնել	[lts^{h}nel]
vingar (vt)	վրեժ լուծել	[vreʒ lutsél]
virar (~ para a direita)	թեքվել	[t^{h}ek^{h}vél]
virar (pedra, etc.)	շուռ տալ	[šur tal]
virar as costas	երեսը շուռ տալ	[erésə šúr tál]
viver (vi)	ապրել	[aprél]
voar (vi)	թռչել	[t^{h}rčel]

voltar (vi)	վերադառնալ	[veradarnál]
votar (vi)	քվեարկել	[kʰvearkél]
zangar (vt)	բարկացնել	[barkatsʰnél]
zangar-se com ...	բարկանալ	[barkanál]
zombar (vt)	ծաղրել	[tsaġrél]

www.ingramcontent.com/pod-product-compliance
Lightning Source LLC
Chambersburg PA
CBHW062054080426
42734CB00012B/2644
* 9 7 8 1 7 8 7 6 7 2 7 0 3 *